Une Tribu Zénète

Anti-Musulmane

AU MAROC

(LES ZKARA)

PAR

AUGUSTE MOULIÉRAS
Professeur de la Chaire d'Arabe d'Oran
Lauréat de l'Académie Française
Président de la *Société de Géographie et d'Archéologie d'Oran*

Avec une Carte hors texte et deux Photographies

PARIS
En vente chez
Augustin CHALLAMEL, Éditeur
17, Rue Jacob
1905

1. Ah'med ould ez-Zaïr Abd-el-K'ader ;
2. Le *Marabout* Ali ould Abd-el-K'ader Znagui ;
3. Belk'assem ould Cheikh Ali ;
4. Le *Rousmi* Jer'nine ould Ali n Amor.

(V. page 248)

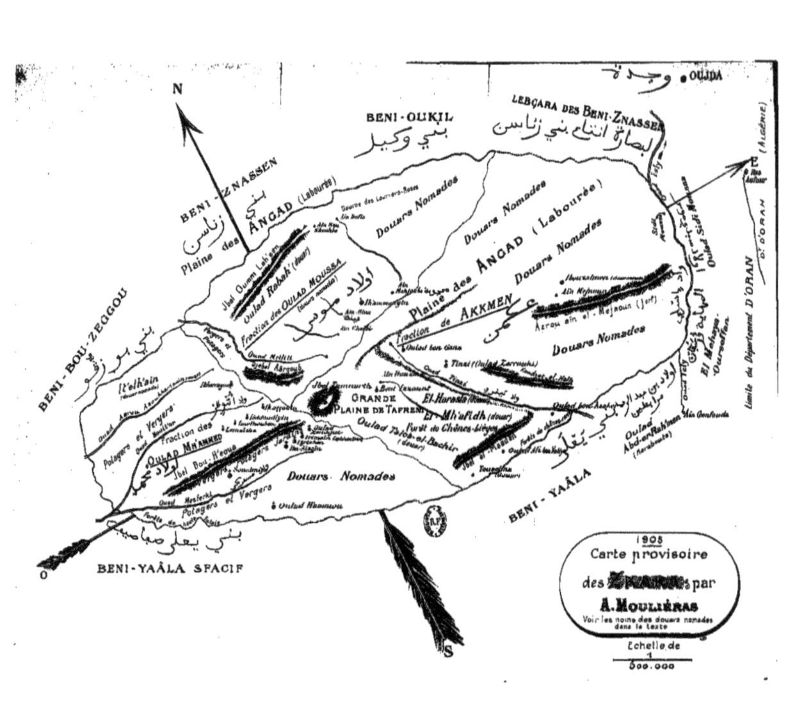

N
OUJDA
وجدة
BENI-OUKIL
بني وكيل
LEBÇARA DES BENI-ZNASSEN
BENI-ZNASSEN
بني زناسن
Plaine des ANGAD (Labourée)
Douars Nomades
Plaine des ANGAD (Labourée)
Douars Nomades
Douars Nomades
Oulad Rebah (douar)
Fraction des OULAD MOUSSA
اولاد موسى
Fraction de AKKMEN
Douars Nomades
E
Limite du Département D'ORAN
BENI-BOU-ZEGGOU
Potagers et Vergers
Fraction des OULAD M'HAMMED
GRANDE PLAINE DE TAFRENT
El-Horesta
El-Mh'afdh (douar)
Forêt de Chênes-Lièges
Oulad Tsâb-el-Bachir (douar)
Douars Nomades
Potagers et Vergers
Oulad Abd-er-Rah'man (Marabouts)
BENI-YAÂLA
بني يعلى صفاصيف
BENI-YAÂLA SFACIF
O
S
1905
Carte provisoire
des par
A. MOULIÉRAS
Voir les noms des douars nomades dans le texte
Echelle de
1/500.000

Le *Rousmi* Jem'mue ould Ali u Amor

(V. page 248)

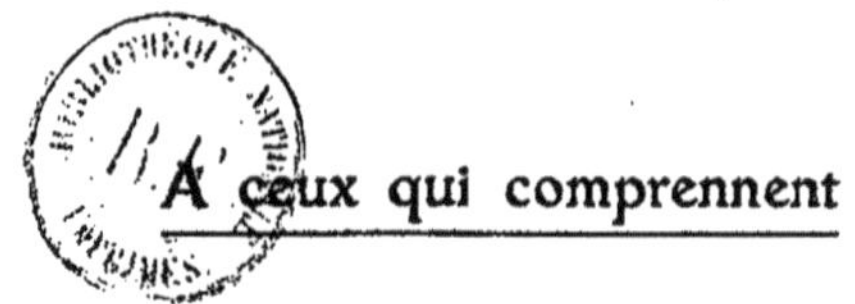

A ceux qui comprennent

Le jour où la France aura pris sous sa protection les *Zkara* et les autres libres penseurs marocains, le jour où la France aura placé au rang qui lui convient l'homme de génie qui s'appelle PAUL LEVÉ (1), ce jour-là, la France républicaine, — sans se soucier des ambitions, des avidités et des haines sournoises, — pourra commencer à accomplir au Maroc la tâche glorieuse que l'*Humanité Intellectuelle* attend de son grand cœur.

Oran, le 23 avril 1905.

AUGUSTE MOULIÉRAS.

(1) PAUL LEVÉ, le collaborateur des anciens gouverneurs généraux de l'Algérie, MM. Laferrière et Révoil, — PAUL LEVÉ, l'inspirateur de la large politique qui allait nous donner la *Perle* des trois Magrib au moment où de funestes divisions parlementaires surgirent au Palais Bourbon, — PAUL LEVÉ est à Auch, occupé à faire manœuvrer des escadrons sur les bords du Gers, alors que son génie serait si utile à la France sur les rives du *Sebou* et de l'*Ouad el-Djouaher*.

J'ai répété deux fois le mot *génie*, avec intention. Que ceux qui connaissent mon ami PAUL LEVÉ me contredisent.... s'ils croient que j'exagère.

Une Tribu Zénète Anti-Musulmane

AU MAROC

(LES ZKARA)

PAR

Auguste MOULIÉRAS

PROFESSEUR DE LA CHAIRE D'ARABE D'ORAN

Lauréat de l'Académie Française

Extrait du *Bulletin de la Société de Géographie d'Oran*

PARIS

AUGUSTIN CHALLAMEL, ÉDITEUR

17, Rue Jacob

1904

OUVRAGES d'Auguste MOULIÉRAS

LINGUISTIQUE ET FOLKLORE

Manuel algérien. Grammaire comparée de l'arabe littéraire et de l'arabe vulgaire. Paris, 1888 ; in-12..... 5f »

Nouvelle Chrestomathie arabe. Constantine, 1889 : in-8°.. 3 75

Cours gradué de Thèmes français-arabes. Paris, 1890 ; in-12............... .... 5 »

Les Fourberies de Si Djeh'a. Contes kabyles (texte zouaoua). Oran, 1891 ; in-12......................... 5 »

Les Fourberies de Si Djeh'a. Traduction française. Paris, 1892 ; in-12.. .... 5 »

Légendes et Contes merveilleux de la Grande Kabylie. *Tome I, complet en 5 fascicules* (texte zouaoua). Paris, 1893 à 1896 ; in-8°.................... 15 »

Légendes et Contes merveilleux de la Grande Kabylie. Tome II, en 3 fascicules (texte zouaoua). Paris, 1896 à 1898 ; in-8°.............................. 9 »

Les Beni-Isguen (Mzab). Essai sur leur dialecte et leurs traditions populaires. Oran, 1895 ; in-8°.......... 5 »

ÉTUDES GÉOGRAPHIQUES ET SOCIOLOGIQUES

Le Maroc Inconnu. Tome I. **Exploration du Rif.** Avec cartes hors texte au $\frac{1}{250.000}$. Oran et Paris 1895 ; in-8°..... 7 »

Le Maroc Inconnu. Tome II. **Exploration des Djebala.** Avec cartes hors texte au $\frac{1}{250.000}$. Oran et Paris, 1899 ; in-8° de VIII+813 pages.............................. 25 »

Fez. (Ouvrage illustré de 12 photographies prises au cours de la Mission de l'auteur à Fez). Oran et Paris, 1902 ; in-16 jésus.. 6 »

(Ouvrage couronné par l'Académie Française)

Une Tribu zénète anti-musulmane au Maroc. Oran, 1904 ; in-8°......................................

Une tribu zénète anti-musulmane au Maroc

PAR

AUGUSTE MOULIÉRAS

PROFESSEUR DE LA CHAIRE D'ARABE D'ORAN
Lauréat de l'Académie Française

I

LES ZKARA

Comment cette tribu fut découverte

L'un des plus étonnants césarismes théocratiques qui aient paru sur la surface de la terre, l'unique souverain moral qui reste maintenant debout au milieu du gâchis et des ruines marocaines, l'Islam, le tumultueux, le redoutable Islam, cet irrésistible assimilateur des races candides ou grossières, ce rapide conquérant de la moitié de l'Ancien Monde, s'arrête, impuissant, au pied d'un petit canton montagneux des Angad, à 5 ou 6 journées de marche de Fez, dans l'orbe par conséquent de l'omnipotente attraction de la Rome chérifienne. Et ce qu'il y a de plus curieux dans cet échec de l'éléphant qui voit sa route barrée par un ciron, c'est que le ciron la lui barre depuis un bon nombre de siècles que nous ne pourrons évaluer exactement tant que les origines de la tribu zénète des *Zkara* resteront pour nous à l'état d'énigme historique.

Cette étrange tribu des Zkara, nous nous souviendrons longtemps de la joie profonde qu'elle nous causa quand nous l'entendîmes qualifier, pour la première fois, de *tribu chrétienne, issue de chrétiens, et restée chrétienne* au milieu du flot islamique ! car, vainement, pendant des années et des années, la même question, obsédante et opiniâtre, avait été posée par nous à des quantités de Marocains de divers points de l'Empire : « — Y a-t-il au Maroc une tribu berbère qui ne soit pas musulmane ?

Et toujours, comme clichée d'avance sur les lèvres de nos interlocuteurs, la même réponse résonnait à nos oreilles :

« — Par Allah ! répondaient-ils stupéfaits, tu veux rire sans doute ? Grâce à Dieu, il n'y a pas un seul douar, pas un seul village marocain où l'on ne prononce plusieurs fois par jour le « *la ilaha illa Llah, Mouh'ammed rasoul Allah.* ». [1]

Ces affirmations de gens pouvant bien ne pas connaître à fond tous les recoins de leur pays, n'eurent heureusement pas plus le don de nous décourager que la lecture des historiens, arabes et chrétiens, qui affirment, eux aussi, que l'Islam n'a laissé trace d'aucune ancienne religion, chrétienne ou païenne, parmi les populations actuelles du Nord-Ouest de l'Afrique. Ils sont particulièrement désespérants à cet égard nos annalistes, et aucun d'eux, pas même nos meilleurs chroniqueurs français de l'Algérie, auxquels on ne saurait refuser sans injustice une dose d'esprit philosophique au moins égale à celle que l'on se plaît à attribuer au plus illustre historien musulman de la Berbérie, Ibn Khaldoun, aucun d'eux n'a eu l'idée de se demander si, par hasard, une petite épave du grand naufrage des religions et des nationalités n'avait pas surnagé après l'inondation mahométane au Maroc, surtout au Maroc

(1) Il n'y a de Dieu que Dieu et Mahomet est le prophète de Dieu.

où les vastes étendues désertiques du Sud et de l'Est, ainsi que la masse imposante de l'Atlas, offraient des asiles à peu près inviolables aux croyances et aux races que l'Islam envahisseur savait si bien assimiler, refouler, ou exterminer le cas échéant.

Cependant, il y a quelques dix ans, un homme était passé à côté de la vérité sans parvenir à soulever entièrement le voile qui la cachait à ses yeux, et nous verrons tout-à-l'heure que le derviche Moh'ammed ben Tayeb, que M. Gabriel Hanotaux proclamait naguère, à si juste titre, comme notre guide le mieux informé des hommes et des choses du Maroc [1], nous verrons que Moh'ammed avait cru deviner que les Zkara sont des *Abadhites schismatiques*, c'est-à-dire des *Protestants musulmans* de la même secte que nos Mozabites algériens, indication précieuse qui était déjà un rayon de vive clarté projetée sur le chaos des tribus si peu connues de la Dhahra marocaine.

Le problème restait donc toujours à résoudre, et nous en étions à nous demander s'il ne nous faudrait pas attendre les résultats de la troisième exploration des Braber, entreprise par le derviche d'après nos instructions, avant de renoncer à l'espoir de trouver au Maroc des tribus chrétiennes ou païennes, lorsque le hasard nous mit l'an dernier en rapport avec un vieux taleb musulman des Beni-Znassen [2] qui avait vécu assez longtemps chez les Zkara, parmi lesquels il compte encore de nombreux et fidèles amis ... Les Beni-Znassen sont en effet les voisins immédiats des Zkara ; ils sont en relations constantes les uns avec les autres, et les Zkara, généralement plus pauvres que les Beni-Znassen, se font volontiers gardiens de silos de ces derniers, spécialité bien connue dans le

(1) *Petite Gironde* du 21 novembre 1903.

(2) C'est un nommé Bou-Terfas ben Messaoud, originaire de la déchra des Beni-Nouga, fraction des Beni-Ouryimmèch, tribu des Beni-Znassen, membre de la famille maraboutique de la zaouia des Oulad ben Daoud et très connu au Village-Nègre d'Oran.

pays et qui a valu à ces vigilants dragons des greniers souterrains l'épithète malsonnante de طمار plur. طمامرة (*t'emmar*, plur. *t'mamra*, gardien de silos).

Après plusieurs conversations qui servirent à nous démontrer que ce taleb connaissait une bonne moitié du Maroc, celle de l'Est, l'inéluctable interrogation lui fut posée :

« — Y a-t-il au Maroc une tribu berbère qui ne soit pas musulmane ?

— Ta question, nous répondit aussitôt Bou-Terfas, me rappelle que nous avons près de chez nous une tribu zénète, les *Zkara*, qui n'est sûrement pas musulmane, qui a même en horreur notre divine religion. Le mépris que ces gens-là affichent pour notre Prophète et nos saints nous a toujours fait penser qu'ils sont *chrétiens*. A toi maintenant de rechercher s'ils appartiennent au culte du Messie ou au paganisme ..

....

Montaigne a dit quelque part : — « Il n'est que de trouver le bout du fil, on en dévide tant qu'on veut. »

Le bout du fil était enfin entre nos mains ; il s'agissait d'en dévider quelques aunes. C'est ce que nous avons essayé de faire. Sans nous arrêter aux détails d'une enquête longue et minutieuse, qu'il nous soit permis, avant d'entrer dans le vif de notre sujet, de dire que notre premier soin a été de trouver et d'interroger nous-même des indigènes appartenant à la tribu des Zkara. L'un d'eux, notre principal informateur[1], nous fut signalé comme un homme de la

(1) Il répond au nom de AMOR BEN ALI. Il est originaire de la fraction des Oulad Moussa, tribu des *Zkara*, et il exerce actuellement la profession de gardien de silos de Ben Ali, près de Hammam-bou-Hadjar, dans la province d'Oran. Au physique : taille de 1m70, nez aquilin, yeux bleus, barbe clairsemée et grisonnante dénotant l'approche de la cinquantaine. Au moral : méfiance extrême, l'air concentré et affaissé de ceux que la misère a longuement tourmentés.

Un autre indigène des Zkara, à qui nous devons aussi de bonnes informations, nous a été présenté comme appartenant à la caste seigneuriale des OULAD SIDI AH'MED BEN YOUSSEF. Ses révélations, au point de vue social et religieux, nous ont été très utiles. Nous reparlerons de cet homme et de nos autres informateurs dès que le contrôle de leurs assertions aura été fait.

plus grande honnêteté. Le faire venir à Oran, lui inspirer une pleine confiance d'abord, extraire ensuite de sa cervelle de primitif la majeure partie de ce qui s'y trouvait, fut l'affaire de quelques jours.

De ces matériaux, jetés en vrac et accumulés à la hâte dans nos papiers, nous ne livrerons à la curiosité publique que ce qui peut être considéré dès à présent comme l'esquisse d'une très incomplète mais fort intéressante monographie du nouveau Petit Monde que l'on ne soupçonnait pas au Maroc.

II

LE PAYS DES ZKARA

1. — Situation géographique

Une quarantaine de kilomètres seulement sépare notre frontière oranaise de l'extrémité occidentale du *Jbel Zkara*. Il n'y a entre celui-ci et notre *Ras Asfour* que quelques heures de marche, distance insignifiante, si l'on ne considère que les mètres à parcourir, distance énorme au contraire si l'on songe que l'étroite bande de territoire qui s'interpose entre les Zkara et l'Algérie fut l'unique obstacle à la connaissance et à l'amitié réciproques des Français et de ces singuliers zénètes marocains qui viennent de nous révéler d'une façon si imprévue leur peu d'affection pour la doctrine du législateur des Arabes.

Par suite de l'absence de documents géographiques précis sur leur pays, il faudra s'en rapporter, jusqu'à nouvel ordre, aux informations topographiques que nous avons recueillies de la bouche des Zkara et de leurs voisins de la plaine des Angad.

Il est aussi une autre source d'informations que nous ne négligerons pas pour appuyer, confirmer ou rectifier au besoin les données cartographiques de nos indigènes; et cette source, généralement très sûre, qui ne la connaît parmi ceux qui s'occupent de la géographie physique du Maroc? De Foucauld, l'intrépide, l'admirable de Foucauld a vu, de ses yeux vu, et a failli toucher en 1884 la chaîne de montagnes, le *Jbel Zkara* (1), où s'éparpillent les toits de laine et les humbles foyers d'une peuplade dont il ne pouvait deviner les opinions et les croyances secrètes. Nul doute qu'avec sa nature ardente d'apôtre, sous laquelle perçait déjà l'âme du

(1) Ch. de Foucauld. *Reconnaissance au Maroc*, in-4. Paris 1888. Dans le texte et sur la carte de cet auteur, notre tribu est orthographiée *Zekkara*, à tort selon nous. C'est *Zkara* qu'il faut prononcer, sans réduplication du *k*.

missionnaire, du soldat du Christ qu'il est aujourd'hui[1], le vaillant explorateur n'eût, dès cette époque, arrêté ses pas et planté sa tente de convertisseur au milieu de ces rudes montagnards, si l'un d'eux lui avait glissé à l'oreille les deux mots qui nous furent dits à nous dans un moment de grande et absolue confiance :

رانا نصارى *Rana N'çara.* « Nous sommes chrétiens ! ».

Le pays des Zkara est situé à 25 kilomètres à peu près à l'Ouest-Sud-Ouest de la petite ville marocaine d'Oujda, très près par conséquent de la frontière française, et il est compris en majeure partie dans un massif montagneux assez élevé que l'on désigne sous le terme commun de *Jbel Zkara*[2] (Montagne des Zkara).

---

(1) On sait que le R. P. de Foucauld s'est fixé, il y a quelques années, dans l'Extrême-Sud oranais où il est la providence des pauvres, des souffrants, sans distinction de culte ou de nationalité.

(2) Nous reproduisons ci-après tout ce que de Foucauld a dit des Zkara et de leur pays :

— « Outre le Grand, le Moyen et le Petit Atlas, il y a (au Maroc) d'autres chaînes de montagnes secondaires, toutes parallèles à ces trois chaînes fondamentales. Parmi elles, la plus importante est celle devant laquelle nous sommes (Jbel R'iatha) : commençant à l'Ouest d'Oulmess, elle passe au Sud de Sfrou, a un de ses points culminants au Jbel R'iatha et se continue par les monts Beni-bou-Zeggou, *Zekkara* etc., jusqu'en Algérie, où elle passe au Sud de Tlemcen » (pages 28 et 101) ; — « Je redescends dans la vallée du Za et je la traverse ainsi que la rivière ; puis je gravis le talus qui en forme le flanc droit. Parvenu au sommet, je me trouve dans une plaine sablonneuse ondulée. Je suis dans le désert d'Angad ; j'y resterai jusqu'à mon arrivée à Lalla-Marnia. C'est une plaine immense ayant pour limites : à l'Ouest, l'ouad Za et la Mlouia ; à l'Est, les hauteurs qui bordent la Tafna ; au Nord, le Djebel Beni-Iznaten ; au Sud, les Djebels Beni-bou-Zeggou et *Zekkara* faisant suite au Mergeshoum » (page 253) ; — « Durant toute la journée, le pays reste très plat ; ce n'est qu'en approchant d'Oudjda que deux accidents de terrain changent l'aspect du désert. Vers le Nord, une côte en pente douce, parallèle au Djebel Beni-Iznaten, se projette en avant de lui dans la plaine et se termine au cours de l'Isli. Vers l'Est, on voit la fameuse Koudiat el Khodra, théâtre du champ de bataille de l'Isli ; de loin, elle apparaît comme un long talus verdoyant, bas, à crête uniforme, barrant toute la plaine d'Angad, depuis le Djebel *Zekkara*, dont il se détache et auquel il est perpendiculaire, jusqu'à la côte qu'on vient de signaler » (page 257) ; — « La plaine de Tafrata est suivie d'une autre (celle d'Angad), qui est séparée de la première par une ligne de coteaux très bas unissant le Djebel R'iatha à la chaîne des monts Mergeshoum, Beni-bou-Zeggou et *Zekkara* son prolongement (page 372) ; — « Chaîne Oulmess-R'iatha. Commençant à l'Ouest d'Oulmess, se continuant dans le Djebel R'iatha et se prolongeant jusqu'en Algérie par les monts Beni-bou-Zeggou et *Zekkara* cette chaîne traverse le territoire des Aït Ioussi au Nord de la précédente (le Moyen Atlas), à laquelle elle est à peu près parallèle » (page 383) ; — « Angad. Vaste plaine déserte ayant pour limites : au Nord, le Djebel Beni-Iznaten ; à l'Est, les hauteurs qui bordent la Tafna ; à l'Ouest, la Mlouia et l'Ouad Za ; au Sud, le Djebel Beni-bou-Zeggou et le Djebel *Zekkara* » (page 388) ; — « Le désert

A la base de ses hauteurs se déroulent, au Nord et au Midi, deux immenses plaines, de sorte que le massif zkarien s'allonge et se dresse, semblable à un îlot fusiforme, entre deux vastes espaces mornes qui sont les deux déserts de T'afrat'a et d'Angad, le premier au Sud, le second au Nord. Ce n'est qu'au jour des sanglants revers que la tribu des Zkara se tasse tout entière dans les forteresses naturelles de ses montagnes ; en temps ordinaire, elle déborde aux quatre points cardinaux, principalement dans la partie septentrionale de la plaine des Angad où sa limite extrême se confond avec la frontière des Beni-Znassen. Les estimations les moins avantageuses accordent à ce territoire essentiellement élastique une longueur approximative de 60 kilomètres, du Nord au Sud, et 100 kilomètres de l'Est à l'Ouest.

Si ces données ne s'éloignent pas trop de la réalité, l'hinterland zkarien, plaines et montagnes comprises, pourrait être évalué, en tenant compte des sinuosités des frontières, à environ 6,000 kilomètres carrés, soit une superficie sensiblement égale à celle d'un petit département français. Ses limites seraient : au Nord, les Beni-Znassen, Heouara et Angad; à l'Ouest, Es-Sedjaâ, Beni-bou-Zeggou et Beni-Yaâla entâ

---

d'Angad est, avons-nous vu, bordé au Nord et au Sud par deux longues chaînes de montagnes. Prenant le nom des tribus qui les habitent, elles s'appellent, l'une, Djebel Beni-Iznaten, l'autre, d'abord Djebel Beni-bou-Zeggou, puis Djebel *Zekkara*. Nous allons dire un mot des Beni Iznaten, des Beni-bou-Zeggou et des *Zekkara*. » (pages 388, 389) ; — *Zekkara*. Petite tribu sédentaire. Elle vit dans des villages. C'est une tribu de montagne tout entière cantonnée dans le tronçon de chaîne qu'elle occupe et auquel elle a donné son nom. Elle ne compte que 200 fantassins et n'a point de chevaux. Elle est tamazir't de langue comme de race. Les *Zekkara* sont soumis au sultan depuis la campagne de 1876. Ils sont gouvernés par un chikh qui dépend du caïd d'Oudjeda. » (page 389).

Telle est la *totalité* des renseignements que l'on trouve sur les Zkara dans l'ouvrage de l'illustre de Foucauld. Quand nous aurons dit que dans la grande compilation de La Martinière et Lacroix (A), les Zkara sont mentionnés comme étant des *musulmans* quelconques, *serviteurs religieux du marabout de Kenatsa et surtout de Moulaï Taïeb !* » le lecteur saura tout ce que l'on savait des Zkara avant la publication de notre présent travail. C'est assez dire combien cette extraordinaire tribu anti-musulmane était ignorée, combien elle le serait restée longtemps encore peut-être si notre foi dans l'existence d'une tribu berbère marocaine *non-musulmane* avait été moins tenace.

(A) *Documents pour servir à l'étude du Nord-Ouest africain*, tome I, page 155 à 157.

Cefacif ; au Sud, Oulad Amer, Oulad Sidi-Ali et Beni-Guil ; à l'Est, Mehaya, Oujda, Djeâouna et Beni-Ouacine[1].

Au Nord, près de la limite des Beni-Znassen, coule une source abondante, *Aïn-Métlili*, qui appartient aux Oulad Mh'ammed, l'une des fractions des Zkara. Son eau excellente sert à abreuver les troupeaux et les nomades qui errent sans cesse dans les solitudes du désert des Angad.

Les montagnes zkariennes paraissent quelque peu dénudées, mais leurs vallées et leurs flancs sont bien cultivés. De nombreuses sources d'eau fraîche et limpide, ainsi que cinq rivières : *ouad Sidi Moussa, ouad Metlili, ouad Sidi Mh'ammed, ouad Oulad Moussa, ouad Mesferki, ouad Tinzi* et *ouad Oummidher*, sont utilisées pour l'arrosage d'une foule de vergers et jardins potagers où poussent nos différents légumes algériens. Si les vergers et les jardins laissent à désirer sous le rapport de la diversité des arbres fruitiers et d'agrément, en revanche les figuiers ordinaires et les figuiers de Barbarie couvrent des centaines d'hectares. L'agriculture est très développée en blé et en orge, en orge principalement. C'est Oujda qui est le marché préféré des Zkara ; ils viennent vendre dans cette petite ville l'excédent de leurs céréales et ils y achètent les produits, sucre, thé, babouches, foulards, cotonnades, etc., dont ils ont besoin. Nous verrons plus loin qu'ils se procurent des Remingtons à Mliliya par l'intermédiaire des Beni-Znassen.

Les Zkara habitent en général sous la tente. Depuis quelques années cependant, les plus fortunés se sont mis à construire des maisons, et l'on cite avec orgueil dans le pays les borj (château, maison de campagne) du vieux caïd Remdhan ben Ali, de Moulaye Méliani ben Ah'med et de Sidi Aïssa ben Youssef, les deux grands chefs de la caste seigneuriale des Oulad Sidi Ah'med ben Youssef. Certains cheikhs ont également des borj, ou plutôt des maisons d'apparence plus modeste que celles de leurs seigneurs ; souvent, ce sont de petites maisonnettes en torchis, pauvres réduits blanchis à la chaux qui excitent néanmoins l'admiration et l'envie des compatriotes domiciliés sous les toits de laine ou dans de simples gourbis. Il n'est pas rare de rencontrer dans les vallées et les plaines, quelquefois sur les flancs des montagnes, de grands douars de 60 à 80 tentes où se déroule, dans son uniformité

(1) Voyez la note 1, page 12.

séculaire, la vie sociale, pastorale, agricole et guerrière d'une peuplade marocaine si différente par ses institutions, ses mœurs et ses croyances, des populations mahométanes qui l'entourent.

Nous ne pouvons donner pour le moment que quelques vagues renseignements sur les monts zkariens qui ne se laisseront déterminer avec précision que lorsque des topographes (français, espérons-le), iront en dresser la carte sur les lieux mêmes. La configuration générale du Jbel Zkara semble orientée de l'Ouest à l'Est ; on dirait que la chaîne entière est parallèle au 34°30 de latitude Nord qui la coupe par le milieu à son extrémité orientale. Une solution de continuité paraît exister entre cette chaîne et le Jbel Beni-bou-Zeggou qui la prolonge à l'Ouest. Les hauteurs zkariennes s'accentuent, dit-on, de l'Est à l'Ouest, sans toutefois que leurs sommets occidentaux se couvrent de neige en hiver comme ceux des Beni-Yaâla-entaâ-Cefacif qui se trouvent au Sud des Zkara (1).

D'après notre système (2), la tribu des Zkara serait comprise dans la province de la Dhahra marocaine.

---

2. — Fractions, Douars, Villages et Chefs politiques des Zkara

La tribu des Zkara se compose de trois fractions : — Les *Oulad Mh'ammed*, les *Oulad Moussa* et *Akkmen* (3).

Les *Oulad Mh'ammed* sont à l'Ouest, les *Oulad Moussa* au Nord et *Akkmen* à l'Est.

La très grande majorité des habitants vit sous la tente. Les réunions de tentes forment des douars et ces douars se déplacent suivant les exigences des saisons.

---

(1) Une autre délimitation des Zkara, différente de la première, nous a été fournie au dernier moment par Bou-Terfas, qui prétend connaître admirablement le pays. La voici : Les Zkara auraient pour limites : au Nord, les Beni-Znassen ; au Nord-Ouest, les Ahal-Angad ; à l'Ouest, les Beni-Yaâla entaâ Met'rouh' ; au Sud-Ouest, les Beni-bou-Zeggou et Tagafaït ; au Sud, les Beni-Yaâla entaâ Cefacif et Embarech ; à l'Est, les Oulad-Sidi-Moussa, Angad et Oujda.

(2) *Maroc Inconnu*, tome I, page 18.

(3) Ce terme ayant une signification injurieuse, les Zkara le changent souvent en *Ouchchanen*. *Akkmen* est un mot arabe berbérisé, de la racine عكم signifiant *caravaniers*, mais les Zénètes lui donnent le sens de *mécréants* Le singulier est *Akkem*. Quant à *Ouchchanen*, c'est le pluriel berbère de *Ouchchen* (chacal).

FRACTION DES OULAD MH'AMMED

NOMS DES DOUARS	NOMS DES CHEIKHS
Oulad H'ammou.	Driouch ould Ali Azoukkar'[1]
Soualmia.	Belàid ben Mansour.
Izrichen (les méchants).	Ali ou (fils de) Salem.
Benâïsaïn.	Ah'med Fadhma.
	Les douars précédents campent d'habitude sur les bords de l'*Ouad-el-Kebir*, rivière appelée par les Zénètes *Ir'zer Mesferki.*
Ik'açqouïn.	Amor ould K'addour.
Iâddoudiyin.	Aïsa Lah'sen ben Mansour
Ikherraguen.	Amor n Ali.
Imelhouben (les coquins).	Mansour n Ali.
	Les douars précédents campent ordinairement sur l'*Ouad Oummidher* qui est séparé de la vallée de *Ir'zer Mesferki* par le *Jbel Bou-Heoua.*
Maïcha.	En znatia, *Imâiach* ; douar d'une quinzaine de tentes. Le plus important des douars cependant, parce qu'il ne contient que des *Rousma*[2] (caste sacerdotale des Zkara.)

FRACTION DES OULAD MOUSSA

NOMS DES DOUARS	NOMS DES CHEIKHS
Izerfaïn (les bons).	Mh'ammed Lah'sen.
Imehraïn (les paresseux).	Ben-Abd-el-Ouah'ad.
Oulad Rabah'.	K'addour ben Bou-Azza. (*douar islamisé*).
Ilah'snen.	Mbarek ben Mansour.
Içalh'en.	Mouh'ammed ben bou Azza.
Ik'addouren.	Mouh'ammed ben K'addour.

(1) *Azoukkar'* (le rouge) en znatia des Zkara.

(2) Il sera longuement question de ces *prêtres* plus loin. *Rousma* fait au singulier *Rousmi*, au féminin singulier *Rousmia*, au féminin pluriel *Rousmiat.* رصمية — رصمى

FRACTION DE AKKMEN

DOUARS ET VILLAGES	NOMS DES CHEIKHS
Beni-Izzount (1).	Ali Ak'ouchih' (2)
Oulad Ben-Gana (3).	Abd el-K'ader Zerrouk'i
Oulad Bou-Asaker.	Ali ou Abd Allah.
Ibousalmen.	Mouh'and ould bou Salem.
Mh'afidh.	K'addour ou (5) Aïsa (*douar islamisé*).
Touachna (4).	2 cheikhs : Belk'asem ou Mrah' et Belhachmi.
Isasiyin (les mendiants).	Miloud n (5) Sasi.
Iharslaïn (6).	2 cheikhs : Mouh' ou Ali ou Rah'h'ou et Ah'med ou Ali ou H'amida.
Ik'arrouchen.	K'addour ou l-Bachir.
Oulad Taleb-el-Bachir.	Mbarek el-Bachir (l'unique cheikh des Zkara sachant un peu lire et écrire l'arabe.)
Oulad Zerrouk'i.	Village d'une vingtaine de maisons. Centre politique important parce qu'il est peuplé par les *Oulad Sidi Ah'med ben Youssef.*

Les douars et les villages de Akkmen s'éparpillent dans la vallée de l'*Ouad Tinzi* jusqu'au célèbre *Ouad Isli.*

Les *Iharslaïn* sont campés à *Tafrent*, grande vallée où abondent les *chênes-liège*, arbres précieux que personne n'exploite. *Tafrent*, en berbère znatien, signifie *chêne-liège.* Les Arabes algériens et marocains ont arabisé ce mot et en ont fait *fernana.*

(1) Ce village s'appelle en réalité *H'ouzmer* (A), mais il est habité par les *Beni-Izzount* et on le désigne souvent sous cette dernière appellation qui est un vocable zénète arabisé. C'est une *déchra* (village) de 30 à 35 maisons. Son véritable nom berbère est *Iath-Izzouneth* (Zemphatique.) qui signifie *les planteurs.* Les habitants de ce centre sont des fabricants de goudron.

(2) *Ak'ouchih'* « estropié du bras » en znatia. Surnom donné à ce cheikh à la suite d'un accident d'armes à feu qui lui a effectivement abîmé le bras.

(3) Village plus important que les *Beni-Izzount.* De 80 à 100 maisons. Sur l'*Ouad-Tinzi.*

(4) Les *Touachna* sont campés sur le sommet du *Jbel Maâden* où se trouve une mine de plomb que l'on exploite pour faire des balles de fusil.

(5) *ou* et *n* en znatia ont le sens de *fils de.*

(6) يهرسلاين

(A) Au sujet de *H'ouzmer*, Cf. *Maroc Inconnu*, tome II, p. 198 et suiv.

Les Beni-Izzount se signalent entre tous les Zkara par une particularité assez étrange. Chaque année, avant de commencer les labours, ils montent au sommet du *Jbel Tamnarth*, montagne élevée qui se dresse au centre des Zkara. C'est un pélérinage qu'ils font, disent-ils, en l'honneur de leur premier ancêtre dont la *tombe antique* (*Tamnarth* en znatia) se trouve sur la cime de ce mont. D'après la description qui nous est faite du tombeau de l'ancêtre, nous croyons comprendre qu'il s'agit d'un monument mégalithique, une sorte de galerie couverte avec d'énormes pierres plates brutes.

Le caïd des Zkara est le vieux Remdhan ould Mouh'ammed ben Remdhan. Tel est le nom *officiel* sous lequel il est connu à Fez et parmi les tribus musulmanes de la Dhahra. Son nom vrai et connu des seuls Zkara est Remdhan ould Amor ben Mansour. Le *Mouh'ammed* (1) de la première appelation n'est là que pour donner le change aux Musulmans sur les sentiments religieux de ce chef des Zkara dont nous parlerons plus longuement ailleurs.

---

3. — Renseignements statistiques Tentes. — Troupeaux

En résumé, la tribu des Zkara compte à peu près 1,600 tentes et 3 villages. (2) Elle est très riche en moutons ; elle en aurait 160,000 environ, c'est-à-dire une moyenne de cent par tente. Elle posséderait aussi 80,000 chèvres, 20,000 bœufs, 5,000 mulets, 4,000 chevaux de selle, 8,000 juments, 5 ou 6,000 ânes. Aucun chameau. Certaines familles, principalement les *Oulad Sidi Ah'med ben Yousef* et les *Rousma*, possèdent de grands troupeaux et de vastes étendues de terres labourables.

---

(1) On sait que le prophète arabe s'appelait *Mouh'ammed*, dont nous avons fait en français, *Mahomet* et *Mohammed* On verra plus loin que les Zkara portent des noms de convention quand ils se trouvent avec des Mahométans.

(2) Les trois villages sont : *Beni-Izzount*, *Oulad ben Gana* et *Oulad Zerrouk'i*. Il ne faut pas confondre les *douars* avec les *villages*. Un *douar* est une réunion de tentes ; un *village* est une agglomération de maisons construites en maçonnerie.

Le caïd Remdhan, considéré comme l'un des Zkara les plus fortunés, aurait à lui seul 3,000 moutons, 1,200 chèvres, 250 bœufs, 60 vaches laitières, 15 mules ou mulets, 5 chevaux d'armes, d'une valeur de 1,000 à 2,000 francs chacun, 4 belles juments de selle, 25 ânes. Quant à ses propriétés foncières, on dit qu'il ne sait pas exactement lui-même le nombre de *sekka* (1) qui lui appartiennent.

---

4. — Situation politique
Population. — Forces militaires

La tribu des Zkara peut mettre en ligne de bataille 3,500 hommes, dont un tiers à cheval et le reste à pied (2), tous ou presque tous armés de Remingtons achetés au présidio de Mliliya par l'intermédiaire des Beni-Znassen et des Galiya. Ces derniers, ainsi que nous l'avons déjà dit ailleurs (3), se livrent, avec quelques autres tribus rifaines, à la contrebande de guerre, industrie fructueuse qu'exploitent à merveille certaines manufactures d'armes anglaises, belges et espagnoles.

Le chiffre de 3,500 guerriers tendrait à nous faire supposer que la population totale des Zkara doit osciller entre 17,000 et 20,000 âmes ; il y a lieu, croyons-nous, d'adopter cette évaluation, qui paraissait trop réduite au gré de nos informateurs, mais que nous maintenons à ce total, inférieur vraisemblablement à la réalité, en vue d'éviter les exagérations habituelles aux Indigènes.

Au point de vue politique, les Zkara jouissent, à l'égard de la Cour de Fez, d'une indépendance tellement effective qu'elle se traduit, à l'heure qu'il est, par des escarmouches incessantes que ces braves montagnards livrent aux troupes impériales qui commettent l'imprudence de s'aventurer sur les

---

(1) *Sekka* (charrue), étendue de terre que deux bœufs peuvent labourer en une saison (environ 10 hectares).

(2) De Foucauld, cité plus haut, n'accorde aux Zkara qu'une force armée de 200 fantassins ! Il y a là évidemment une grosse erreur provenant de l'ignorance ou de la mauvaise foi des indigènes auprès desquels le célèbre explorateur s'est renseigné. Les *Documents* se rapprochent beaucoup plus de la réalité par leur total de 2,226 guerriers Zkariens, dont 236 cavaliers. (*Documents*, tome I, page 177.)

(3) *Maroc Inconnu*, tome I, pages 114, 115 et 132.

confins du minuscule royaume que *Bou H'emara* (1) a su se tailler dans l'Est marocain. Ils n'ont pas hésité, dès les premiers jours de la révolte de l'audacieux Prétendant, à secouer l'ombre des liens de vassalité qui les rattachaient au pouvoir chérifien, et ils ont embrassé la cause de l'agitateur magribin autant par amour de la liberté que pour se conformer aux décisions de la *Confédération des Angad (leff Angad)*, dont ils font partie, et aux termes desquelles toutes les tribus alliées devaient se prononcer en faveur de l'énigmatique personnage qui cherche à saper le trône du jeune Abd-el-Aziz.

Dans le tome I du *Maroc Inconnu*, page 184, nous avons essayé d'esquisser la répartition des groupes arabes et berbères qui composent le *Leff Angad* ; nous n'y reviendrons donc pas aujourd'hui. Qu'il nous suffise de dire que cette puissante Confédération des Angad, trop souvent disloquée jadis par les intrigues de la Cour chérifienne et par les visées ambitieuses des chefs de tribus, continue de nos jours à se signaler par une aussi déconcertante versatilité politique qu'autrefois.

En leur qualité de Berbères-Zénètes, les Zkara se rangent d'habitude du côté de leurs homophones : les Beni-Znassen, les Beni-Mah'you, les Beni-bou-Zeggou, les Beni-Yaâla, Kébdana, etc. Ceci n'empêche nullement les rivalités d'éclater entre les groupes de même dialecte quand des meurtres ou des vols importants viennent détruire à l'improviste le lien fragile qui unit ces remuantes populations. Les Zkara, en particulier, ont à se méfier aussi bien des Berbères que des Arabes. Considérés par les uns et par les autres comme des *chiens de chrétiens*, il y a beau temps qu'ils eussent succombé sous les coups des Musulmans si leur bravoure naturelle, favorisée par les citadelles inexpugnables de leurs montagnes, ne les eussent préservés chaque fois de l'extermination totale rêvée par leurs implacables ennemis.

---

(1) *L'homme à l'ânesse*, le Prétendant marocain, en révolte ouverte depuis deux ans bientôt contre le sultan Abd-el-Aziz. Ce personnage, dont l'identité est loin d'être parfaitement bien établie, serait un ancien taleb famélique du nom de *Si-l-Jilali ez-Zerhouni*. (Originaire de Zerhoun, l'ancienne Volubilis.) Cette origine sert à faire croire que Jilali est un chérif idrissite.

Voir à propos des noms *Djilali* (ou Djilani) et *Rougui*, que l'on applique à tort et à travers à Bou-H'emara, l'histoire plus ou moins authentique de son homonyme et devancier *El Djilani er-Rougui* dans le tome IV du *Kitab el-Istik'çâ*, page 225.

Au souvenir de ses chères montagnes, précieuses gardiennes de la nationalité menacée, des larmes jaillissaient des yeux du vieux Zkraoui qui nous documentait sur sa patrie lointaine et nous rappelaient à nous-mêmes les vers de l'immortel poëte :

C'est naturellement que les monts sont fidèles
Et purs, ayant la forme âpre des citadelles,
Ayant reçu de Dieu des créneaux où, le soir,
L'homme peut, d'embrasure en embrasure, voir
Etinceler le fer de lance des étoiles.

(V. Hugo).

Grâce à leurs monts fidèles, grâce aussi à l'anarchie perpétuelle qui fait de la Dhahra et du Rif deux foyers toujours brûlants de discordes, de haines, de guerres civiles, au-dessus desquelles plane l'amour sauvage d'une liberté et d'une indépendance illimitées, les Zkara ont eu le double bonheur de pouvoir se préserver : 1° de l'anéantissement certain qui les attendait au milieu des loups à face humaine dont ils sont environnés ; 2° de la tyrannie intolérable du Makhzen chérifien ; — et c'est ainsi qu'ils ont réussi à garder précieusement dans leurs nids d'aigle ce que l'homme a de plus cher ici-bas : leurs croyances et leurs libertés.

L'Est marocain, de la frontière française jusqu'à Taza, — les derniers événements l'ont prouvé une fois de plus, — échappe entièrement à l'action du faible pouvoir qui siège à Fez. Celui-ci, à aucune époque de son histoire, n'est parvenu à exercer sur cette région, d'une façon durable, ses prétendus droits de souveraineté ; et quand, après de longs intervalles qui embrassent parfois la moitié ou les trois quarts d'un siècle, il se décide à faire rentrer dans l'obéissance les turbulentes tribus orientales, c'est le plus souvent par la ruse et par les intrigues souterraines qu'il agit, rarement par la force ouverte.

Maintenant, notre curiosité s'arrête devant plusieurs gros points d'interrogation : — A quelles conditions les Zkara ont-ils adhéré au programme subversif du Prétendant ?... que leur a-t-on promis ?..... à quoi se sont-ils engagés ?.....

— Le sac de Fez, le pillage, l'incendie de cette capitale abhorrée; la vengeance, d'un seul coup, des anciennes abominations chérifiennes... puis l'intronisation du Taleb-Prétendant, — et les tribus alliées de la Dhahra rejoindront ensuite leurs campements, chargées de butin, libres comme auparavant, ayant seulement perdu sur les divers champs de bataille *quelques milliers de leurs meilleurs défenseurs.* — Tel est, semble-t-il, le mirage auquel se sont laissés prendre la plupart des confédérés des Angad et du Rif, les Zkara en tête [1].

---

(1) Nous espérons que le chapitre intitulé « *Les Zénètes et la Zénétie marocaine* » éclairera d'un jour nouveau l'aire et le groupement ethnique des tribus de la Dhahra et du Rif.

III

ETHNOGRAPHIE. — LANGAGE

1. — Ethnographie

A quelle race appartiennent les Zkara ? Eux se disent *chrétiens*, descendants de *chrétiens*. A les en croire, ils auraient pour ancêtres les Romains qui occupèrent et colonisèrent l'Afrique du Nord longtemps avant l'invasion arabe.

Personnellement, nous n'avons aucune objection sérieuse à opposer à cette prétention généologique à laquelle se sont ralliés d'ailleurs les voisins des Zkara, Arabes et Berbères. Cependant, il nous semble que la dissemblance confessionnelle qui existe entre ceux-ci et ceux-là n'a pas été sans influencer considérablement les opinions ethnologiques de ces peuples simplistes dont l'ignorance est le moindre défaut.

Réduit à des conjectures incertaines en face du mystérieux problème des origines Zkariennes, dépourvu du secours des livres (qui sont d'un mutisme complet sur les Zkara), nous estimons que le parti le plus sage serait de renoncer à creuser plus avant une énigme devant laquelle reculeraient peut-être nos plus savants anthropologistes ; mais le lecteur ne nous pardonnerait pas de nous voir passer sous silence notre propre opinion sur cette grave question de la race Zkarienne. Aussi la donnerons-nous cette opinion, — en insistant sur son peu de valeur scientifique, — et nous dirons que les trois Zkara que nous avons vus au cours de notre enquête ne paraissaient guère différer du type *Zénète*, type qui diffère lui-même selon nous de l'Arabe d'une part et du Berbère pur d'autre part.

2. — Langage

Ici, plus de doute. La langue des Zkara est un idiome berbère, ce qu'il y a de plus berbère. Notre certitude est complète à cet égard, et il nous serait facile de fournir les preuves de ce que nous disons par la publication d'un dictionnaire de ce langage qui a de grandes affinités avec les autres dialectes berbères du Rif et de la Dhahra. Quelques mots Zkara, pris au hasard, montreront que la langue de cette tribu appartient bien à la grande famille berbère :

Ex : Homme : *ariaz ;* pluriel : *iriazen.* (1)
Femme : *thafroukhth* ; pluriel : *thifrakh.*
Mulet : *aserd'oun ;* pluriel : *iserd'ian.*
Mule : *thaserd'ount ;* pluriel *: thisord'an.*
Cheval : *iyis ;* pluriel : *iisan.*
Jument *: thagmarth* ; pluriel : *thigmarin* (2).
Chameau : *alr'em ;* pluriel ; *iler'man.*
Chamelle : *thalr'emt ;* pluriel : *thiler'min.*
Bélier *: ikerri* ; pluriel : *akraren.*
Brebis : *thikhsi ;* pluriel : *thikhesouin.*
Agneau : *izmer ;* pluriel : *izmaren.*
Un troupeau de moutons : *thih'imar.*

Le dialecte berbère que parlent les Zkara est qualifié par eux de *Znatia. La Znatia* est la langue nationale des *Berbères-Zénètes.* En ce qui concerne le Maroc, le domaine géographique des Zénètes est très étendu et aussi mal connu que les Zénètes eux-mêmes.

Que sont donc les Zénètes ?

Voilà la question à laquelle nous nous efforcerons de répondre dans le chapitre suivant.

---

(1) Cf. notre système de transcription des mots arabes et berbères dans le 1er vol. du *Maroc Inconnu*, page 42.

(2) Les Beni-Znassen, voisins des Zkara, ont déjà délaissé ce terme berbère pour adopter le mot arabe *el-âouda*, pluriel : *el-âoudèt* (jument).

IV

LES ZÉNÈTES (La Zénétie marocaine)[1]

1. — Quel est ce peuple ? Son origine, sa race ?

Quand il s'agit de fouiller la nuit des lointains passés pour retrouver l'origine d'un peuple, on a instinctivement la notion d'un éloignement effroyable, qui augmente toujours, et qui fuit sans cesse comme le mirage mobile que poursuit la caravane à travers l'espace sans fin de nos mers sahariennes. Et lorsque les points de repère nous manquent dans ces recherches obscures, lorsque les spécialistes en sciences historiques n'y voient plus clair et se déclarent incapables de nous guider plus loin, il semble alors qu'un abîme s'entrouvre sous nos pas ; une grande chute dans les ténèbres commence par nous : la tête perdue de vertige, nous nous laissons tomber dans le vide, délicieusement évanouis dans notre ignorance, les bras ouverts, les yeux fermés pour jamais.

Celui qui écrit ces lignes a éprouvé bien des fois l'indicible angoisse des chutes rapides dans d'insondables ignorances, Les *Zénètes*, entre autres, furent l'un des gouffres, pleins de mystère et d'inconnu, dans lequel sombra longtemps sa pensée. La descente dans ce noir précipice continue encore pour lui, mais avec moins de vitesse qu'autrefois, avec, par

(1) Ce chapitre des *Zénètes et de la Zénétie marocaine* est un sujet neuf, qui n'a été entrevu ni traité par personne encore, par conséquent fort incomplet ; il n'en constitue pas moins une révélation qui a son importance et qui est peut-être appelée à modifier nos anciennes idées sur le monde berbèro-arabe du Maroc oriental au quadruple point de vue de l'ethnographie, de la géographie, de l'histoire et, espérons-le, de la politique *purement française* que nous serons sans doute obligés d'inaugurer bientôt avec les tribus Zénètes voisines de notre frontière oranaise, tribus qui s'échelonnent depuis l'embouchure du Kis jusqu'à Figuig, tribus qui ont joui de tout temps d'une indépendance à peu près absolue et que le Prétendant actuel a su réunir en un seul faisceau en faisant appel à leurs sentiments nationalistes de *Znata*. C'est ainsi en effet que l'*Homme à l'ânesse* a pu reconstituer à nos portes une *Zénétie* libre qui menace de battre en brèche le trône mal assuré d'Abd-el-Aziz.

Tout le secret des longs succès de l'agitateur marocain est dans les mots suivants :

Il s'appuie sur la nation Zénète. qui est l'ennemie naturelle des Arabes et des autres Berbères du Maroc, fait grave que nous ignorions et dont nous ferons bien de tenir compte à l'avenir puisque nous le savons à présent.

moments, des lueurs mouvantes, aussi vite éteintes qu'allumées, pâles reflets d'un soleil caché qui lui font espérer cependant que la nuit ne règnera pas toujours dans ce domaine particulier de l'ignorance humaine.

Que l'on nous permette d'exposer maintenant comment nous avons aperçu ces échappées de lumière sans l'aide desquelles les *Zénètes* et la *Zénétie marocaine* seraient encore noyés dans l'ombre, au fond du gouffre historique où nous les avons entrevus.

Les *Zénètes* ! Tous les historiens musulmans les croient, ou Arabes purs, ou Berbères purs. C'est une question de préférence personnelle, de sentiment religieux, d'orgueil de race, quand ce n'est pas le pénible aveu d'une ignorance totale ; et l'on ne cherche pas plus loin, le problème paraissant insoluble. En effet, *Chlouh'*, *Imazir'en*, *Braber*, *Znata*, *Touareg*, etc., voilà bien le noir chaos de familles, de groupes et de races inconnues dans lequel nous plongent les auteurs arabes et chrétiens pour nous souffler à l'oreille ensuite cette conclusion candide :

— « Tous ces gens-là sont des Berbères !

— « Quant aux *Zénètes*, ajoutent certains annalistes musulmans, ce sont des Arabes de pure race, mais berbérisés.

— « Nullement ! affirment d'autres annalistes également musulmans, les Zénètes sont des Berbères très purs, sans aucun mélange de sang arabe.

Des ombres épaisses nous viennent, comme on le voit, des vieux historiens arabes, admirablement résumés par Fournel(1). A travers le tissu inextricable de leurs contradictions, de leurs fables, de leurs légendes merveilleuses, l'esprit le moins sagace croira comprendre que la race berbère, à une époque lointaine que l'on ne déterminera peut être jamais, se divisait en deux branches distinctes : les *Branis* et les *Madghis el-Abter*. Parmi ces derniers, on comptait les nombreuses tribus des *Znata* (2) (Zénètes) qui devaient jouer dans l'histoire de la Berbérie le rôle glorieux que l'on sait (3). Les deux branches précitées avaient pour souche commune *Zah'h'ik'* ou *Zadjik'*-

---

(1) H. Fournel. *Les Berbers*. (Etude sur la conquête de l'Afrique par les Arabes). 2 vol. in-4°. Paris 1875.

(2) *Znati*, pluriel *Znata*. Telle est la prononciation arabe et berbère de ce mot dont nous avons fait *Zénètes*.

(3) Cf. Ibn Khaldoun, tome III de la traduction de de Slane, page 179 et suiv. (*Histoire des Zenata. des conquêtes faites en Maghreb par les peuples de cette race berbère et des royaumes qu'ils y ont fondés*).

ibn-Madghis. Voici donc une vieille tradition, appuyée par les meilleures généalogistes arabes et berbères, qui nous présente les *Zénètes comme étant des Berbères purs*.

Une autre vieille tradition, également respectable, mais soutenue cette fois-ci par les meilleurs généologistes *Znatiens* et plusieurs excellents auteurs arabes, attribue à certaines familles berbères, *en particulier aux Znata*, une origine arabe. « — Les *Znata*, dit el-Idrissi, *étaient originairement des Arabes de race pure*, mais par suite des alliances qu'ils ont contractées avec les Masmouda leurs voisins, *ils sont devenus eux-mêmes Berbères* (1).

Telles sont les deux traditions, diamétralement opposées, qui nous ont été léguées par les historiens arabes sur *l'origine des Zénètes*.

Il est une troisième tradition, qui ne figure dans aucun texte, et que nous croyons indispensable de publier parce qu'elle a sur les deux précédentes l'avantage immense d'avoir cours, de nos jours encore, parmi les représentants da la race Zénète, parce que cette troisième tradition, dépouillée du fatras des historiettes et des légendes arabes, se présente à nous avec de forts étais linguistiques, politiques et sociologiques dont il est difficile de ne pas tenir compte, et puis enfin parce que cette troisième tradition fut pour l'auteur le trait de lumière, le premier éclair éblouissant qui lui fit entrevoir la *Question Zénète* sous un jour tout nouveau.

---

2. — Les Zénètes descendraient d'un Arabe et d'une femme Berbère

Laissons la parole aux Zénètes marocains et bornons-nous à traduire ce qu'ils disent au sujet de leur origine. (2)

— « *Les Znata*, assurent-ils, *descendent d'un père arabe et d'une mère berbère* (3). Ils continuèrent à habiter parmi les

(1) Fournel. *Les Berbers*, tome I, page 36.

(2) Ce fut le grand explorateur Moh'ammed ben Tayeb qui nous fit le premier ces révélations. Beaucoup d'autres Zénètes marocains nous les confirmèrent ensuite.

(3) Les noms de ces deux ancètres paraissent définitivement tombés dans l'oubli. Le vieil historien El-Bekri prétend que les Zénètes sont de *pure race arabe*. Il cite le nom de leur père commun, l'arabe *Berr-ibn-K'aïs-ibn-el-Yas-ibn-Moudhar*. Il serait intéressant maintenant de découvrir le nom de la *mère berbère* qu'El-Bekri et les autres auteurs ne pouvaient soupçonner puisqu'ils pensaient que les Zénètes sont de *race arabe pure*.

Arabes et les Berbères sous la dénomination de *Znata*, dénomination due au genre d'industrie qu'ils exerçaient et qui s'appelle encore aujourd'hui *Ez-Znati*. Cette industrie, généralement pratiquée par les femmes Zénètes, est celle qui consiste à *filer la laine et à la tisser* الغزيل و النساجة — et l'on dit couramment, chez les Berbères et chez les Arabes, en parlant d'une femme qui fait ce métier : فلانة تخدم الزناتي Flana tekhdem *ez-Znati*. (Une telle fait du *znati*) ; c'est-à-dire du *filage et du tissage*.(1) »

---

3. — Znatia, Chelh'a, Thamazir'th (Etymologies)

Ecoutons maintenant ce que les Zénètes nous apprennent sur les *Znata*, les *Chlouh'* et les *Imazir'en*.

— « Les Galiya du Rif, par exemple, disent : — « Notre langue est la *Znatia* ». Si vous leur demandez ce qu'est la *Znatia*, ils répondront :

— « Notre *chelh'a* ressemble à la *chelh'a* des *Znata*. »

D'autres tribus rifaines se disent au contraire *chlouh'* شلوح et prétendent que leur langue est le *thamazir'th*(2). En réalité, le Rif (en partie), les Braber et le Sous parlent le *thamazir'th*. Le thamazir'th, dont se servent ces peuples, se divise en plusieurs dialectes. De tous ces dialectes, celui des Braber paraît être le plus ancien, le plus pur, le moins mélangé, le moins envahi d'expressions arabes(3), et les connaisseurs le rangent, sous le rapport de la simplicité et de la pureté, avant le *zouaoua* des Kabyles algériens.

« Le mot *chlouh'* vient du terme braber *achlouh'*, pluriel : *ichelh'en* qui signifie « natte en jonc, en alfa ou en palmier nain, vieille et déchirée. » Dans le langage ordinaire, on désigne par le mot *chlouh'* les Berbères et quelquefois même les Arabes marocains qui habitent sous des tentes en *lif* (tissu réticulaire du dattier et du palmier nain). L'expression si

---

(1) Ibn Khaldoun (tome III de la traduction française, page 188 et suiv.), donne son avis sur la *dérivation du mot Zenata*. — « Il faut savoir, dit-il, que *Zenata* dérive de *Djana*, nom propre qui désigne l'ancêtre de cette tribu : Djana, fils de Yahya, le même qui figure dans leurs généalogies ». Il explique ensuite comment *Djana* s'est transformé en *Djanat* et en *Zanat*, pour devenir enfin *Zanata* ou *Zenata*.

(2) Mot berbère féminin, employé généralement en français au masculin.

(3) L'assertion est vraie, mais il faut ajouter que la langue arabe fait d'incessants progrès parmi les populations berbères marocaines.

commune de *chelh'a* désigne le langage que parlent les Berbères qui ont des tentes en *lif*.

« Mais la vraie, la seule dénomination qui devrait être employée quand on veut donner un nom à la langue berbère en général, c'est le mot *thamazir'th*. »

---

4. – Les Zénètes ne sont ni franchement Arabes, ni franchement Berbères. C'est un peuple à part

De ces explications un peu confuses, il ressort que les expressions *Znatia*, *Chelh'a* et *Thamazir'th* sont à peu près synonymes et qu'elles servent à désigner trois dialectes berbères différents : 1° Conformément à son étymologie, la *Znatia* est le dialecte parlé par les Berbères-Zénètes, qui *excellent à filer et à tisser la laine*(1) (*ez-Znati*). 2° La *Chelh'a* est le dialecte des Berbères dont les tentes en tissu végétal ressemblent à de *vieilles nattes en palmier nain, usées et déchirées* (*achlouh'*) ; 3° Le *Thamazir'th*, dont la signification reste à déterminer, serait l'ancien et le seul nom de la langue berbère primitive, mais il s'appliquerait actuellement, en ce qui concerne le Maroc, aux dialectes berbères parlés par les tribus rifaines à l'Ouest de Temsaman ainsi qu'aux dialectes des Braber et du Sous.

De ces explications, il semble résulter en outre que les *Znata* ou *Zénètes* étaient primitivement des *demi-berbères, issus d'un père arabe et d'une mère berbère.* Ceci, dans notre langage scientifique moderne, signifie que les anciens Zénètes, quelle que soit leur origine d'ailleurs, ont été fortement mélangés d'Arabes et de Berbères, au point qu'ils ont pu former une race, ou, si l'on aime mieux, un peuple, une nation spéciale, avec sa langue particulière, avec des mœurs et des coutumes qui distinguent ce peuple de ses *cousins germains* arabes et berbères, tout en lui donnant cependant un double cachet de famille facilement reconnaissable aux yeux de l'observateur.

Et ce qui tendrait à nous faire adopter cette nouvelle tradition populaire, c'est que, en dépit d'un contact plusieurs fois sécu-

---

(1) Il n'est pas hors de propos de faire remarquer ici que les expressions *touggôubant* et *touggr'arsant*, que les Mozabites emploient pour désigner leur langue, sont synonymes de *Znatia*. Cf. nos « Remarques sur les mots *Zénatia*, *touggôubant* et *touggr'arsant* » aux pages 3 et 4 de nos *Beni-Isguen*, in-8°, Oran, 1895.

laire, les Zénètes ne se sont assimilés complètement jusqu'à présent ni aux Arabes ni aux Berbères purs [1] ; ils sont restés ce qu'ils étaient jadis, moitié Arabes, moitié Berbères, quelque chose d'analogue aux Kourour'lis de Tlemcen, lesquels ne sont devenus ni franchement Arabes, malgré leurs mères qui étaient d'origine arabe, ni franchement Turcs, malgré leurs pères qui appartenaient à la race turque.

Entourés de Berbères, parlant un dialecte berbère, il est naturel que les Zénètes éprouvent moins d'antipathie pour les Berbères que pour les Arabes. Néanmoins, ils sont Zénètes avant tout. L'histoire de la Berbérie est remplie de leurs longues luttes, de leurs batailles acharnées avec les Arabes et les Berbères, et c'est bien là, en définitive, le témoignage le plus concluant que nous puissions invoquer en faveur de la tradition populaire qui fait des Zénètes un peuple à part, moitié Arabe, moitié Berbère.

---

5. — La Zénétie. — Habitat des Zénètes marocains. — Politique à inaugurer avec ce peuple

D'après les renseignements les moins exagérés que nous ayons pu nous procurer sur la contrée habitée par les Zénètes, on nous assure qu'elle embrasserait, en latitude, toute la région orientale du Maroc comprise entre la frontière oranaise et la ville de Taza, et, en longitude, tout le territoire qui s'étend depuis la Méditerranée, à l'Ouest de la presqu'île de Meliliya, jnsqu'à Figuig inclusivement, formant ainsi un rectangle que dessinent assez bien les 4° et 6° degrés de longitude Ouest, d'une part, et les 32° et 36° degrés de latitude Nord, d'autre part ; ce qui donnerait à l'habitat zénète [2] une surface d'envi-

---

(1) Déjà, en 1895, nous avions effleuré cette grave question de l'hostilité sourde qui existe entre les Berbères de langue thamazir'th et les *Znata*. (Cf. *Maroc Inconnu*, tome I, page 48, ligne 10 et suivantes).

(2) De l'autre côté de la frontière oranaise, on s'accorde à considérer comme *Zénètes* les tribus suivantes : *Beni-Znassen* (avec leur hégémonie sur *Trifa*), *Kébdana*, *Galîya*. *Beni-Saïd*, *Beni-Ouleckchek*, *Têmsaman*, *Beni-Touzin*, *Beni-Ouriar'el*, *Beni-bou-Yah'yi*, *Lemtalça*, *Kzennaia* (A), *Ex-Zkara* (B). *Beni-bou-Zeggou*. *Oulad-el-Midi*, *Beni-Chebel*, *Beni-Ourer'*. *Lemk'am*, *Oulad-Amor*, *Revhida*, *Figuig*.

(A) Voir, à propos de ces tribus rifaines, le *Maroc Inconnu*, tome I, passim.

(B) C'est notre tribu anti-musulmane. On prononce tantôt son nom *Ex-Zkara*, tantôt *Zkara*.

ron 60,000 kilomètres carrés, soit un peu plus du tiers de la Tunisie.

A travers cette vaste contrée, surtout dans la partie désertique, circulent, il est vrai, quelques tribus arabes nomades avec lesquelles les Zénètes ont souvent maille à partir, mais la grande majorité des habitants est de race zénète ; les mœurs, les coutumes, le langage sont zénètes ; c'est chez les Zénètes que le Prétendant a trouvé ses plus énergiques auxiliaires ; ce sont les Zénètes, ne l'oublions pas, qui forment tampon entre la province d'Oran et la frontière naturelle et historique du Maroc (1) ; c'est le peuple Zénète, en un mot, qu'il faudrait étudier, qu'il faudrait connaître et amadouer parce que, indépendant comme il l'est et très disposé à s'entendre avec nous, il peut nous ouvrir l'une des deux portes du Magrib, celle du Nord-Est, de beaucoup la plus avantageuse, tandis que l'autre porte, celle du Sud, à l'accès presque impossible, est gardée par les farouches Braber.

Et puis, ne serait-il pas d'une bonne politique de profiter de l'heureuse chance qui a placé sur le flanc gauche de l'Algérie un peuple spécial, d'une mentalité et d'une origine particulières, pour l'attirer à nous et l'opposer à ses deux rivaux séculaires : les Arabes et les Berbères Chlouh' et Imazir'en ?

Partout ailleurs, en Algérie, en Tunisie, en Tripolitaine, les Berbères, dont le dialecte est appelé *Znatia*, ne forment que des groupes isolés, sans cohésion, sans aucune notion de leur communauté d'origine, la plupart ne parlant plus que l'arabe, avec la conviction qu'ils ont eu pour ancêtres d'illustres guerriers de la péninsule arabique.

Ici, au contraire, dans la Dhahra marocaine, nous avons devant nous un *Royaume Zénète d'un seul bloc*, tellement homogène, tellement indépendant de la Cour de Fez, qu'il soutient seul, ou à peu près seul, la lutte que l'intrépide Rougui a engagé depuis bientôt deux ans contre le sultan.

Nous ne savions pas ces choses, et nous ne nous doutions guère qu'il existait si près de nous un État libre, qui n'est ni arabe ni berbère, un débris, grand et respectable encore, de l'ancien Empire Zénète. Et cet imposant débris, que l'on nous permettra d'appeler désormais la *Zénétie*, ne demande pas mieux que d'entrer en rapports politiques et commerciaux avec nous.

(1) Voir à ce sujet le *Maroc Inconnu*, tome II, pages 692 et 693.

Cette puissante [1] Confédération (car c'est une confédération que le petit empire dont nous parlons), est disposée, — l'auteur de cette étude en donne l'assurance, — à faire taire ses propres divisions intestines pour se mettre résolument du côté de la France et l'aider à établir au Maroc son hégémonie politique.

Dernièrement, la Zénétie s'est jetée, faute de mieux, dans les bras de l'aventurier qui a su comprendre et favoriser ses passions nationales [2]. Aujourd'hui, par l'organe de ses plus hautes notabilités politiques et religieuses, elle nous fait dire que si nous voulons d'elle, elle sera, dans la pénétration marocaine, notre alliée, notre servante la plus fidèle et la plus dévouée.

---

(1) Nous disons *puissante* parce que la Zénétie pourrait mettre en ligne de bataille cent mille hommes *au bas mot*. Les Beni-Znassen, l'une des plus importantes tribus zénètes, lèvent à eux seuls près de vingt mille guerriers.

(2) Dès le début des troubles, il disait aux tribus Zénètes, et il leur dit encore chaque jour :

يا زناتة لو كان تتولى لى المملكة ما نقبل شى
العربى يلبس البلغة بكون لى فى المشور رانى
نرد المملكة زناتية تولـيوا انتما تدخلوا فى المشور
بدعايلكم و العربى مانقبله شى يكون الوزير زناتى
والمشاورى زناتى والامين زناتى وكيفاش تركدوا
السيف يا زناتة حتى ولوا العرب تسلطدوا عليكم
و يحكموا فيكم والتسلطيدة والراى الاول كان لوالديكم
واليوم انايا جابدى السيف عليكم باش نرد لكم
التسلطيدة على يديكم كما كانت اولا غير اوقفوا
معى حتى ندخل فاس وانا نعرف كيفاش
نرد الزناتة

TRADUCTION

— « O Znata, si je deviens sultan, je ne souffrirai pas que l'arabe, porteur de babouches, soit caïd du Méchouar. Les membres du gouver-

V

CROYANCES RELIGIEUSES DES ZKARA

1. — Considérations préliminaires

De même que les Zénètes marocains forment un peuple à part au milieu des Arabes et des Berbères, de même les Zkara sont une tribu à part au milieu des Zénètes. Ce qui les différentie les uns des autres, ce n'est ni le vêtement, ni l'habitation, ni le langage, qui sont identiques chez ceux-ci et chez ceux-là, et qui ont servi à les mêler et à les confondre ensemble au point que tous les Zénètes paraissent coulés dans le même moule ; — profonde cependant est la dissemblance entre ces deux groupes d'indigènes, autrement profonde que celle qui se laisse voir sur les habits ou dans les différences linguistiques, anatomiques et physiologiques des individus. Il a fallu, pour l'entrevoir, cette différence, aller la chercher au fond du plus inviolable des asiles, celui de la conscience.

Et voici que nous avons découvert, au fond de cette conscience, un fait inouï, invraisemblable, *c'est que les Zkara ne sont point musulmans !*

---

nement seront Zénètes (A). Vous, vous entrerez dans la salle du Conseil avec vos sandales d'alfa (B). Quant aux Arabes, je n'en veux pas. Le vizir sera Zénète, le caïd du Méchouar sera Zénète, le chef des douanes sera Zénète. Comment avez-vous perdu tout amour-propre, ô Znata, au point que les Arabes sont devenus vos rois et vos maîtres, alors que le Pouvoir suprême et la direction politique appartenaient jadis à vos pères ? Indigné de vous voir traités de la sorte, je viens à vous pour remettre entre vos mains le sultanat comme vous l'aviez autrefois. Je ne vous demande qu'une chose : — Combattez avec moi jusqu'à ce que j'entre à Fez, et puis je sais ce que je ferai des Zénètes. »

Les chefs Zénètes, qui savent la langue arabe, traduisent ensuite en znatiya cette proclamation à leurs contribules.

(A) Dans le texte, il y a زنتية *zentiya*, au lieu de زناتية *Znatiya*. Les tribus arabes des Angad, soit par amour de la concision, soit par mépris, prononcent en effet *zenti*, *zentiya* (un zénète, une zénète), au lieu des termes corrects زناتي — زناتية *Znati*, *Znatiya*. Le pluriel est le même partout زناتة *Znata* (les Zénètes.)

(B) L'Arabe, chaussé de belles babouches, le Zénète, traînant ses sandales d'alfa, car l'alfa abonde en Zénétie, — voilà comment, avec deux mots, l'habile orateur sait peindre en même temps et la différence du costume et la distance sociale qui existe entre les deux races.

Réfractaires jusqu'ici à la doctrine du Prophète arabe, ils sont parvenus à se conserver miraculeusement au milieu du bloc islamique en projetant l'ombre et le mystère sur leurs croyances, sans donner complètement le change toutefois sur leurs véritables sentiments religieux aux Mahométans dont ils sont entourés. Ce que leurs voisins immédiats savent des Zkara sous le rapport de la foi, c'est que les Zkara sont des *Kouffar*, des *Nçara* (Infidèles, Chrétiens). En dehors de ce cercle restreint de leurs voisins, la nuit se fait sur eux, et chacun croit, à cinquante kilomètres plus loin, que les Zkara ne diffèrent en rien des autres Indigènes de la Dhahra (1) : bienheureuse ignorance, qui a contribué, autant que toutes les autres causes réunies, à préserver des foudres musulmanes le vivace arbrisseau zkarien autour duquel ont grondé, sans trop l'abîmer, tant de tempêtes, arbrisseau qui a pu fleurir, s'épanouir au centre d'éléments hostiles et nous présenter, en cette aurore du XXe siècle, une ramure encore verte et solide.

Survenue au moment précis où les regards de l'Europe sont fixés sur l'Empire vermoulu des Chérifs, cette découverte d'une tribu marocaine non-musulmane peut avoir pour la politique française d'heureuses conséquences. Il est à présumer en effet que nos coloniaux et nos hommes d'Etat ne se désintéresseront pas d'une peuplade, amie des Chrétiens, ennemie des Musulmans, dont le pays constitue par lui-même un point stratégique précieux à proximité de la future voie ferrée qui doit relier Fez à Tlemcen.

Il est à prévoir aussi que nos savants, dont les veilles sont consacrées à l'étude des religions et des anciens peuples de l'Afrique septentrionale, se mettront de leur côté à débrouiller le chaos des origines de notre tribu anti-mahométane et à rechercher à la suite de quelles vicissitudes sociales et confessionnelles les Zhara ont abouti au vague déisme sur lequel semblent reposer aujourd'hui leurs conceptions religieuses.

Quant à nous, notre tâche est de publier au plus vite le peu que nous avons appris lors de notre premier voyage d'explo-

(1) Une des causes qui a contribué à sauver les Zkara d'une perte certaine, c'est que leur costume, leur langue et la plupart de leurs habitudes les confondent avec les autres Zénètes au point que nul de ces derniers ne songe à les considérer comme des non-Zénètes.

ration à travers le domaine de la conscience zkarienne, quitte à reprendre plus tard ce sujet pour le développer, combler les lacunes et réparer les erreurs qu'une première ébauche entraîne toujours après elle.

---

2. — L'anti-islamisme des Zkara

Dès maintenant, ce qui ne fait plus de doute pour nous, nous le répétons, c'est que les Zkara ne sont point Musulmans. Bien qu'entre eux ils se disent Chrétiens et que devant les Mahométans ils n'osent affirmer trop haut qu'ils ne partagent pas leurs croyances religieuses, ils est évident qu'ils ignorent Jésus comme Mahomet. Ils ne paraissent pas avoir entendu parler des Ecritures saintes. L'Ancien et le Nouveau Testament, ainsi que le Coran, leur sont totalement inconnus. Ils ne disent et ne connaissent aucune prière, ne jeûnent jamais, ne prononcent en aucune circonstance la profession de foi islamique, même à l'article de la mort. Ils ne se marient qu'entre eux et l'un des plus grands crimes que puisse commettre une Zkraouia est d'épouser un musulman et un Zkraoui de se marier avec une musulmane. L'aversion des femmes Zkara contre les Mahométans est telle, qu'elles préfèrent se donner la mort plutôt que de subir leurs derniers outrages quand le sort des armes fait tomber ces malheureuses entre leurs mains.

La reconnaissance des bienfaits, ce beau sentiment qui est pour les âmes sensibles un aimant si puissant, perd son influence et s'efface presque devant l'inflexible loi qui interdit aux Zkara l'union légale (ou illégale) avec les sectateurs du Prophète. En voici un exemple : — Il y a quelques années, un musulman marocain, chef de chantier au service d'un colon français des environs d'Aïn-Témouchent, avait pris sous sa protection un vieux zkraoui que les autres travailleurs mahométans s'ingéniaient à ennuyer de mille manières, sous prétexte qu'il était *kafer* (mécréant). Plusieurs mois se passèrent ainsi, l'un protégeant l'autre ; puis, un beau jour, le chef de chantier expédia une vieille femme arabe chargée d'une proposition de mariage à l'adresse de la fille du zkraoui. Celle-ci, jeune et belle personne d'une vingtaine d'années, vint aussitôt au gourbi de son prétendant, et après l'avoir remercié des bontés qu'il avait eues pour son père : « — Ma loi, lui dit-elle, me défend d'être à un musulman. A part ça, tout t'appartient chez nous. »

— Quelle ne fut pas ma stupéfaction, nous racontait lui-même le héros de cette aventure, quand je vis cette jeune fille défaire les deux petits bracelets d'argent qu'elle portait autour des poignets, les déposer à mes pieds et s'en retourner ensuite tranquillement vers la tente de son père !

Contrairement aux préceptes du Coran, les Zkara mangent les animaux crevés qu'ils trouvent dans la campagne[1]. Ils mangent aussi le sang des bêtes qu'ils tuent et ils ne pratiquent pas de la même manière que les Mahométans et les Juifs l'immolation des animaux destinés à leur table. Pour le mouton et le chameau, par exemple, le couteau est plongé dans la gorge de la victime, la pointe en bas, dirigée vers le cœur. Les volailles et autres animaux sont assommés ou étouffés. Quant à la formule musulmane du sacrifice : — *Bismillah, Allahou Akbar* « Au nom de Dieu, Dieu est grand », aucun zkraoui ne la prononce.

Le sanglier, qui pullule un peu partout en Zénétie, offre à la population zkraouienne sa chair saine et savoureuse. Hommes, femmes et enfants, quand la battue a été fructueuse, se réunissent en des banquets homériques pour dévorer jusqu'aux os ceux de ces animaux qui sont tombés sous les balles des Remington des chasseurs de la tribu. Les populations musulmanes d'alentour, au courant des goûts particuliers des Zkara, leur abandonnent avec dédain les sangliers tués par elles, parce que le dieu du Coran, ainsi que le Jéhovah de la Bible, ont maudit jusqu'à la fin des temps ces robustes frères de nos porcs domestiques. Ajoutons que les Zkara qui viennent louer leurs bras en Algérie ne se font pas prier pour manger du porc et boire du vin quand les colons européens qui les occupent veulent bien leur faire la gracieuseté de les inviter à participer, sans bourse délier, à la déglutition de ces deux produits abhorrés des fervents musulmans.

Il est d'autres occasions où l'anti-islamisme des Zkara se manifeste avec éclat. Ainsi, ils daignent consentir à manger

(1) Ceci nous a été dit par le zkraoui islamisé des Oulad Sidi Ah'med ben Youssef ; par conséquent, ce renseignement demande a être confirmé par des Zkara non-musulmans.

toutes sortes d'aliments préparés par les Mahométans et à s'asseoir avec eux autour d'une gaçaa remplie de kouskous et de viande, mais ils refusent de se servir des cuillers que les sectateurs du Prophète ont portées une seule fois à leur bouche. C'est en prévision de ce désagréable inconvénient que le zkraoui porte constamment sur lui, quand il est en voyage, sa cuiller en bois, dont il est seul à faire usage et qu'il ne peut prêter qu'à un zkraoui comme lui.

Bou-Terfas a assisté, une fois entre autres, à un repas donné chez les Beni-Znassen en l'honneur du célèbre Abd-en-Nbi, l'un des guerriers les plus redoutables des Zkara. Un des voisins musulmans de ce dernier ayant passé au zkraoui la cuiller dont il venait de se servir en l'invitant à la plonger dans le plat et à manger avec, Abd-en-Nbi saisit la cuiller et la lança au loin dans le parc aux moutons en s'écriant :

يلحسوها الجراديش بصحتهم

— « Les chiens la lècheront. Grand bien leur fasse ! »

Bou-Terfas assure que le facétieux voisin d'Abd-en-Nbi, au courant des mœurs zkraouiennes, avait voulu simplement faire une niche à l'irascible montagnard ; c'est pourquoi, tous les convives mahométans, présents à cette scène, loin de se fâcher, partirent d'un grand éclat de rire en entendant la boutade de leur hôte et ami, auquel d'ailleurs il eût été dangereux de s'attaquer.

Les Zkara ne doivent pas porter non plus des chaussures dans lesquelles les Mahométans auraient mis leurs pieds, ne serait-ce qu'une seconde. Aussi, il faut voir les minutieuses précautions que ces braves gens prennent en vue d'éviter ce malheur qui les condamnerait à subir la perte des souliers, ou des sandales, qu'un disciple de Mahomet aurait chaussés, par mégarde ou autrement. Afin de prévenir les accidents de cette nature, beaucoup de Zkara de la classe moyenne, quand ils vont chez des Musulmans, fourrent leurs chaussures dans leur capuchon, au lieu de les laisser près de la porte d'entrée selon l'usage arabe. Les grands seigneurs zkara, au contraire, prennent à la main leurs souliers et vont les déposer sur une étagère, ou derrière une caisse, à l'abri des étourderies et des tentations mahométanes. Quant aux pauvres diables, ils trouvent plus simple et plus habile de venir nu-pieds chez les partisans du Prophète auprès desquels leurs affaires les appellent. Et quand, par le plus grand des hasards, a lieu l'irréparable souillure, alors le zkraoui, dans un accès de fureur, coupe et lacère ses chaussures, ou bien il les jette au vent, et il les abandonne, avec regret sans doute, mais enfin il les abandonne aux pieds impurs qui les ont contaminés.

On sait que dans la plus grande partie du Maroc les Mahométans ont l'habitude de recevoir et de faire coucher leurs hôtes, les mendiants et les étrangers dans les mosquées, les zaouia ou les sanctuaires de santons. Or les Zkara refusent de pénétrer dans ces bâtiments et, à plus forte raison, d'y passer la nuit. Lorsque les Musulmans leur font une invitation de ce genre, ils répondent, avec une pointe de dégoût :

— « Que les vivants restent avec les vivants et les morts avec les morts. »

A cela, dans le but de les taquiner, les Mahométans répliquent :

— « Mais il y a des saints enterrés là, ils vous porteront bonheur.

— « Avec l'argent que vous dépensez pour élever de somptueuses habitations à des gens tombés depuis longtemps en poussière, objectent les Zkara, vous feriez mieux de construire de bonnes maisons pour vous et vos enfants. »

Il y a une dizaine d'années, quelques jeunes gens des Zkara, appartenant à la lignée de Sidi Ah'med ben Youssef, personnage dont il sera question un peu plus loin, allèrent achever leurs études à Fez dans le but de se retremper aux sources vives du Mahométisme. Ils revinrent ensuite au pays, confits en dévotion, avec l'idée fixe d'islamiser leurs compatriotes. Leurs conférences, leurs prédications enflammées, les peintures séduisantes qu'ils faisaient du paradis de Mahomet aboutirent à un résultat extraordinaire, qu'ils étaient loin de prévoir eux-mêmes. Ils furent bannis de la tribu, avec défense d'y rentrer tant qu'ils ne prendraient pas l'engagement de ne plus ennuyer leurs concitoyens avec leur monomanie islamisatrice. Il paraît qu'ils vivent en ce moment à Oujda où les Zkara leur envoient des subsides ; oui des subsides, parce qu'il serait dangereux de se brouiller à fond avec ces convertisseurs, parce que leurs parents et les autres Sidi Ah'med ben Youssef, ainsi qu'on le dira lorsque le moment sera venu, servent toujours de paratonnerre et de chaperons à ces mécréants de Zkara quand la Cour de Fez, ou les autres puissances islamiques du Maroc, demandent aux descendants du grand santon musulman si les Zkara et leurs prêtres, les *Rousma*, sont, comme on le dit, des Infidèles.

L'hostilité des Zkara contre l'Islam et ceux qui professent cette religion éclate jusque dans la pitié que les fous leur inspirent. Ils disent, en parlant des aliénés pour lesquels les Mahométans témoignent un respect superstitieux :

ضربوهم المسلمين

— « Les Musulmans les ont frappés ! »

Ce qui n'est pas ordinaire, c'est leur conviction que la folie est provoquée, dans l'univers entier, par les artifices des Mahométans, et ce qui est encore moins ordinaire, c'est leur persuasion que les sectateurs de l'Apôtre arabe obtiennent ces affreux ravages de l'intelligence humaine sans avoir besoin du concours d'aucun agent surnaturel, *attendu que les Zkara nient l'existence des anges, des esprits, des démons et des génies !*

A ces preuves palpables de leur anti-islamisme, il est nécessaire d'en ajouter d'autres, plus probantes, plus décisives, absolument irréfutables, des preuves qui classeront ces Indigènes non seulement hors du sein de la religion musulmane, mais encore en dehors des autres grandes doctrines auxquelles se rattachent les divers groupes religieux actuels du Nord de l'Afrique.

La constatation la plus surprenante que feront les arabisants et les berbérisants, qui voudront percer plus avant le mystère dans lequel s'enveloppent les Zkara et étendre le champ forcément restreint de nos premières investigations, sera d'entendre sortir de la bouche de ces montagnards l'affirmation énergique que Mahomet n'est pas, mais absolument pas, prophète, apôtre, ni envoyé de Dieu à un titre quelconque. Ils constateront en outre que les Zkara évitent de prononcer le nom du législateur des Arabes et ils ne tarderont pas à s'apercevoir également qu'ils paraissent éprouver une réelle contrariété quand on leur parle du fondateur de l'Islamisme.

— Dans ces conditions, direz vous, il est peu probable qu'il y ait parmi eux des gens s'appelant Moh'ammed [1].

Eux-mêmes nous ont affirmé qu'il n'en existait point et que les noms portés chez eux de préférence étaient : *Aïsa* (Jésus), *Amor, Moussa* (Moïse) *Ali, Doudouh', Belkassem, Abdallah* (serviteur de Dieu), pour les hommes ; *Rah'ma, Fat'ma, Rabh'a, Mariem* (Marie), *Aïcha,* pour les femmes. On trouve cependant quelques *Mh'ammed, Mouh', Mouh'and,* altérations berbères de *Moh'ammed,* mais les Zkara repoussent cette étymologie et pensent qu'il n'y a rien de commun entre ces divers substantifs.

Il y a bien aussi des *Abd-en-Nbi* (serviteur, esclave du Prophète), notamment le zkraoui auteur de l'esclandre de la cuiller, *mais outre que nous ne connaissons aucun musulman de ce nom,* (ce qui est déjà très significatif), il est permis de se demander aussi de quel prophète les Zkara ainsi dénommés seraient les esclaves. Serait-ce de Jésus ? Serait-ce d'un autre personnage que nos futures enquêtes nous révèleront peut-être ? Et puis, il nous a été affirmé par des Musulmans des Beni-Znassen que les Zkara ont des *noms de guerre* quand ils se trouvent au millieu des Mahométans, tandis qu'entre eux ils s'interpellent par leurs véritables noms. Cela étant, il ne serait pas impossible qu'*Abd-en-Nbi,* par exemple, ainsi que les *Mouh'ammed* et autres dénominations islamiques, ne fussent que des noms de fantaisie destinés à endormir la méfiance mahométane [2].

On connait la répulsion que ressentent les Zkara en présence d'une mosquée, d'une zaouia ou d'un monument funéraire élevé à la mémoire d'un marabout mort en odeur de sainteté. Est-il nécessaire d'ajouter qu'il n'y a chez eux aucun monument de ce genre ? Le culte des saints de l'Islam, si développé au Maroc, n'inspire à nos montagnards que du mépris et des sarcasmes. Après une bataille, quand ils ont battu une ou plusieurs tribus mahométanes — cela leur arrive assez

(1) Voir la note 1, page 15.
(2) Voyez page 15 le nom *officiel* du caïd Remdham et son nom réel.

souvent, car ils sont d'une bravoure extraordinaire, — leur premier soin est de faire main basse sur ce que contiennent les mosquées, chapelles et autres sanctuaires de la tribu défaite. Si quelque disciple du Prophète, la paix conclue, s'avise de leur reprocher ce sacrilège, ils répondent en riant : — « que les morts n'ont plus besoin de rien et que les vivants, sans cesse en proie à la misère, ont le droit et le devoir d'utiliser à leur profit les inutiles marques de la superstition islamique. »

---

3. — Religion des Zkara

Etrange tribu, en vérité, que cette tribu des Zkara, encore plongée dans les ténèbres de l'ignorance, qui ne sait rien, ne veut rien savoir, et qui oblige cependant son premier historien, tant ses croyances sont simples et raisonnables, à définir en deux mots son système religieux : *déisme pur* ; — on pourrait même dire — *déisme sceptique* — si l'on était sûr d'avoir vu le fond et le tréfonds de la conscience zkarienne !

Ainsi, dès nos premières interrogations sur les idées que les Zkara ont de la vie future, nous fûmes forcé de reconnaître qu'il font absolument table rase des eschatologies chrétienne, musulmane et rabbinique. Selon eux, tout est fini après la mort. Ame immortelle, jugement dernier, paradis, purgatoire, enfer, rien de cela n'existe, disent-ils. Après la cessation de la vie, le corps humain retourne à la matière d'où il est sorti, sa courte apparition sur la terre n'ayant été qu'un intermède insignifiant entre les deux néants qui ont précédé et suivi sa naissance et sa mort.

Maintenant, demandez-leur s'il y a un Dieu. Ils vous répondront : *oui*, avec un visible embarras, sans grande conviction, sans avoir l'air d'attacher à cette affirmation une importance quelconque, plutôt comme quelqu'un qui désirerait changer de conversation et qui n'oserait dire : — « Ce sujet me déplaît, passons à autre chose. »

— « Mais enfin, leur direz-vous, ce ciel, cette terre, ce soleil, ces étoiles, qui les a créés ?

Ils semblent admettre alors que l'univers ne s'est pas fait

tout seul, qu'il a dû être créé par quelqu'un de très supérieur, et ils donnent à ce quelqu'un, faute d'autre appellation, le nom arabe d'*Allah* ; mais cet Allah n'est pour eux ni le dieu terrible de la Bible, ni le dieu rémunérateur de l'Evangile, ni le dieu assimilateur du Coran : c'est un X, profondément inconnu, qui paraît ne se préoccuper en aucune façon de la planète que nous habitons et encore moins des atomes raisonnables et irraisonnables qui s'y trouvent. Aussi ont-ils pour leur vaporeuse Déité une indifférence complète. Ils ne la craignent pas beaucoup, parce qu'ils savent qu'ils échapperont à sa colère après la mort, et ils l'invoquent rarement parce qu'ils pensent que tout étant réglé d'avance par Elle, il lui est difficile de modifier ses propres lois qui ont été faites précisément pour ne pas être dérangées. Quant à l'amour qu'ils pourraient ressentir pour cet Etre infiniment ignoré, il vaut mieux ne pas leur en parler afin d'éviter la fine réponse qu'ils ne manqueraient pas de faire à cette interrogation.

Les Zkara ne jurent jamais par Allah ; c'est à peine s'ils disent quelquefois, par suite de l'influence séculaire de leurs voisins Mahométans :

الله يجعل البركة

— « Que Dieu accorde sa bénédiction ! »

Sur notre demande : — « Est-ce en vue des biens terrestres ou des récompenses célestes que vous implorez la bénédiction divine ? » Notre zkraoui répondit, avec un petit sourire moqueur : — « Est-ce qu'il y a une vie future ? un autre monde ? Qui l'a vu ? »

Ce qui est très extraordinaire de leur part, c'est que, se croyant Chrétiens, ils ignorent Jésus-Christ, ses apôtres, les papes, les conciles, la Réforme protestante et les innombrables sectes sorties du Christianisme. Ils paraissent plongés à cet égard dans une ignorance sans égale. Moïse et les autres prophètes de l'Ancien Testament leur sont également inconnus. Ils repoussent d'ailleurs toute tentative qui tendrait à les faire passer pour une secte dissidente ou une branche quelconque des anciens Beni-Israël.

En ce qui concerne Mahomet, nous avons vu qu'ils le connaissent de nom seulement et que ce nom leur est odieux ;

nous avons vu aussi jusqu'où ils poussent le mépris et l'aversion que leur inspirent l'Islam et ceux qui professent cette religion. On serait même tenté de croire que leur déisme philosophique ainsi que certaines de leurs institutions civiles[1] ne sont qu'une réaction éclatante contre les dogmes et la législation de l'auteur du Coran.

En résumé, le Zkraouisme nie l'existence des anges, des démons, des génies ; il nie les prophètes, Mahomet en tête; il ignore le Christ ; pour lui, le Coran et les Ecritures saintes des Juifs et des Chrétiens n'existent point ; il nie le Jugement dernier, la vie future, l'immortalité de l'âme ; il semble goûter un plaisir infini à narguer l'Islam, ses saints, ses préceptes, ses grands hommes, et, comme marque suprême de dédain, il s'ingénie à honorer ce que l'Islam méprise et il méprise ce que l'Islam honore.

En raison de leur vague croyance à une divinité également très vague, est-il permis de ranger les Zkara parmi les déistes purs ? Ce serait leur faire, croyons-nous, beaucoup d'honneur, d'autant plus qu'il nous reste deux questions très graves à élucider : Nous voulons parler de la vénération profonde et mystérieuse que ces indigènes professent à l'égard de leurs prêtres et directeurs spirituels les *Rousma*[2], ainsi que du vasselage politico-mystique que les soi-disant descendants du célèbre santon magribin *Sidi-Ah'med ben Youssef* ont su leur imposer.

---

(1) Par exemple, la *monogamie*.

(2) Les Zkara prononcent ce mot avec un *çad* (s emphatique), et c'est ainsi que nous l'avons écrit plus haut. Cependant, jusqu'à preuve du contraire, nous pensons que ce terme vient de l'arabe رسم. A la VIIIe forme, ce verbe signifie *être ordonné, recevoir un ordre sacré* (clerc), رسامة *ordination* (d'un clerc). Ce sens spécial nous est donné par le *Vocabulaire Arabe-Français* de Beyrouth (imprimerie catholique), in-16, 1883. A notre connaissance, les Zkara sont les seuls, dans tout le Nord-Ouest de l'Afrique, à se servir des termes *Rousmi, Rousma*, pour désigner les membres de la caste sacerdotale où se recrute leur *clergé*. Les rares musulmans qui sont au courant des fonctions des *Rousma* prétendent que ces derniers sont les *babbasat*, les *K'ississin* (prêtres, curés), des Zkara.

VI

POSITIVISME DES ZKARA

Un intervalle de six mois sépare les dernières lignes de notre premier article de celles que nous écrivons aujourd'hui, et c'est pendant cet intervalle que plusieurs lumières nouvelles sont venues projeter leurs clartés sur le problème troublant et captivant des croyances, des mœurs et des institutions zkariennes.

Faire venir à Oran un *Rousmi*, le voir, l'interroger, lui inspirer assez de confiance pour obtenir les secrets de sa tribu et de sa caste, puis, qui sait, remonter peut-être avec lui jusqu'au berceau de la Société anti-musulmane qui se cache dans les montagnes des Angad, comparer ensuite ses données avec celles de nos autres informateurs indigènes, musulmans, athées ou libres penseurs, telles nous paraissaient être les nécessités auxquelles nous assujettissait notre découverte en vue de lui donner ce cachet d'impartialité, d'authenticité et de certitude qu'imposent aux sociologues les exigences de la science et de la critique contemporaines.

Durant les premiers mois de l'année 1904, nos relations personnelles avec certains membres de la famille zkarienne et maraboutique des Oulad Sidi Ah'med ben Youssef nous avaient mis à même d'entrer en pourparlers avec quelques individualités marquantes des Zkara. D'abord, l'émoi avait été vif dans la tribu quand on avait appris qu'un français d'Oran avait découvert le précieux secret si religieusement gardé jusqu'alors ; mais on avait été vite rassuré ensuite lorsque notre émissaire avait fait connaître que ce français indiscret était l'ami de l'humanité entière, une sorte de philosophe éclectique comme il y en a tant en France qui rêvent l'égalité, la liberté et la fraternité des peuples, et notre messager, le marabout Ali ould Abd-el-K'ader Znagui (1), soutenu par l'influence politique de ses parents, était enfin parvenu à décider l'un des plus intelligents *Rousma*, un de ses amis d'enfance précisément, à entreprendre le voyage d'Oran dans le but de contrôler et de compléter la riche moisson d'informations déjà entassée dans nos papiers.

D'ailleurs, comme argument persuasif, on avait fait entendre aux principaux chefs Zkara qu'il ne serait pas impossible que le gouvernement de la République française prît un jour sous son égide les *Marocains libres penseurs* quand il lui serait prouvé qu'il existe au Maroc des populations indigènes réfractaires à toute espèce de doctrines religieuses.

Mû par le désir d'être utile à la Communauté, désigné sans doute par le suffrage des djemaâ, le *Rousmi* Remdhan ben Moussa (2) s'était donc dévoué, et il était parti pour Oran sous la conduite de son vieux camarade Ali.

Maintenant, Remdhan est ici, dans notre bureau, un peu ahuri par la vue des livres qui montent jusqu'au plafond. Il nous est arrivé par une belle matinée de printemps, et il semble fatigué de sa course ininterrompue de trois jours faite successivement à pied, à cheval, en diligence et en chemin de fer. C'est un homme d'une trentaine d'années, grand, élancé, au type zénète très fin, les yeux châtains, la barbe noire, assez fournie, le nez aquilin. Sous le long burnous frangé et sali par la route, il serait difficile de deviner une autre âme, une autre mentalité que celles d'un bédouin ordinaire des Angad ; mais l'expression de la physionomie est frappante : une face d'ascète, dont l'intelligence se reflète dans la vivacité et l'éclat du regard. L'ensemble du visage nous rappelle les traits de notre ami Edmond Doutté. La conversation qui se poursuit entre nous va bientôt nous démontrer que si notre *Rousmi* est un illettré, il n'en est pas moins un philosophe, subtil et fin comme le *Philosophe ignorant* de Voltaire.

Dans le récit simple et clair que nous fit Remdhan des opinions, des mœurs et de l'existence journalière de ses

---

(1) C'est l'indigène dont il est question à la page 6, note 1, 2e alinéa. Il est né et a été élevé au milieu des Zkara. Il est de la famille maraboutique des *Oulad Znagui*, branche aînée des *Oulad Sidi Ah'med ben Youssef* qui a fait un pacte d'amitié, à la vie et à la mort, avec les Zkara.

(2) Originaire de la fraction des *Oulad Mh'ammed*, tribu des Zkara, domicilié au village de Matcha.

concitoyens, nous eûmes la satisfaction d'entendre corroborer la plupart des informations qui nous avaient été déjà données. Cependant, le *déisme sceptique*, que nous considérions comme le symbole caractéristique de la majorité des Zkara, n'exprime peut-être pas assez bien la conception de ces Indigènes en matière de foi et nous pensons qu'il convient de modifier ce vocable et d'adopter à sa place, jusqu'à plus ample informé, le terme forgé par Auguste Comte : le *positivisme*.

La philosophie positive des Zkara n'a ni l'ampleur ni le développement du système de l'illustre maître de Littré. Elle se confine simplement dans une sorte de répulsion instinctive contre la métaphysique et les religions ; sa méfiance à l'égard des grandes hypothèses supra-naturelles n'a d'égale que sa propension à ne s'attacher qu'aux certitudes les plus immédiates et aux biens les plus concrets ; en morale, elle rivalise de sublimité avec l'idéal positiviste et elle aboutit comme lui à cette triple formule : l'*amour de l'humanité pour principe, l'ordre pour base, le progrès pour but.*

Même ainsi réduit, le Positivisme Zkarien n'en constitue pas moins un système d'une grande portée philosophique et d'un haut intérêt scientifique et sociologique. Quant à chercher à savoir si ce système est un produit spontané de la race zkarienne, ou si celle-ci l'a emprunté à quelque stoïcisme ou relativisme antique, nous avouons qu'il nous semble préférable de supposer que l'humanité primitive, contrairement à l'opinion généralement admise, n'est peut-être pas nécessairement passée d'abord par l'*état théologique*, ou fictif, dans lequel elle se croyait gouvernée, dit-on, par des puissances concrètes, personnelles, dieux, démons, génies. Cette humanité a pu être dépourvue de sentiments superstitueux ou religieux et conserver son positivisme un peu sec jusqu'au jour de l'apparition des premiers grands politiques, qui furent probablement aussi les premiers initiateurs religieux du monde préhistorique. Pour justifier cette hypothèse, nous avons l'exemple tangible des Zkara, peuplade que nous serions tenté de considérer comme l'héritière intellectuelle survivante et directe de la Société humaine primitive, presque pure de toute influence étrangère, et qui est restée, malgré les tempêtes confessionnelles des trente derniers siècles, le miroir exact et fidèle des vieux âges qui ont immédiatement précédé l'éclosion des systèmes mythiques et symboliques qui aboutirent au dieu des religions révélées, idole créée et embellie, dans l'ordre successif des temps, par l'imagination mystique des Hébreux, des Chrétiens et des Mahométans.

Nos montagnards berbères apportent ainsi, sans s'en douter, un élément nouveau et original à ajouter aux nombreuses théories émises par tant d'esprits éminents sur la genèse probable des religions. Max Müller, Renan, Herbert Spencer, notre Guyau lui-même, en admettant qu'ils y aient songé, auraient-ils osé supposer une Humanité primitive assez bien équilibrée pour être positiviste, et assez sage, ou trop occupée par les dures nécessités de la vie, pour ne pas perdre son temps à creuser les idées qu'on lui prête volontiers sur l'infini, l'hénothéisme, l'instinct du divin, l'animisme, le panthéisme et le sociomorphisme [1] ? — « La nature a eu trop de pitié des premiers hommes pour en faire des métaphysiciens, » a dit Voltaire [2].

---

(1) On trouvera, admirablement exposée dans l'*Irréligion de l'avenir* de Guyau, sa théorie du Sociomorphisme des peuples primitifs ainsi que l'analyse et la critique des théories de Müller, Hartmann, Renan et Spencer.

(2) Voltaire. *Philosophie de l'Histoire*.

VII

LES ROUSMA

Les *Rousma* sont les directeurs spirituels des Zkara. Ils forment une caste spéciale dans laquelle se conservent et se transmettent, de génération en génération, les principes et les anciennes traditions qui maintiennent vivaces dans le cœur de leurs adeptes le respect et l'amour de leurs conceptions positivistes ainsi que la haine de l'Islam et des autres systèmes religieux.

La dignité et les fonctions de *Rousmi*, mot qui est le singulier de *Rousma*, se perpétuent par les enfants mâles, sans aucun droit restrictif de primogéniture, les cadets étant sous ce rapport les égaux de leurs aînés. Il n'est pas défendu aux Rousma de se marier en dehors de leur caste ; les simples Zkara peuvent de leur côté épouser des filles de Rousma : mais ni les uns ni les autres ne doivent contracter d'union légitime ou illégitime avec les sectateurs du Prophète arabe. Les enfants d'un Rousmi et d'une plébéienne sont considérés comme étant de véritables Rousma, tandis que ceux d'un plébéien et d'une Rousmia sont appelés par pure politesse *Rousma*, sans l'être en réalité, et sans pouvoir transmettre ce titre à leur descendance. Ces sortes de mariages mixtes sont assez rares d'ailleurs ; la plupart du temps, chacun se marie dans la classe où le sort l'a fait naître.

Le village de *Matcha* (ou *Lmatcha* (1)) est le quartier général des Rousma. C'est une bourgade de 25 maisons à peu près, dont trois à un étage, et une, la plus somptueuse, à deux étages, celle de *Mansour n Ali*. Pasteurs et agriculteurs comme les autres Zkara, les Rousma suivent leurs troupeaux dans leurs migrations annuelles et leurs 25 tentes nomades ne

(1) Vers la fin de cette étude, il sera établi un nouveau tableau des douars et des villages zkariens plus complet que celui qui se trouve aux pages 13 et 14.

reviennent au village que pour y passer l'été. Pendant les trois autres saisons, il ne reste dans les maisons que les chefs de famille et les anciens, tandis que les jeunes gens courent la brousse avec les bergers.

PRINCIPAUX NOTABLES ROUSMA

Sur les 25 familles environ dont se compose la caste des Rousma, nous avons pu obtenir les noms des 21 chefs dont les noms suivent :

1° *Ali l-Bab el-Maâyouchi*, qui campe quelquefois seul sur les bords de l'Ouad el-Kebir, âgé de 80 ans à peu près ;
2° *El-Bachir ben Sid-houm* سيدهم, 65 ans environ, considéré comme le chef et le directeur des *Rousma* ;
3° *El-Bachir ben el-Maâyouchi* (ben el-Hadj pour les musulmans), 70 ans ;
4° *Mansour ben Belk'assem*, 70 ans ;
5° *Ah'med ould K'addour ou Moussa el-R'oummis* الغوميص (l'oncle de notre Rousmi Remdhan), 50 ans ;
6° *Mansour n Ali*, 40 ans ;
7° *El-Bachir n Ali*, 50 ans ;
8° *K'addour Lah'sen*, 35 ans ;
9° *Amor n Ah'med*, 50 ans ;
10° *Ez-Zaïr ou Moussa*, 90 ans, impotent ;
11° *Jilali ould Ah'med Maâyouchi*, 30 ans ;
12° *Ah'med Baïbah'* بايباح, 60 ans ;
13° *Messâoud el-Maâyouchi*, 60 ans ;
14° *Bou-Salem el-Maâyouchi*, 30 ans ;
15° *El Bachir bou Zer'r'ouyin* زغويين, 60 ans ;
16° *Aïssa bou Chlaleg*, 50 ans ;
17° *Yah'la ould Ali n Yah'la*, 53 ans ;
18° *Ould el-Bachir ben Sid-houm*, 45 ans ;
19° *Ali ould Mouh' n Ali*, 35 ans ;
20° *Maâmmar ould Aïssa*, 55 ans ;
21° *Moussa ben Lah'sen*, 80 ans, père de notre Rousmi Ramdhan.

Les 7 ou 8 familles pauvres que l'on trouve chez les Rousma vont prélever chaque année la ziara chez les Zkara.

On leur donne généralement, qui 2 francs, qui 1 franc, qui 5 francs, qui du beurre, de la laine ou des œufs mais jamais ni moutons ni bœufs. Les Rousma riches ne prélèvent rien, se montrant en cela bien supérieurs aux marabouts musulmans, dont l'insatiabilité, quelles que soient leurs richesses, est proverbiale [1].

En voyage, le Rousmi cache aux étrangers, autant que possible, sa nationalité et surtout sa qualité de *prêtre zkraoui*, comme les appellent les musulmans. Par esprit démocratique, et aussi par mesure de prudence, aucun signe particulier ne distingue les Rousma des autres Zkara. Même costume, même langage, même ignorance voulue chez les uns et chez les autres de la littérature arabe, et c'est cette bienheureuse ignorance, disent-ils, qui les a sauvés de l'absorption mahométane. Parfois, des Rousma vont à Oujda et à Marnia pour leurs affaires ; ils vont aussi visiter certaines tribus marocaines affiliées au Zkraouisme, dont l'existence nous a été révélée par notre Rousmi ; quelques-uns poussent jusque dans la province d'Oran dans le but de visiter et de réconforter les colonies zkariennes fixées dans notre département ; mais jamais personne, en dehors des fidèles, n'est instruit des déplacements et de la présence de ces chefs spirituels dont les mœurs et la conduite sont exemplaires. La morale qu'ils prêchent à leurs concitoyens est aussi admirable de simplicité que de beauté.

— Mes frères, disent-ils, souvenez-vous que vous n'avez pas le malheur d'être musulmans ni attachés à aucun autre culte. Vous devez vous aimer entre vous et vous traiter en frères ; les autres hommes, Musulmans, Juifs et Chrétiens, il vous faut les aimer aussi, ne jamais leur faire de mal ; s'ils vous attaquent les premiers cependant, défendez-vous et vendez chèrement votre vie. N'attendez aucune récompense dans la vie future, car il n'y a ni paradis, ni enfer, ni quoi que ce soit après la mort. Ne mentez jamais, ne dérobez rien à personne, et vous vivrez heureux sur cette terre : c'est la seule et la plus belle récompense que vous puissiez obtenir.

(1) La plupart des Rousma sont aisés Quelques-uns sont véritablement riches. Le vieux Mansour ben Belk'assem, par exemple, a une belle maison, avec cour et jardin à Lmaïcha ; il possède environ 3,000 moutons, 130 bœufs ou vaches, 1,500 chèvres, 3 chevaux d'armes, 2 juments de selle, 12 mules ou mulets, 10 ânes. C'est le Crésus du village.

Ainsi parle l'oracle, et les Zkara boivent ses paroles, qu'ils écoutent avec le plus profond respect. Jamais pasteur protestant, prêtre ou prélat catholique, jamais rabbin ou imam n'inspireront à leurs ouailles une vénération comparable à celle de nos libres penseurs marocains pour leurs Rousma. Et que l'on n'aille pas croire que la vraie fraternité, la véritable égalité ne règnent point entre directeurs et dirigés. Un Rousmi ne se juge supérieur en rien à un zkraoui. Ils se traitent en frères, persuadés l'un et l'autre qu'ils sont issus d'un ancêtre commun, mais qu'il était nécessaire que le dépôt des anciennes traditions fût conservé dans le sein de certaines familles honorables, qui furent sans doute désignées à l'origine pour être les archives vivantes et orales de la race jusqu'à la consommation des temps.

On sent dès lors que, débarrassée du joug des dogmes et du clergé, la Société zkarienne ne peut être qu'une société laïque libre, exempte de préjugés et d'erreurs, pure de toute haine internationale, planant bien haut au-dessus des fanatismes qui furent et qui sont encore le fléau des Sociétés qui se guident sur le Talmud, l'Évangile ou le Coran. L'essence du Zkraouisme est de ne souffrir aucune aristocratie, pas plus celle de la naissance, la moins justifiable de toutes, que celle de la Révélation prétentieuse qui a le don de leur faire hausser les épaules et de révolter leur bon sens.

Avant de montrer l'intervention des Rousma dans la plupart des actes importants de la vie publique et privée des Zkara, où ils remplissent exclusivement l'office de conseillers vénérés, il est indispensable de mettre en pleine lumière le rôle véritablement surprenant que jouent chez les Zkara les marabouts mahométans des Oulad Sidi Ah'med ben Youssef.

VIII

LES OULAD SIDI AH'MED BEN YOUSSEF

1. — L'ancêtre

A en croire ses biographes arabes, Sidi Ah'med ben Youssef fut un très grand saint musulman, fort pieux, très fervent observateur de la loi coranique, âpre censeur du relâchement religieux et des mœurs dépravées des princes et des peuples de son temps [1]. Cependant, son existence vagabonde et tourmentée, les persécutions et les proscriptions royales auxquelles il ne cessa d'être en butte depuis l'achèvement de ses études jusqu'à sa mort survenue en 931 de l'hégire, (— 1524-1525 de J.-C., —) seraient plutôt de nature à faire naître dans l'esprit des doutes sur sa prétendue parfaite orthodoxie. Ce critique impitoyable, à la langue venimeuse, aux foudres duquel tant de gens et de contrées n'ont pu échapper, aurait-il donc rimaillé à tort et à travers, sans autre but que de lâcher le trop plein d'une verve, que nous aurions le droit de trouver aussi injuste en fait que grotesque en littérature, si elle n'avait pour excuse quelque profond dissentiment confessionnel soigneusement dissimulé par les polygraphes musulmans qui nous ont laissé trop de légendes et trop peu de vérités sur le rôle politique et religieux de celui qui devait devenir, ainsi que nous essayerons de l'établir tout-à-l'heure, une sorte de réformateur secret, ou, pour mieux dire, un prophète mystérieux sous l'autorité morale duquel s'empressèrent de se ranger plusieurs tribus soupçonnées d'hérésie, qui lui sont restées fidèles jusqu'à ce jour ?

Pour être juste à l'égard des auteurs mahométans de cette époque reculée, il faut se représenter les noires ténèbres intellectuelles où vivait le monde barbaresque du XVIe siècle.

---

(1) Cf. *Les dictons satiriques attribués à Sidi Ah'med ben Yousof*, traduits par R. Basset. Paris, 1890. In-8°.

On connaissait extrêmement mal les tendances spirituelles de l'*Atlantide* (1) et de ses innombrables tribus, si différentes les unes des autres par l'origine, la langue, les mœurs et les coutumes. D'insurmontables difficultés de communication isolaient les populations et en faisaient autant de sociétés à part, très dissemblables souvent de leurs voisines les plus proches.

Dans un pareil milieu, l'écrivain musulman ne pouvait avoir d'autres préoccupations historiques que de minutieuses descriptions de carnage, des miracles de saints, l'apologétique fatigante et continuelle du Coran, avec le souci d'enfouir à jamais dans l'oubli les tentatives audacieuses des novateurs religieux qui auraient pu troubler la léthargie des consciences endormies sous le voile chloroformisé de l'Islam.

Les hagiographes arabes nous montrent Sidi Ah'med ben Youssef comme ayant été un modèle de vertus et d'orthodoxie musulmane.

Nos études et nos enquêtes personnelles nous révèlent au contraire ce fait nouveau et saisissant : — Sidi Ah'med ben Youssef, le grand saint musulman enterré à Miliana, est le patron de plusieurs tribus sahariennes et marocaines entachées de schisme, d'hérésie et de libre pensée (2).

---

(1) Il nous manque une appellation unique englobant l'ensemble de notre domaine de l'Afrique du Nord, domaine qui comprend maintenant la Tunisie, l'Algérie et le Maroc, ce dernier étant virtuellement français depuis l'accord franco-anglais du 8 avril dernier. Nous proposons d'appeler ce domaine l'*Atlantide*.

Sous le rapport de l'étymologie, cette nouvelle dénomination est à l'abri de la critique : l'*Atlantide*, en effet, c'est le pays de l'*Atlas*, et l'on sait que cette chaîne de montagnes s'étend de Mogador à Tunis. Au point de vue historique, une érudition éclairée pourrait peut-être établir que l'*Atlantide* de Platon n'est autre que le pays où se déroulent les chaînes de l'*Atlas*, pays si mal connu à l'époque du philosophe athénien. Déjà, en 1883, M. Berlioux disait « qu'il ne fallait plus chercher l'*Atlantide* au fond de l'Océan, mais tout simplement dans la région actuelle de l'*Atlas*, région encore si riche et si féconde aujourd'hui » : (Berlioux. *Les Atlantes*. Annuaire de la Faculté des Lettres de Lyon ; fasc. I. 1883).

(2) Ce fut le Rousmi Remdhan qui nous divulgua le premier l'existence de plusieurs tribus anti-mahométanes affiliées au Zkraouisme. Nos autres informateurs confirmèrent cette révélation, dont l'importance sera mise en relief au chapitre consacré spécialement aux groupes marocains et sahariens restés jusqu'ici réfractaires à l'Islam.

Toutefois, le moment est venu de désigner publiquement ces tribus irréligieuses au Gouvernement de la République, parce que lui seul peut et doit en tirer sans retard le meilleur parti possible, en les protégeant d'abord contre le cléricalisme musulman, en formant ensuite avec elles

2. — Opinions des lettrés musulmans sur les Zkara et les autres tribus soupçonnées d'hérésie

La première partie du présent mémoire sur les Zkara fut accueillie avec scepticisme, de prime abord, et discutée ensuite avec passion dans le monde islamique de l'Oranie. La commotion produite par notre invraisemblable révélation d'une tribu berbère anti-musulmane, voisine de l'Algérie, troubla l'élite intellectuelle de l'Islam oranais et se répercuta, nous a-t-on assuré, jusque dans quelques petits cénacles français où l'on s'occupe quelquefois des problèmes mahométans. Une foule de questions se posèrent dès lors, et la critique alla son train. On disait, en notre absence, bien entendu :

— Comment se fait-il que les Zkara, en admettant qu'ils ne soient pas mahométans, aient pu tenir secrètes leurs opinions pendant tant de siècles ? — Les historiens arabes, qui se copient les uns les autres, il est vrai, et les historiens chrétiens, qui ont copié les auteurs arabes, sont unanimes à affirmer que

---

le premier noyau de l'*Armée marocaine* qui semble si difficile à créer, *Armée* dont ces tribus libres penseuses seront à coup sûr la clef de voûte, la phalange loyale, fidèle et dévouée à la France républicaine jusqu'à la mort.

Tribus anti-musulmanes marocaines et algériennes

NOMS DES TRIBUS	HABITAT	GUERRIERS
1° *Les Zkara*.......	Au Sud-Ouest et près d'Oujda..........	3.500
2° *Ahal Isounen* et *Beni-Mah'sen*.	Deux fractions de la tribu des R'iatha, près de la ville de Taza............	2.800
3° *Les Oulad Aïssa*.	Tribu campée sur les bords du Sbou, au Nord de Fez........................	2.500
4° *Les Reh'amna*..	Puissante tribu, au Nord de Merrakech.	10.000
5° *Les Reh'amna*..	Petite tribu de l'Ouad Guir, sous l'autorité française. (Sud Oranais)............	? ?
6° *Les R'nanema*..	Importante tribu de l'Ouad Saoura, sous l'autorité française. Sud Oranais).....	2.000 ? ?
7° *Les Oulad Bel-Lah'sen*........	Petite tribu de l'Ouad Saoura, sous l'autorité française. (Sud Oranais)........	?

Soit un total de plus de 20.000 libres penseurs, qui ne demandent qu'à se dévouer à la cause française au Maroc, si notre Démocratie veut bien les prendre sous sa protection.

l'Islam a obligé tous les peuples de l'Afrique du Nord-Ouest, à l'exception des Juifs, à embrasser ses doctrines, et voici que Mouliéras, à l'encontre de tant de savants écrivains, croit avoir trouvé une et même plusieurs tribus berbères qui seraient, d'après *lui*, *anti-musulmanes* ! Cela n'est pas, cela ne peut pas être. Voyons, cherchons, examinons si les Zkara et leurs coreligionnaires ne seraient pas par hasard des musulmans peu fervents, ou, au pis aller, des musulmans schismatiques comme les Mozabites et les Persans par exemple.

Notre ami Ali Mahieddin d'Oran, président de la section arabe aux Délégations financières, interprète judiciaire de haute envergure, très au courant de la sociologie musulmane, nous suppliait, lui, de ne pas donner suite à notre enquête, persuadé qu'il était que l'on nous trompait. Durant sa longue carrière d'arabisant, en contact incessant avec les indigènes de l'Oranie et de l'Est marocain, Ali n'avait pas une seule fois entendu émettre devant lui une idée comme la nôtre, aussi contraire à l'opinion courante, et sa sincère affection pour nous s'alarmait des pièges et des dangers qu'il voyait semés sur notre route[1].

Ce qui est certain, c'est que l'on ne savait rien de rien sur les Zkara ; ce qui est non moins certain, c'est que les partisans de Mahomet paraissaient humiliés d'apprendre tout à coup que l'Islam n'avait pas courbé sous son niveau de fer une minuscule peuplade zénète. Aux Musulmans intransigeants se joignaient quelques Chrétiens, peu compétents *à la vérité*, mais *les uns et les autres* se ressemblaient par l'ardent désir de démentir un mystère incompréhensible, auquel ils étaient également étrangers.

Ce fut alors que le derviche Mohammed ben Tayyèb nous rapporta l'opinion qui commençait à circuler parmi les savants arabes sur les Zkara et les autres tribus hérétiques répandues dans diverses régions du Maroc et du Sahara, opinion qu'en sa

---

(1) Dévoué de cœur et d'esprit à la France, pénétré de la haute mission de paix et de fraternité que notre pays veut accomplir ici, Ali peut porter avec quelque fierté la grande étoile de Commandeur de la *Légion d'honneur que le Gouvernement* vient de lui conférer. Nul n'applaudit plus que nous à cette belle distinction, que notre ami méritait à tant d'égards, et qui est la juste récompense de son long dévouement à deux causes qui nous sont chères : — la civilisation française propagée chez les Musulmans, leur relèvement moral et matériel par l'État républicain.

qualité de musulman il lui était difficile de ne pas partager lui-même. Mohammed nous conta donc ce qui suit :

« Les Musulmans lettrés donnent à ces tribus suspectes l'appellation générique de *Bdhadhoua* بعضا ضروة, dans laquelle certains clers de l'Islam croient reconnaître le pluriel de *Abadhia* (Abadhites, Kharédjites, hérétiques). Selon eux, les Zkara seraient d'origine chrétienne. Leur chefs religieux actuels sont les *Rousma*, qui se prétendent issus de Sidi Ah'med ben Youssef, quoi qu'ils ne soient en réalité que des Bdhadhoua, c'est-à-dire des héritiques kharédjites abadhites. Les Rousma étaient jadis de savants docteurs de la loi appartenant à la même secte que nos Mozabites actuels, et chacun sait que les Mozabites sont musulmans schismatiques ; néanmoins, ils croient au Prophète, et c'est l'essentiel. Rousma et Zkara étaient donc autrefois des *Mahométans hétérodoxes*.

« Le temps et les persécutions acharnées des Sunnites firent perdre peu à peu aux Zkara la notion exacte de leurs origines religieuses. Les dangers incessants d'une existence passée dans le voisinage de leurs ennemis, ainsi que l'abandon total des études coraniques anciennes, d'où résulta pour eux l'ignorance incroyable où nous les voyons plongés aujourd'hui, ne tardèrent pas à altérer et à modifier ensuite profondément les croyances primitives des Rousma, qui finirent même, sous l'empire de la peur, par s'attribuer une parenté effective et morale avec Sidi Ah'med ben Youssef, le grand saint musulman respecté des Orthodoxes, sous la tutelle duquel il leur fut permis de vivre au milieu des Musulmans sans être aussi tyrannisés par eux qu'auparavant.

« Par le prestige toujours vivant de leur ancienne culture intellectuelle, par leur soi-disant parenté avec le vénérable patron de Miliana, les Rousma réussirent à se maintenir chez les Zkara en qualité de chefs spirituels, et, de nos jours encore, ils règnent en souverains maîtres sur ces indigènes dont l'ignorance ne peut se comparer qu'au mépris qu'ils professent pour la religion musulmane orthodoxe. Chose curieuse, il y a à Tinzi, à l'extrémité des Angad et non loin des Zkara, des marabouts qui se prétendent également fils de Sidi Ah'med ben Youssef, mais leur influence sur les Zkara est nulle parce qu'ils ne sont pas Rousma. Ajoutons d'ailleurs que les Zkara n'ont aucune considération pour les autres descendants de

Sidi Ah'med ben Youssef que l'on trouve disséminés un peu partout en Algérie et au Maroc.

« En résumé, les Mahométans instruits croient que les Rousma sont des *Kharédjites Abadhites* de la même secte que les Mozabites et qu'ils ont pour ancêtre commun un juif converti à l'Islam qui aurait été le fidèle disciple de Sidi Ah'med ben Youssef.

« Actuellement, on rencontre encore des hérétiques Bdhadhoua chez les *R'iatha* (province des Braber), chez les *Oulad Aïssa* du Sbou (province de Fez). Parmi les Chaouiya, du côté de Casablanca, il y a une fraction appelée *Mzab*, complètement arabisée aujourd'hui, qui fait partie aussi des Bdhadhoua. On peut encore rattacher à cette secte : — les *R'nanema*, campés au Sud d'Igli, dans la vallée de l'Ouad Es-Saoura ; — les *Reh'amna*, chez les Doui-Mniâ, du côté de l'Ouad Guir ; — le Kçar d'*El-Maâdhid*, sur l'Ouad Tizimin (Tafilalet) ; — les *Beni-Yaâla*, voisins des Zkara, chez les Angad. Il y a cependant ceci de particulier en ce qui concerne les Beni-Yaâla : ils partagent en général les croyances des Zkara, avec cette différence qu'ils sont soumis à des descendants authentiques de Sidi Ah'med ben Youssef et qu'ils ne subissent en aucune manière la domination des Rousma.

« Les tribus, fractions de tribus et groupes dont l'énumération précède, constituent, avec les Mozabites algériens, les derniers débris du Kharédjisme en Algérie et au Maroc. Il faut ajouter que les Bdhadhoua marocains, après avoir oublié en grande partie leurs origines abadhites, se sont faits, on ne sait pour quelle raison au juste, les serviteurs religieux de Sidi Ah'med ben Youssef ; ils se sont rapprochés ensuite plus ou moins des doctrines orthodoxes sous la triple influence suivante : l'ignorance, les persécutions, leur faiblesse numérique. Il y a cependant une exception radicale à faire au sujet des *Zkara* et des *Beni-Yaâla :* grâce à leurs montagnes, au nombre relativement élevé de leurs guerriers et à leur bravoure redoutée, ces deux tribus ont pu résister jusqu'à présent aux persécutions des Orthodoxes ; leur hérésie abadhite primitive, par suite de l'abandon total des études coraniques et de l'ignorance de plus en plus grande du clergé et des fidèles, s'est transformée chez elles avec le temps en une indifférence confessionnelle absolue : c'est assez dire *qu'elles n'ont plus de religion* ».

. . . .

Telles sont les opinions actuelles des Musulmans lettrés sur les Zkara et les autres tribus suspectes d'hérésie. Il y a dans ces opinions quelques vérités, mais il y a encore plus d'erreurs que de vérités, et c'est ce que nous essayerons de démontrer dans les pages suivantes.

---

3. — La vérité sur les Oulad Sidi Ah'med ben Youssef, soi-disant marabouts des Zkara

Représentez-vous un pauvre petit troupeau humain, — les Zkara, — environnés d'ennemis mortels, puissants et nombreux, — les Mahométans, — et vous concluerez, comme ceux qui ignorent les dessous des choses, que les seconds n'auraient pas manqué d'exterminer les premiers depuis des siècles si ceux-ci avaient persisté à repousser ouvertement les dogmes de l'Islam. C'est ainsi d'ailleurs que raisonnent les personnes qui ne parviennent pas à concevoir comment les Zkara libres-penseurs ont réussi à se conserver parmi les partisans de Mahomet comme un noyau au milieu d'un fruit.

A ce mystère, s'en ajoute un autre, inexplicable aussi : — la présence de marabouts mahométans et leur influence au sein de la tribu irréligieuse, — deux nouvelles énigmes, troublantes, insolubles à première vue, et qui nous tinrent nous aussi en échec pendant quelques mois. Puis, la lumière se fit tout d'un coup dans notre esprit grâce à la confiance que voulurent bien avoir en nous nos amis musulmans et libres penseurs des Zkara (1).

Les secrets se savent tôt ou tard. Celui des Oulad Sidi Ah'med ben Youssef devait fatalement suivre de près la

---

(1) Parmi les musulmans, nous citerons le chef religieux des Oulad Sidi Ah'med ben Youssef, de la branche des *Oulad Znagui* (Zkara), le nommé Si Abd-el-Kader ould Mouh'ammed ould Znagui et son fils Ali, ce dernier mentionné ci-dessus, page 42. Les révélations d'Ali ont été absolument hors de pair. A ces deux noms, il convient d'ajouter aussi celui du cheikh Ah'med ould K'addour, qui a succédé à son père K'addour ben Bou-Azza en qualité de cheikh du *douar islamisé des Oulad Rabah'* (Zkara). Ce chef indigène est venu nous voir à Oran. Nos longs entretiens avec ce *zkraoui islamisé* nous firent entrevoir les sentiments véritables des quelques familles zkariennes qui font semblant de s'être ralliées à l'Islam. — Quant aux Zkara libres penseurs qui nous ont documenté, il y a, en première ligne, le *Rousmi* Remdhan, lui aussi hors de pair, comme Ali ; en second lieu, Amor ben Ali, avec lequel il nous fut possible d'amorcer notre étude ; et puis encore trois ou quatre autres Zkara anti-musulmans dont les informations furent identiques à celles que nous possédions déjà sur leur tribu.

découverte des doctrines philosophiques zkariennes. L'aveu en fut pénible et quelque peu mortifiant pour l'orgueil mahométan ; mais enfin, comme il devenait impossible de concilier l'anti-islamisme des Zkara avec le respect que ces berbères mécréants professent pour des marabouts arabes et musulmans, il fallut, bon gré mal gré, dévoiler la vérité et divulguer le secret si religieusement gardé pendant des siècles.

La voici cette vérité : — Les Oulad Sidi Ah'med ben Youssef domiciliés chez les Zkara sont des musulmans sincères et authentiques. Leur origine illustre, la vénération particulière dont ils jouissent dans le monde islamique de l'Afrique du Nord, leur permettent de protéger efficacement les Zkara contre les soupçons et la haine des Orthodoxes. Ils répondent du prétendu islamisme et se portent garants de la foi mahométique de leurs hôtes quand le Sultan, le Makhzen et les tribus environnantes s'émeuvent des accusations d'hérésie souvent portées et renouvelées contre la tribu libre penseuse par des fanatiques ombrageux. Ce sont eux qui écrivent et signent les lettres arabes destinées aux Musulmans du dehors en ce qui concerne les affaires zkariennes où la question religieuse est en jeu, mais ce sont les Zkara, par l'organe des Rousma, qui dirigent leurs propres intérêts matériels et politiques sans que les Oulad Sidi Ah'med ben Youssef aient part à cette direction. Quelquefois cependant ils donnent des conseils qui sont écoutés.

Cet éternel service de chaperons et de paratonnerre mérite, on en conviendra, une généreuse récompense, durable, imprescriptible comme le service lui-même. Les Zkara ont donc jugé qu'ils ne payaient pas trop cher le droit de vivre moyennant le don annuel d'un mouton ou d'une brebis que chaque tente zkarienne (1) est tenue de faire à l'époque du printemps aux Oulad Sidi Ah'med ben Youssef. Au retour des beaux jours, quand la campagne se couvre de verdure et de fleurs, les nobles marabouts se mettent en mouvement, accompagnés de serviteurs et de bergers, et ils viennent choisir eux-mêmes les plus belles bêtes qu'ils peuvent trouver dans les troupeaux zkariens. S'il arrive que le maître de la

---

(1) Il n'y a que les *Rousma*, et nous soulignons ce détail typique, qui sont dispensés de donner la ziara aux Oulad Sidi Ah'med ben Youssef, preuve certaine de la prépondérance de la caste spirituelle zkarienne sur la caste purement défensive musulmane.

tente ne possède que des brebis pleines, s'il n'a qu'un très petit nombre de moutons qu'il veut garder, ou bien s'il n'a pas le moindre agneau à offrir, il se libère en donnant cinq francs ; ce dernier cas cependant est extrêmement rare parce qu'il y a des moutons à foison dans chaque tente.

De même que les simples particuliers, le caïd et les cheikhs offrent chacun un mouton seulement aux Oulad Sidi Ah'med ben Youssef, mais comme c'est toujours chez eux que descendent les marabouts quand ils font leurs tournées, les frais de réceptions qui résultent de ces visites incombent uniquement à ces chefs indigènes. Le caïd Remdhan a l'habitude louable d'ajouter chaque fois au mouton donné 50 ou 60 francs de monnaie espagnole ; il fait en outre d'assez fréquentes distributions d'argent et de vêtements à certains Oulad Sidi Ah'med ben Youssef peu fortunés qui assiègent sa porte plus souvent peut-être qu'il ne faudrait.

. . . .

. . . .

Après avoir lu ce qui précède, le lecteur pourrait croire que la concorde la plus parfaite règne entre les membres des différentes familles maraboutiques qui exploitent avec tant d'habileté le caïd Remdhân et ses administrés. Une telle opinion donnerait à entendre que l'on connaît mal le caractère arabe en particulier et le caractère des marabouts en général.

D'abord, les Oulad Sidi Ah'med ben Youssef des Zkara se divisent en deux branches : — Les *Oulad Znagui* et les *Oulad Zerrouk'i*, — fatale division qui a fait des premiers des Capulets ombrageux et des seconds des Montaigus terribles.

Pour bien comprendre ce qui suit, il est nécessaire de remonter à la source de la famille : — L'ancêtre commun, le glorieux Sidi Ah'med ben Youssef, avait eu quatre fils :

1° l'aîné, *Znagui ben Ah'med ben Youssef ;*

2° *Zerrouk'i ;*

3° *Abd-el-Ouah'ad ;*

4° *Ouis* (1).

(1) Nous suivons ici la tradition conservée dans la famille des *Oulad Znagui*.

La postérité de *Znagui* est actuellement établie, en partie chez les Zkara, en partie dans la commune de Remchi [1] (Département d'Oran).

La postérité de *Zerrouk'i* est installée à Tinzi (Zkara).

Les *Oulad Abd-el-Ouah'ad* habitent chez les *Oulad Aïssa* du Sbou (Province de Fez).

Les descendants de *Ouis* se trouvent dans la commune de *Remchi* [1].

Ne nous occupons que des *Oulad Znagui* et des *Oulad Zerrouk'i* qui habitent chez les Zkara.

---

4. — Les Oulad Znagui ben Ah'med ben Youssef

C'est la branche aînée des Oulad Sidi Ah'med ben Youssef. Plusieurs membres de cette grande famille ont leur domicile sur le territoire de Remchi, ainsi qu'on l'a déjà dit. Les autres *Oulad Znagui* sont fixés, depuis un temps immémorial, chez les Zkara, dans la vallée de l'*Ouad Msferki* (alias *Ouad El-Kbir*), fraction des Oulad Mh'ammed, au village nommé *Irouaou* [2], ou *Irimaïn*, village énorme, résidence du caïd, métropole des Zkara, où l'on trouve beaucoup plus de Zkara que d'Oulad Znagui. Ceux-ci sont peu nombreux en effet, 7 familles seulement, 5 en réalité, ainsi qu'on va le voir :

CHEFS DE FAMILLE DES OULAD ZNAGUI

1° *Si* [3] *Abd-el-K'ader ould Mouh'ammed ould Znagui*, 60 ans environ, chef politique et religieux des Oulad Znagui ; domicilié depuis 1897 ou 1898 à Çhafâ, commune de H'ammam-bou-Hadjar (département d'Oran). Son père, qui était campé jadis avec les autres Oulad Znagui sur les terres de Remchi, aurait émigré chez les Zkara lors de l'exode au Maroc des partisans de l'émir Abd-el-Kader. En 1897 ou 1898, les tribus des Angad firent un grand massacre des Zkara et ceux-ci se réfugièrent sur le terri-

---

(1) *Remchi* est un village des environs de Tlemcen. On lui a enlevé officiellement son ancien nom indigène pour lui substituer celui de *Montagnac*.

(2) *Irouaou*, mot berbère signifiant *bas-fond*. Ce village manque dans notre première nomenclature.

(3) *Si*, abréviation de *Sidi* (Monsieur, monseigneur) : appellation honorifique que l'on donne en général à ceux qui savent lire et écrire l'arabe.

toire français. Quand les Zkara rentrèrent dans leur pays, Abd-el-K'ader ould Mouh'ammed refusa de les suivre ; il préféra s'établir chez les Chafâ, serviteurs religieux de Sidi Ah'med ben Youssef, au milieu desquels il trouva quelques *ziara* (cadeaux) et surtout une plus grande sécurité qu'au Maroc. Toute sa famille l'a accompagné en Algérie, y compris son fils Ali, de qui nous tenons ces détails. Abd-el-K'ader ne manque pas de se rendre chaque année chez les Zkara pour y recueillir la ziara et prendre langue auprès de son vieil ami le caïd Remdhan. Celui-ci aurait fait jusqu'à présent d'inutiles efforts pour ramener dans la tribu le vieux chef religieux Znagui qui est aussi fin diplomate que méfiant et peu communicatif.

2° *Si Mouh'ammed ould Abd-el-K'ader ould Znagui*, 65 ans, frère aîné du précédent ; intelligence médiocre ;

3° *Mouh'ammed ould K'ada*, 25 ans ;

4° *Sidi ben Abd-Allah ben Khalladi*, 30 ans (oncle maternel d'Ali ben Abd-el-K'ader), le plus intelligent, le plus influent des Oulad Znagui depuis qu'Abd-el-K'ader est absent ;

5° *Ali ould ben Taleb*, 20 ans ;

6° *K'addour ould El-Khalladi*, 19 ans ;

7° *Faraji ould Salem*, 30 ans ; nègre affranchi, ancien esclave de Sidi Mouh'ammed ould Abd-el-K'ader ould Znagui ; marié à une négresse également affranchie ; est considéré comme faisant partie de la famille des Oulad Znagui à cause de sa piété, de ses vertus, et aussi à cause de son dévouement absolu à ses anciens maîtres et aux Zkara. Très aimé de ces derniers qui lui donnent la ziara au même titre qu'aux autres Oulad Znagui.

Les Zkara n'ont pas d'amis plus fidèles et plus dévoués que les Oulad Znagui. Ce sont les Oulad Znagui qui se portent garants de la prétendue foi islamique des Zkara lorsque la Cour de Fez demande des explications à ce sujet ; c'est aux jours des grands malheurs, quand la tribu libre penseuse est envahie par les milices de l'Islam, lorsque les implacables fils du Prophète promènent le fer et la flamme partout où les Zkara ne peuvent leur résister, c'est pendant ces jours de mortelle angoisse qu'il faut voir les Oulad Znagui combattre côte à côte avec leurs amis mécréants et vaincre ou périr avec eux.

Un pacte écrit, dont le double se trouve entre les mains du

caïd Remdhan, stipule que l'amitié qui unit les Zkara et les Oulad Znagui est *une amitié qui ne peut finir qu'avec la mort.*

Donner un mouton ou une brebis par famille et par an à des gens qui partagent leur bonne comme leur mauvaise fortune est un acte de reconnaissance auquel les Zkara n'ont jamais failli. On calcule que la ziara rapporte à chaque famille znaguienne plus de 400 moutons par an. Les marabouts s'empressent de revendre ces bêtes aux courtiers mahométans d'Oudja, aux Beni-Oukil et quelquefois aux donateurs eux-mêmes, moyennant des prix variant entre 10 et 15 francs de monnaie espagnole par tête d'ovin, ce qui fait une moyenne de 4,000 francs de rente (en monnaie française) pour chacune des 7 familles maraboutiques.

Il y a des années cependant, une sur trois environ, pendant lesquelles les Oulad Znagui s'abstiennent de prélever la ziara : c'est lorsque leurs frères-ennemis, les *Oulad Zerrouk'i*, la prélèvent eux-mêmes chez les Zkara ; c'est pour cette raison spéciale — conflits d'intérêts — et pour d'autres raisons encore que les deux familles mahométanes issues de la même souche sont à couteaux tirés.

Les Zkara savent que les Znagua sont leurs seuls et véritables amis ; autant ils donnent à ceux-ci leurs moutons avec plaisir et sans se faire prier, autant ils montrent de mauvaise volonté quand les Oulad Zerrouk'i sont parvenus, à force de menaces, à arracher au caïd la permission de faire dans la tribu des tournées de pieuse mendicité.

Les Oulad Znagui prélèvent aussi la ziara chez leurs serviteurs religieux des *Oulad-bou Naji, Oulad Moussa, Oulad ben Sah'a* et *Lbabda,* fractions des *Sejâ ;* chez les *Oulad Sdira,* fraction des Heouara-t-el-Ah'laf ; chez les *Beni Koulal,* fraction des Beni-bou-Zeggou, habitant dans des maisons sur l'Ouad Za ; — chez les *Meharech,* fraction des Beni-Yaâla ; — chez les *Achach* مشاش et les *Khrarib* خراريب, fractions des Mehaya ; — chez les *Oulad Sidi Mouh'ammed,* fraction des Oulad Sidi Cheikh campée avec les Mehaya.

On estime que toutes ces fractions réunies ne rapportent pas aux Oulad Znagui la cinquième partie des ziara qu'ils récoltent chez les Zkara. C'est un détail qui a son importance et qui ne contribue pas peu à nous expliquer pourquoi, en dépit des dangers et des malheurs que leur valent leur amitié pour les Zkara, ces marabouts se sont attachés à nos libres penseurs avec l'affection du lierre pour l'ormeau.

---

5. — Les Oulad Zerrouk'i ben Ah'med ben Youssef

Ils descendent du second fils de Sidi Ah'med ben Youssef, *Zerrouk'i*, et ils sont tous domiciliés à Tinzi (1), village situé dans la vallée de l'Ouad Tinzi, fraction de *Akkmen* (Zkara). On les appelle en znatia : — *Imrabdhen Tinzi* — (les Marabouts de Tinzi). Leurs maisons s'éparpillent le long de la rivière, sur une assez grande distance, 500 ou 600 mètres environ.

Les Oulad Zerrouk'i forment un total de 12 ou 13 familles dont les principaux chefs sont :

1° *Si ben Youssef ould Ali ould K'addour*, 70 ans environ, chef politique et religieux des Oulad Zerrouk'i ; a une zaouïya ;
2° *Si Abd-el-K'ader Lat'rach*, 55 ans ;
3° *Si-l-Miloud ben El-Khelladi*, 35 ans ;
4° *Si-l-H'abib ould si Ah'med*, 40 ans ;
5° *Si Ali ould ben Youssef*, 25 ans, bon taleb ;
6° *Ben Zerrouk'i ben Khelladi*, 60 ans ;
7° *Si-l-Bachir ould Ali ould K'addour*, 50 ans ;
8° *Bou-Azza ould Ah'med ben bou-Azza*, 40 ans ;
9° *Mh'ammed ould K'addour ben R'fala* غفالة, 35 ans ;
10° *Si Mouh'ammed ben Ah'med*, 55 ans ;
11° *Si-bou-Mdien Ek'jâ*, 45 ans.

Les *Oulad Zerrouk'i* sont d'implantation récente chez les Zkara, une cinquantaine d'années tout au plus. Ils habitaient autrefois la circonscription d'Aïn-Temouchent (département d'Oran). A la suite de l'expropriation de leurs terres pour les besoins de la colonisation française, ils passèrent en masse au Maroc. Ils savaient que leurs cousins, les Oulad Znagui, vivaient dans l'abondance aux dépens de la tribu libre penseuse et ils conçurent le dessein de les imiter et de les supplanter au

---

(1) On appelle souvent ce village *Oulad Zerrouk'i*, du nom des marabouts qui l'habitent.

besoin. Un beau jour, ils arrivèrent à Tinzi avec leurs femmes, leurs enfants et leurs maigres troupeaux. Ils avaient choisi ce coin des Zkara parce qu'ils n'ignoraient pas que les gens d'Akkmen, moins ardents voltairiens que leurs autres contribules, ne leur feraient pas un trop mauvais accueil. N'étaient-ils pas, eux aussi, des Oulad Sidi Ah'med ben Youssef, disposés, à l'instar de leurs parents, à servir de boucliers à ces braves Zkara ?

On les laissa donc s'installer à Tinzi, parce que l'on ne pouvait guère faire autrement non plus, et on les attendit à l'œuvre. Dès la première année, ils mendièrent la ziara, alléchés qu'ils étaient par l'exemple des Oulad Znagui qui recevaient des moutons à n'en savoir que faire. Le caïd Remdhan, simple cheikh à cette époque, trouva là une occasion unique d'exercer ses précoces talents de diplomate. Il contint les appétits des Oulad Zerrouk'i tant qu'il put : mais à la fin, il fallut céder, et les pauvres Zkara durent offrir aux nouveaux marabouts quelques chèvres et plusieurs agneaux. Cela ne faisait pas l'affaire des intrus qui étaient furieux d'être moins bien traités que leurs parents, les Oulad Znagui, et ce fut alors qu'ils commencèrent à répandre dans le public islamique les bruits les plus fâcheux, les légendes et les calomnies les plus odieuses sur la tribu qui les hébergeait : — incestes, communauté des femmes, athéisme, anti-islamisme, etc, rien ne manqua à la dangereuse campagne de diffamations qu'ils menèrent en sous-main contre les Zkara.

Avec le temps, ils finirent par s'enhardir. Au lieu de mendier humblement, ils exigent maintenant. Chaque année, pour avoir des moutons, on les entend rugir les mêmes insolentes sommations sous le nez du caïd :

— Mécréants de Zkara, vous nous sevrez de béliers et de brebis, que vous donnez aux Oulad Znagui qui sont des chiens de Chrétiens comme vous, et une fois tous les trois ou quatre ans seulement, quand nos menaces vous font trembler, vous nous jetez à la tête des chevreaux maigres et des agneaux galeux ! Attendez ! Nous allons ameuter contre vous le Makhzen et les tribus de la Dhahra. Votre pays sera dévasté ; vos femmes et vos filles, qui ne veulent avoir aucun rapport avec les Musulmans, feront les délices des vrais Croyants. Par Allah ! nous exigeons cette année les 2,000 plus beaux béliers de vos troupeaux ; sinon, c'est la Guerre Sainte Choisissez.

Obsédé, excédé par ces demandes impérieuses de ziara, le vieux Remdhan flaire d'où vient le vent. Si la tempête est proche, s'il juge que les Oulad Zerrouk'i sont sur le point d'ébranler les tribus hésitantes, il répond à ces indignes rejetons du grand homme de Miliana :

— Allez prélever la ziara.

Prévenus que leurs ennemis ont l'autorisation de les tondre de près, les Zkara offrent effectivement leurs plus petites et leurs plus vilaines bêtes aux sacripants : des agneaux et des chevreaux seulement. C'est à prendre ou à laisser. Et quand les Oulad Zerrouk'i vont se plaindre au caïd de la ladrerie de ses administrés, Remdhan, riant sous cape, se contente de leur dire :

— Que voulez-vous que j'y fasse ? Moi, je vous donne des moutons. Les autres donnent ce qu'ils peuvent.

C'est par des concessions de ce genre que se maintiennent cahin-caha d'équivoques relations entre les marabouts de Tinzi et les Zkara. Ce qui est certain, c'est que les uns et les autres s'exècrent réciproquement, et il y a beau temps que les Zkara auraient chassé hors de leur patrie les pieux hypocrites qui rêvent de les mahométaniser pour mieux les dominer ensuite, si la crainte de voir tomber sur eux toutes les forces cléricales de la Dhahra ne retenait leur colère et leurs bras.

Au cours des trois années qui viennent de s'écouler, les Oulad Zerrouk'i ont mis le comble à l'exaspération des Zkara par leurs intrigues souterraines avec le Prétendant marocain. Ils avaient comploté de placer la tribu sous l'autorité nominale du rival d'Abd-el-Aziz, de la compromettre ainsi irrémédiablement aux yeux du Makhzen, et si les Zkara refusaient de se soumettre au Rougui, de lâcher contre eux les bandes affamées des Angad qui ne demandent qu'à se gorger de butin. Pour cela, il était nécessaire d'éliminer le caïd Remdhan, un anti-musulman endurci, et de le remplacer par une créature à eux, un marabout de la famille, le rusé Si-l-H'abib ould si Ah'med, qui est bien le plus dangereux intrigant de Tinzi et autres lieux circonvoisins. Un caïd musulman, un zerrouk'i surtout à la tête des Zkara, c'était l'agonie inévitable du zkraouisme qui se préparait ! Remdhan et ses frères positivistes, depuis le dernier des pâtres jusqu'au chef des Rousma, se sentirent perdus s'ils faiblissaient.

Mais le moment n'est pas venu de nous occuper de ces graves dissensions politiques. Il faut terminer d'abord la notice collective relative aux Oulad Zerrouk'i et dire en peu de mots que ces marabouts sont loin de jouir de la même considération que leurs cousins les Oulad Znagui parmi les populations de la Zénétie marocaine. Ainsi, on ne leur donne la ziara que chez les *Oulad Sdira* (fraction de Heouara-t-el-Ah'laf). Est-ce parce qu'ils sont moins anciens dans le pays que leurs parents d'Irimaïn ? Ne serait-ce pas peut-être parce que certains d'entre eux se sont adonnés aux mœurs pillardes de la Dhahra et que, sans aucun respect pour leur caractère sacré de marabouts, ils se joignent volontiers aux détrousseurs de routes et autres chenapans qui vivent du produit de leurs razzia nocturnes ? On en cite qui ont été blessés et tués dans ces sortes d'expéditions honteuses. Notre cheikh des Oulad Rabah', Si Ah'med ould K'addour, a eu l'occasion, une certaine nuit qu'il surveillait ses silos, d'expérimenter la chose par lui-même. Il savait que des Musulmans — il n'y a pas de voleurs chez les Zkara — lui volaient son grain. Il se mit à l'affût, et ayant aperçu les maraudeurs, il fit feu sur eux. Il apprit le lendemain que sa balle avait cassé le bras au nommé Ben-Zerrouk'i des Oulad Sidi Ah'med ben Youssef de Tinzi.

Si nous parvenons un jour à établir notre suzeraineté sur les Zkara, il ne faudra pas oublier que les pires ennemis de ces indigènes sont les Oulad Zerrouk'i et que les meilleurs amis de nos libres penseurs sont les Oulad Znagui. Ainsi prévenus, nous n'aurons pas à recommencer nos pénibles expériences d'autrefois, lorsque nous étions des nouveaux venus en Algérie, où nous avons tâtonné si longtemps dans le noir, faute de connaissances spéciales.

---

6. — Les relations entre les Zkara et les Oulad Sidi Ah'med ben Youssef

Dans les graves questions relatives à la politique défensive de la tribu, il est facile de constater que la branche des Oulad Znagui occupe le premier plan, mais pour la galerie mahométane seulement, parce qu'en réalité c'est le caïd, les cheikhs et les Rousma qui, dans la coulisse, tirent les fils qui font mouvoir les dévots fantoches derrière lesquels s'abritent les Zkara lorsque le vent du *djihad* (guerre sainte) souffle en tempête à travers les régions environnantes soumises à l'Islam.

Dans les circonstances ordinaires de la vie, au milieu des champs, au douar ou au village, quand la paix laisse enfin quelques semaines de répit à nos philosophes en burnous, les Oulad Sidi Ah'med ben Youssef ne paraissent se distinguer des Zkara que par leurs exercices de piété : ablutions, prières, chapelets, observation du ramadan. Leurs enfants gambadent et jouent avec les petits Zkara, et il n'est pas rare de voir des amitiés sérieuses se former ainsi et durer jusqu'au tombeau entre les galopins mahométans, plus ou moins confits en dévotion, et les bambins positivistes, foncièrement irréligieux. Elevés avec les Zkara, parvenus ensuite avec eux à l'âge d'hommes, les marabouts n'ont pas lieu de s'étonner ni de s'indigner de l'impiété de leurs camarades voltairiens chez lesquels, au surplus, ils se trouvent si bien. Sur quel point de l'Algérie ou du Maroc, en effet, seraient-ils choyés et gavés comme ils le sont chez leurs sceptiques contribules ? La vérité c'est que les Oulad Sidi Ah'med ben Youssef ne peuvent pas plus se passer des Zkara que ceux-ci ne peuvent se débarrasser non plus de ces indispensables parasites qui leur servent de boucliers contre la férocité mahométane.

En leur double qualité de marabouts et de musulmans, les Oulad Znagui et les Oulad Zerrouk'i, — ces derniers principalement, — s'efforcent de faire donner à leurs enfants une certaine instruction coranique, chez eux d'abord, puis, ils les envoient achever leurs études à Tgafaït, à Oujda ou chez les Beni-Znassen, voire même à Fez. En général, il y a très peu de vrais lettrés parmi eux. On se contente, pour quelques-uns, d'une demi-science arabe, largement suffisante en vue des futures nécessités diplomatiques et épistolaires.

Le caïd Remdhan, qui est le voltairien le plus impénitent de sa tribu et qui veut à tout prix se passer du ministère des scribes mahométans, a un secrétaire particulier qui lui écrit sa correspondance. Ce secrétaire est, cela va sans dire, un Zkraoui de pure race, du nom de *Si Moumen ben Rah'h'ou*. Moumen a maintenant une trentaine d'années. Quand il était un tout jeune homme, on l'a expédié chez les Beni-Znassen où il a ânonné l'alphabet arabe. Lorsqu'il sut lier tant bien que mal les consonnes entre elles, il refusa d'apprendre une seule ligne du Coran et il s'empressa de venir mettre son nouveau talent à la disposition de ses frères les Zakra. C'est, jusqu'à présent, croyons-nous, le seul exemple de Zkraoui sachant un peu lire et écrire l'arabe.

Là où il ne peut plus y avoir d'équivoque et où la séparation est tranchée entre les Zkara et les Oulad Sidi Ah'med ben Youssef, c'est dans les actes qui touchent aux questions religieuses islamiques et au statut personnel zkarien. Ainsi, il n'y a jamais de mariage entre ces deux groupes, non pas que les Oulad Sidi Ah'med ben Youssef n'accepteraient volontiers pour femmes les filles des Zkara dont ils ont entendu vanter la beauté, mais parce que les Zkara préféreraient égorger leurs propres enfants que de les donner à n'importe quel partisan du Prophète.

De même, aucun musulman ne peut se flatter d'avoir vu le visage d'une zkarienne. Les Oulad Znagui, ces mahométans si peu orthodoxes qui vivent noyés au milieu de leurs amis d'Irimaïn, avouent que les femmes Zkara se voilent la face devant ceux des Oulad Sidi Ah'med ben Youssef qu'elles ne connaissent pas très bien, chose qu'elles ne font jamais en présence des hommes de leur tribu, quels qu'ils soient. Dans leurs tournées de charité forcée, lorsque les marabouts s'avancent vers un village ou un douar, aussitôt les femmes et les jeunes filles rentrent au logis si les nouveaux venus sont peu connus d'elles. Les hommes courent chercher la tente et les tapis qui sont spécialement affectés aux réceptions des Oulad Sidi Ah'med ben Youssef et des autres musulmans de marque qui peuvent venir dans la tribu. A première vue, on pourrait croire qu'il y a là une haute démonstration de déférence envers les représentants du Mahométisme. Le contraire est vrai, et voici pourquoi :

De par leur loi, les Zkara sont tenus : 1° De ne pas revêtir une partie quelconque des vêtements qui auraient été portés par des Musulmans, ne serait-ce qu'une fois ; 2° D'anéantir, par le feu ou autrement, les tapis, couvertures, ustensiles, etc., qui auraient été utilisés par les dits Musulmans (1).

---

(1) Ce sont *deux nouvelles preuves d'anti-islamisme* à joindre à celles qui figurent aux pages précédentes et suivantes.

Avec des personnages comme les Oulad Sidi Ah'med ben Youssef, qui se font héberger fréquemment dans les divers districts de la tribu, détruire les tentes, les tapis et les autres meubles dont ils se sont servis serait à la longue une opération ruineuse ; c'est pourquoi les Zkara ont tourné la difficulté en affectant dans chaque douar ou village une tente et son mobilier à la réception des marabouts. On dresse cette tente à une distance convenable des habitations zkariennes ; les marabouts s'y installent, et l'on y amène les moutons et autres animaux qui doivent figurer sur la table des partisans du Prophète et que ceux-ci égorgent de leurs propres mains, parce qu'ils savent que les Zkara font fi des prescriptions islamiques relatives à l'immolation des bêtes de boucherie.

Dans ce tranquille pays, de mœurs démocratiques, d'indépendance philosophique, et qui serait si paisible si les Mahométans renonçaient définitivement à leur chimère céleste et à leur folie islamisatrice, de graves inconvénients s'ajoutent encore à la discipline sévère à laquelle s'astreignent les Zkara pour garder l'unité de la race et préserver des atteintes de l'Islam le positivisme zkarien qui semble destiné, infiniment mieux que l'Islam, à l'amélioration morale de l'homme. Ces inconvénients sont de deux sortes : la dissimulation continuelle de leurs sentiments irréligieux et la soumission apparente des Zkara à leurs marabouts-protecteurs. La circoncision, la dénudation des parties secrètes du corps humain, d'autres minutieuses prescriptions coraniques qui roulent principalement sur des mômeries d'alcôve, de piscine et d'abattoir, ne sont que les moindres tracasseries auxquelles sont soumis nos libres penseurs. Ce qui les irrite le plus, c'est l'obligation de baiser la main des seigneurs musulmans qu'ils se sont donné et de faire précéder leurs noms du terme aristocratique de *Sidi* (monseigneur). Ils doivent aussi tolérer, sans faire trop mauvaise figure, les plaisanteries d'un goût toujours peu raffiné que ces parasites débitent sur l'hétérodoxie zkarienne. Sous couleur de faire un trait d'esprit de caractère amical, il n'est pas rare d'entendre un Znagui ou un Zerrouk'i interpeller un Rousmi en le traitant de *kafr* (impie, athée) ou de *ilef emmis n ilef* (porc fils de porc). Les vieux marabouts prennent certaines privautés avec le caïd lui-même, qu'ils redoutent cependant, et Ali nous a conté que chaque fois que son père Abd-el-K'ader revoit son vieil ami Remdhan, il ne le salue que par une bordée d'injures affectueuses, celles-ci par exemple :

— Eh ! bien, mécréant ! Tu manges toujours du sanglier ? Tu ne crois ni en Dieu, ni au Prophète, ni à la vie future ? Par Allah ! nous rirons bien quand nous te verrons rôtir dans les flammes de la géhenne !

Lui, bon prince, sachant de quelle manière on calme les ardeurs monacales, répond, le sourire aux lèvres :

— Tu as déjà fini ? Continue encore ! Ne te lasse pas de m'insulter, car nous savons que si les Oulad Znagui nous maltraitent en face, ils nous défendent par derrière ; tandis que les Oulad Zerrouk'i, qui n'ont à la bouche que paroles mielleuses en notre présence, nous déchirent lorsqu'ils sont loin de nous.

Et, se moquant à son tour de son interlocuteur, il ajoute, avec une mine déconfite :

— Cher ami, tu viens bien tard ! La ziara est déjà distribuée. Il ne reste plus dans la tribu que des moutons étiques. Il n'y aura rien, absolument rien à te mettre sous la dent cette année. Pauvre Sidi Abd-el-K'ader, que je te plains !

— As-tu bientôt fini toi-même, ennemi de Dieu et du Prophète ! hurle Abd-el-K'ader ? S'il en est ainsi, et si tu ne me donnes pas tes plus beaux béliers, je cours dévoiler le pot-aux-roses, et je proclame dans tous les pays d'Islam que nous, les petits-fils de Sidi Ah'med ben Youssef, nous avons menti pendant de longs siècles en prétendant que les Zkara sont musulmans ; et je dirai la vérité, et je crierai partout que vous n'êtes tous que des Infidèles fils d'Infidèles, des Chrétiens fils de Chrétiens, des Juifs fils de Juifs !

Ainsi plaisantent les deux amis, le libre penseur ne songeant pas un seul instant à se soustraire à l'aumône obligatoire, le mahométan étant à mille lieues de penser à mettre à exécution ses menaces.

En résumé, sauf la déférence banale qu'ils accordent à des gens avec lesquels il serait dangereux de se brouiller, on peut affirmer que les Zkara se comportent avec leurs marabouts-protecteurs comme ils ont l'habitude de le faire avec les autres sectateurs de Mahomet. De leur côté, les Oulad Sidi Ah'med ben Youssef — nous parlons surtout ici des *Oulad Znagui* — savent si bien à quoi s'en tenir sur l'anti-islamisme des Zkara, qu'ils ont renoncé depuis longtemps à entreprendre leur conversion. Ils font mieux que de fermer les yeux sur l'*athéisme* de leurs hôtes, (— ils croient que les Zkara sont athées, —) ils sont devenus eux-mêmes, par suite de l'éducation et de la vie passée en commun, des demi-Zkara, peu ferrés sur le dogme, et d'une tiédeur islamique à faire bondir au plafond d'une mosquée l'un des bouillants docteurs de la loi que nous eûmes le plaisir de voir il y a quatre ans dans la capitale du Maroc (1).

— J'ai passé les vingt premières années de mon existence au milieu de mes amis Zkara, nous disait le marabout Ali ; et, comme eux, Dieu me pardonne, je ne croyais ni à Dieu, ni au diable, ni au paradis, ni à l'enfer. Je ne suis devenu musulman que pendant le séjour d'une huitaine d'années que j'ai fait en Algérie au milieu des Arabes.

Quelle ironie ! L'Algérie servant de succursale aux séminaires islamiques du Magrib !

7. — Légende sur la soumission des Zkara à Sidi Ah'med ben Youssef

Voici ce que racontent les Oulad Sidi Ah'med ben Youssef pour expliquer, d'une façon décente, leur présence et leur influence dans la tribu des Zkara :

« Notre grand aïeul, dont la tombe se trouve à Miliana, disent-ils, avait l'habitude, de son vivant, de voyager beaucoup. Partout où il passait, il faisait éclater sa puissance par de nombreux miracles. Il pénétra un jour sur les terres des Zkara ; ceux-ci voulurent le mettre à mort *parce qu'il était musulman*, mais quand on tira sur lui, aucun fusil ne partit (2).

(1) Cf. *Fez*, page 374 et suivantes.

(2) L'introduction dans les armées françaises des *armes à feu portatives* remonte à la deuxième moitié du XVe siècle. Ces armes, que l'on désignait à cette époque sous le nom de *canons à main* ou de *couleuvrines à main*, n'étaient que de simples tubes en fer forgé, en cuivre ou en bronze, terminés à l'arrière par une queue en fer ou en bois qui permettait de les saisir plus aisément et qu'on plaçait sous l'aisselle ou sur l'épaule. Les *fusils*, que les Zkara braquèrent sur le saint musulman, étaient-ils des *couleuvrines à main* ou des *arquebuses à croc*, ces dernières ayant été inventées peu de temps après les *couleuvrines à main* ? Etait-ce simplement des arcs ? Si nous avions à nous prononcer en un si grave sujet, nous répondrions *oui* à la dernière question.

Alors les Zkara se saisirent du saint, et après l'avoir fortement ligotté avec des cordes et des chaînes, ils le firent entrer dans une maison. A peine les portes de la maison furent-elles refermées sur lui, qu'elles s'ouvrirent toutes seules. Sidi Ah'med ben Youssef sortit de sa prison, sans chaînes, libre, et il continua sa route dans la direction de Fez. Aussitôt les bestiaux et les troupeaux des Zkara, moutons, chèvres, bœufs, chevaux, juments, ânes et mulets vinrent se placer derrière le saint et se mirent à le suivre. Frappés de ce prodige, menacés d'une ruine totale, les fiers Zkara abordèrent Sidi Ah'med et lui dirent :

— Nous et nos enfants, nous sommes et serons tes serviteurs et les serviteurs de tes enfants. Fais de nous ce que bon te semblera. Emmène-nous en esclavage si tu veux, mais laisse-nous notre religion, car *nous ne sommes pas musulmans et nous ne le serons jamais.*

Le saint consentit alors à leur rendre leurs troupeaux et il resta plusieurs jours parmi eux. Il essaya de les instruire dans sa religion, mais s'étant convaincu que c'était une besogne au-dessus de ses forces, il les quitta, dégoûté, écœuré qu'il était par leur impiété. De là, Sidi Ah'med se rendit chez les *Heouara*, et il en fit ses serviteurs religieux. Il alla ensuite chez les *Oulad Aïssa*, dans la tribu des *R'iatha*, près de Taza. Les *Oulad Aïssa* devinrent également ses serviteurs religieux ».

. . . .

. . . .

La légende s'arrête là. C'est dommage, parce que, si elle eût continué, elle nous aurait montré sans doute Sidi Ah'med ben Youssef visitant successivement toutes les tribus affiliées au *Zkraouisme* et les décidant, par on ne sait quelle puissante fascination, à imiter la tribu-mère et à se ranger sous son autorité politique.

Autorité politique, disons-nous. Ne faudrait-il pas plutôt écrire *autorité morale*, quand il s'agit d'un homme dont la spécialité était de se faire aimer par les libres penseurs de son temps ?

Les Oulad Aïssa, des R'iatha, qui reçurent la visite du saint, professent en effet les mêmes doctrines anti-musulmanes que les Zkara. Nous savons d'autre part, d'une façon certaine, que d'autres tribus anti-musulmanes, dont nous avons divulgué les noms et la position géographique, sont également protégées par des marabouts mahométans de la lignée de Sidi Ah'med ben Youssef. Enfin, ce n'est un secret pour personne que les Beni-Znassen, les Mehaya, les Sedjaâ et plusieurs autres groupes orthodoxes de la Dhahra ont en suspicion et n'estiment que très peu les marabouts-protecteurs des Ẕkara, qu'en désespoir de cause ils accusent d'avoir usurpé le titre de descendants de Sidi Ah'med ben Youssef, titre auquel ils n'auraient suivant eux aucun droit.

Pour toutes ces raisons, nous concluons que le patron de Miliana, qui est aussi le patron de nos tribus anti-musulmanes, n'a pas été le musulman fanatique et orthodoxe que l'on croit. Il aurait été plutôt, selon nous, un inquiétant *Janus religieux à double face :* — la face tournée vers les Mahométans, toujours refrognée, grimaçante et grondante, tandis que celle qu'il laissait voir aux Incrédules respirait la bonté, la douceur, la tendresse d'un père pour les vrais fils de son cœur et de son âme.

IX

ORGANISATION POLITIQUE et ADMINISTRATIVE des ZKARA

1. — Le caïd, les cheikhs et les impôts

Il n'y a qu'un caïd pour toute la tribu : c'est le vieux Remdhan ould Amor ben Mansour (— *ould Mouh'ammed ben Remdhan*, pour les Musulmans —). Malgré son grand âge, — 80 ans passés, — Remdhan est encore un des meilleurs cavaliers des Angad et l'un des chefs politiques les plus fins de la Dhahra.

Il a pour lieutenant (*khlifa*) son fils aîné Belaïd, qui a une quarantaine d'années, et qui est, dit-on, très intelligent et très actif.

Au-dessous du caïd et du khlifa, il y a 34 cheikhs[1] qui sont les subordonnés et les collaborateurs du caïd.

Nul ne peut être caïd, khlifa ou cheikh des Zkara, s'il n'est de la tribu et s'il ne professe, publiquement ou secrètement, le *zkraouisme*. Cette condition *sine qua non* a été appliquée jusqu'ici avec une rigueur absolue, parce que les Zkara sont fondés à croire que si un musulman devenait caïd ou cheikh chez eux, il ne manquerait pas de les dénoncer au Sultan comme ne pratiquant pas l'Islamisme.

Le caïd est élu par les *djemaâ* (assemblée des notables.) Il y a autant de djemaâ qu'il y a de cheikhs. Les cheikhs sont les présidents naturels de leurs djemaâ respectives. Le caïd est libre de nommer qui bon lui semble aux fonctions de cheikh, mais il accepte d'habitude les candidats des djemaâ.

Quand les circonstances politiques sont favorables à la Cour de Fez et que le prestige du Sultan n'est pas trop bafoué dans le Blad es-Siba, les Zkara font un semblant de soumission au pouvoir central en faisant approuver l'élection de leur caïd.

(1) Voir le tableau complet des douars, des cheikhs et des villages à la fin de notre étude.

Le sultan ratifie presque toujours le choix des djemaâ; il expédie ensuite un cachet et un burnous d'investiture au nouvel élu, et il se désintéresse complètement de la tribu dont il n'a plus à attendre que les traditionnels *cadeaux annuels*.

Chaque année, une première fois vers le milieu du printemps, une autre fois après le dépiquage, le caïd des Zkara prélève, par l'intermédiaire des cheikhs, ce qu'il appelle *des cadeaux pour le Sultan*. Chaque cheikh impose alors à ses administrés une redevance qui oscille entre 10 et 50 francs par tente, suivant l'état de fortune du contribuable. Les cheiks sont exempts de cette taxe et le caïd donne à chacun d'eux, après le recouvrement des cadeaux, une cinquantaine de francs pour les récompenser de leur peine. De plus, lorsqu'il y a à héberger des Arabes ou des Zénètes, qui viennent avec des goums de 50 à 100 cavaliers dans le but d'engager les Zkara à prendre part à quelque expédition guerrière contre telle ou telle tribu, les cheikhs sont exemptés de participer aux frais souvent considérables qu'entraînent ces réceptions.

Sur les 50,000 francs par an environ qui sont versés dans les caisses du caïd sous l'étiquette de *cadeaux du Sultan*, ce chef n'expédie à Fez que mille francs en numéraire et un beau cheval valant à peu près autant. Il garde le reste des redevances, dont une partie lui sert à acheter tous les ans l'amitié des quatre cheikhs les plus influents des Beni-Znassen, et il dépense dans ce but de 20,000 à 25,000 francs. Les cheikhs des Beni-Znassen distribuent une partie de cet argent à leurs principaux partisans en leur faisant connaître la raison et l'origine. C'est de cette façon que les Zkara acquièrent, à prix d'or, une paix et une sécurité relatives au milieu des tribus mahométanes de la Dhahra, les Beni-Znassen leurs alliés étant de beaucoup supérieurs numériquement à n'importe quel autre groupe arabe ou berbère des Angad.

Une autre fraction des impôts dits *cadeaux du Sultan* sert à alimenter le « trésor de guerre » et l'« arsenal » des Zkara, trésor et arsenal qui se trouvent dans le borj du caïd et que celui-ci administre à sa guise, sans rendre de comptes à personne. Des évaluations assez précises nous permettent de fixer entre 1500 et 2000 les Remingtons que Remdhan détient chez lui, et à une centaine de mille le nombre des cartouches. Ceci n'est qu'un fond de réserve, auquel on ne touche pas, et que l'on n'utiliserait qu'au cas peu probable où la contrebande des armes de guerre viendrait à être interrompue du côté de Mlilya, car chaque Zkraoui doit être muni, à ses frais, d'un fusil au moins et d'un grand nombre de cartouches.

---

2. — Droit pénal

Le caïd est l'autorité dirigeante de la tribu : c'est le chef omnipotent qui peut disposer dans leur plénitude des pouvoirs politiques, administratifs et judiciaires. Ses arrêts sont souverains, et il les fait exécuter lui-même dans la forme qu'il lui plaît.

Les Zkara, par l'organe de leurs djemaâ, ont abdiqué entre les mains d'un seul homme le droit qu'ils auraient, en leur qualité de communauté indépendante, de s'administrer eux-mêmes, ou de n'avoir aucune administration, à l'instar des autres tribus insoumises du Blad-es-Siba. Ils ont préféré cependant se donner un autocrate, parce qu'ils savent que celui-ci, loin d'abuser de sa puissance, en usera à la manière d'un père envers ses enfants. Il ne faut pas oublier, en effet, que les Zkara se considèrent tous comme les membres d'une seule et même famille, et que l'élévation de l'un d'eux au poste de caïd n'est que la consécration officielle des qualités multiples et éminentes que le nouveau chef avait eu maintes fois l'occasion de déployer dans sa vie privée ou dans des fonctions subalternes.

Empressons-nous d'ajouter que le caïd a très rarement l'occasion de faire usage de ses prérogatives administratives et judiciaires parce que la criminalité est chose à peu près inconnue chez les Zkara. Lorsque, par le plus grand des hasards, un vol ou un meurtre ont été commis, le cheikh du douar du délinquant prévient le caïd. Celui-ci emprisonne le coupable dans une des chambres de son borj, et après lui avoir fait subir un ou deux ans de prison, il l'oblige à donner satisfaction à ses victimes au moyen d'une certaine somme d'argent. La peine de mort n'est donc pour ainsi dire jamais appliquée.

— « Le sang des Zkara est trop rare et trop précieux pour être versé sans une nécessité inéluctable. »

Telle est la devise du caïd Remdhan.

Afin de ne pas être obligé de punir de la peine capitale l'auteur volontaire d'un meurtre, on a établi le règlement suivant concernant la *diya* (prix du sang). Nous y ajouterons les autres réparations pécuniaires pour coups et blessures volontaires :

1° — Pour un homme tué, le montant de la diya à donner à la famille du défunt est de 250 *dourous*, soit 1250 francs [1].

2° — Le meurtre d'une femme coûte plus cher que celui d'un homme : on est tenu de le payer 300 *dourous*, 1500 francs, (250 francs de plus que celui d'un homme !) C'est le seul exemple que nous connaissions de la prééminence légale du sexe faible sur le sexe fort, aussi bien chez les Musulmans que chez les Chrétiens du reste.

3° — Le meurtre des enfants est assimilé à celui des grandes personnes, y compris le privilège féminin signalé ci-dessus.

Les coups et les blessures volontaires se payent également :

1° — Crever un œil à un homme coûte 125 *dourous*, (625 francs ;) lui crever les deux yeux, c'est comme si on l'avait assassiné et la compensation pécuniaire s'élève alors à 250 *dourous*, (1250 francs.)

2° — On doit donner à la femme que l'on a éborgnée 150 *dourous*, (750 francs, — soit 125 francs de plus qu'à l'homme victime du même malheur ;) — crever les deux yeux d'une femme, la rendre aveugle par conséquent, crime assimilé au meurtre, entraîne le versement de 300 *dourous* (1500 francs.)

3° — Même application des tarifs pour les enfants mineurs des deux sexes.

4° — Une dent cassée volontairement à autrui, homme, femme ou enfant, est estimée 50 francs.

Quant aux blessures qui affectent les autres parties du corps, le caïd a institué à leur sujet les règles suivantes :

1° — Autant de jours d'incapacité de travail, autant de jours pendant lesquels l'auteur de la blessure doit assurer la subsistance du blessé et celle de sa famille. La djemaâ alloue

(1) N'oublions pas que c'est la *monnaie espagnole* seule qui a cours chez les Zkara et parmi toutes les autres tribus marocaines voisines de notre frontière.

dans ce cas le numéraire ou les vivres qu'elle juge convenables ; par exemple : — 1 fr. de thé, 1 fr. 25 de sucre, 1 fr. de beurre, 5 kilos de semoule par jour ; 1 livre de bougies par nuit, et 1 mouton pour 6 jours.

2° — Si la maladie provoquée par la blessure a lieu à l'époque des labours ou de la moisson, le coupable est tenu de payer de ses deniers les laboureurs ou les moissonneurs qui travaillent dans le champ de sa victime.

Quand nous aurons dit que le législateur zkarien n'a même pas prévu dans son code la répression du vol, et cela *parce qu'il ne s'en commet jamais entre Zkara*, quand nous aurons répété que la règlementation visant les meurtres et les blessures n'est qu'une charte théorique qui est restée inappliquée jusqu'ici parce que de mémoire de vieillard *jamais un Zkraoui n'a tué ou blessé volontairement l'un de ses compatriotes*, quand nous aurons fait remarquer enfin que ce qui constitue l'originalité du régime pénal chez les Zkara c'est l'absence de la loi barbare du talion islamique, alors nons pourrons clore ce chapitre en disant que pour retrouver une société aussi humaine et aussi équitable que la société zkarienne, il faut la chercher, non parmi les hordes à demi civilisées qui peuplent nos possessions africaines, mais chez les nations les plus policées de la terre.

X

SOCIOLOGIE ZKARIENNE

1. — Enfance. — Éducation

Nous prendrons l'enfant le jour de sa venue en ce monde, nous le verrons grandir, nous l'observerons dans les diverses manifestations de sa vie publique et privée, et puis nous l'accompagnerons à sa dernière demeure, aux portes du noir tombeau qui est pour le zkraoui le laboratoire qui doit restituer à la nature les éléments dont son corps est composé.

Les accouchements se font avec l'assistance d'une sage-femme. Si le nouveau-né est un garçon, immédiatement une jeune personne pousse des you-you ; un homme tire un ou deux coups de fusil, et c'est tout. Lorsque l'enfant est du sexe féminin, il n'a droit à aucune de ces petites marques d'allégresse. L'on aurait tort de croire, malgré cela, que les Zkara ont assez d'étroitesse d'esprit pour préférer les garçons aux filles. Ils ne partagent nullement en vérité le préjugé des Mahométans qui considèrent la naissance d'une fille comme un événement honteux dont ils rougiraient de faire part à leurs amis et connaissances. Ils subissent simplement le joug de l'usage et de la tradition qui veulent que l'on fasse entendre quelques cris stridents et que l'on tire un ou deux coups de fusil pour annoncer qu'un petit zkraoui vient de voir le jour pour la première fois.

Au bout du second ou du troisième jour seulement, on donne un nom à l'enfant (1). Celui-ci sera libre plus tard de relier sa filiation soit à son père, soit à sa mère. Ainsi, notre Rousmi nous disait qu'il n'avait dépendu que de lui de s'appeler *Remdhan n* (2) *Mariem* (Remdhan fils de Mariem, *Mariem* (Marie)

(1) On n'a qu'à feuilleter un peu les pages de ce livre pour y trouver de nombreux échantillons de noms propres zkariens.

(2) *n* est une particule berbère signifiant *de*. Placée entre deux noms propres, elle a le sens de *fils de*.... *fille de*....

étant le nom de sa mère), au lieu de *Remdhan n Moussa* (Remdhan fils de *Moussa* (Moïse) qui est le nom de son père.

Pour des motifs que nous indiquerons au chapitre relatif au *Mariage*, il arrive assez souvent qu'il est plus logique que l'enfant adopte le nom de sa mère et rejette le nom de son père légal lorsqu'il commence à être renseigné sur les circonstances qui ont présidé à sa procréation. Quant aux enfants naturels, ils ne peuvent faire autrement que de se dire *fils* ou *fille d'une telle*. Exemple : *Ali n Fadhma* (Ali fils de Fatma).

On peut ajouter, et cela se fait fréquemment, le nom de l'aïeul au nom du père ou de la mère. Exemple : *Ali n Ah'med n Moussa* (Ali fils de Ah'med fils de Moussa). *Fadhma n Mariem n Aïssa* (Fatma fille de Mariem fille de Aïssa.)

Les mères allaitent elles-mêmes leurs enfants. Si elles n'ont pas de lait, elles les confient à des nourrices bénévoles qui sont d'habitude leurs proches parentes, sœurs, belles-sœurs, cousines. La durée de l'allaitement est à peu près d'un an et demi. En cas de grossesse, le sevrage a lieu plus tôt. Filles et garçons grandissent et jouent ensemble jusqu'au moment où ils sont assez forts pour rendre des services. Alors le père, s'il est pauvre, fait de son petit garçon un berger, et plus tard un laboureur ; s'il est riche, il le laissera à la maison ou sous la tente à ne rien faire.

Les petites filles restent chez elles pour aider leurs mères dans les travaux du ménage. Il est peut être utile de répéter encore une fois que les jeunes filles, ainsi que les femmes mariées, ne se voilent le visage qu'en présence des Musulmans, à l'exception de ceux de leurs marabouts-protecteurs des Oulad Sidi Ah'med ben Youssef qu'elles connaissent de longue date. Avec les jeunes gens et les hommes de leur tribu, il n'y a pour elles nulle contrainte, nulle obligation de se cacher, de se couvrir la figure et de simuler une pudeur qui ne saurait d'ailleurs donner le change à personne. Elles sortent le visage découvert, elles peuvent causer avec les hommes, pourvu qu'ils soient Zkara, elles peuvent aussi les recevoir chez elles en visite, absolument comme cela se pratique chez les Européens, et enfin — surprise accablante pour ceux qui persistent à croire que les Zkara sont mahométans, — elles dansent dans les bals, car elles ont des bals, avec n'importe lesquels de leurs compatriotes, et cela en présence de leurs pères, de leurs mères, sœurs, maris et frères, qui eux-mêmes se livrent à ce plaisir avec d'autres femmes ou jeunes filles de la tribu. Un abîme social et religieux sépare, on le voit, la musulmane cloîtrée, voilée, superstitieuse et fanatique, de la libre penseuse zkarienne anti-musulmane dont les mœurs et la grande liberté d'allures ressemblent étonnamment à ce que nous avons d'analogue dans notre monde européen.

De parti pris, les Zkara ne font donner aucune instruction à leurs enfants. Apprendre à lire et à écrire la langue du Coran étant considéré par eux comme un crime de *lèse-zkraouisme*, il n'est pas étonnant que les études arabes soient le monopole des Oulad Sidi Ah'med ben Youssef et de quelques individus qui se prétendent convertis au Mahométisme et qui ont élu domicile dans les douars islamisés des *Oulad Rabah'* et des *Mh'afidh*.

Le rousmi Remdhan assure que l'interdiction des études ne concerne que la langue arabe et que le jour où ses concitoyens pourront se familiariser avec le français et lire les ouvrages de nos bons auteurs, sans s'exposer aux persécutions mahométanes, ce jour-là, Rousma, Zkara, hommes, femmes et enfants prendront le chemin de nos écoles et rivaliseront avec nous de zèle scientifique afin de devenir comme nous savants et indépendants.

Il n'existe pas, et pour cause, de statistiques judiciaires qui pourraient nous offrir des chiffres officiels indiquant, même approximativement, l'état moral d'une tribu marocaine qui a eu la prudence de s'envelopper dans le plus profond des mystères pour éviter l'islamisation forcée ou l'anéantissement brutal. Désireux d'étudier le caractère de ces libres penseurs si sociables et si sympathiques, nous avions éprouvé la crainte, au début de nos travaux, de nous être laissé entraîner à une exagération par trop grande des belles qualités que les Zkara, semblables en cela à tous les mortels, s'attribuent volontiers quand on les interroge sur leurs principes moraux. Leurs appréciations, trop intéressées pour être admises sans contrôle, demandaient à être soumises à une critique sévère. Il n'en était pas de plus sévère, l'on en conviendra, que celle de leurs ennemis mortels les Musulmans, et voici que cette critique musulmane a confirmé sur la plupart des points les dires des Zkara.

Ce ne fut pas, on le pense bien, sans une extrême surprise que nous entendîmes les partisans du Prophète vanter les caractères moraux de leurs antagonistes religieux et déclarer que les Zkara ont la réputation méritée d'être des hommes sincères, ennemis du mensonge, fidèles observateurs de la foi jurée.

Ces belles et rares qualités sont dues à l'excellente éducation que reçoivent les enfants Zkara. Dès leur bas âge, on leur apprend rudement à ne pas mentir et à ne rien dérober à autrui. Quand un délit de ce genre a été commis, une maîtresse correction est infligée au bambin qui s'en est rendu coupable; de sorte que celui-ci, fortement tancé chaque fois qu'il porte préjudice à ses semblables en actes ou en paroles, s'habitue peu à peu à dire toujours la vérité et à respecter le bien des autres. Devenu grand, il sera un honnête homme, dans toute la force du terme, et *sa parole vaudra de l'or en barre : — Kelma zkraouia d'eheb*, comme disent les Arabes de la Dhahra.

Cette éducation, véritablement admirable si l'on se rappelle qu'elle est en honneur chez des non-civilisés, ou prétendus tels, serait-elle une survivance d'une ancienne religion aujourd'hui éteinte et totalement oubliée? Serait-elle au contraire le produit spontané de l'instinct de sociabilité de ces non-civilisés? La première hypothèse n'a rien d'impossible. Quant à la seconde, elle semble probable si l'on veut bien admettre avec Guyau que « les lois morales sont en grande partie l'expression des nécessités mêmes de la vie sociale et que la généralité de certaines règles tient à l'uniformité des conditions de la vie sur la surface du globe ». (1)

2. — Circoncision

Que les partisans des religions révélées ne se hâtent pas de triompher et de s'écrier : — Voyez! Les Zkara ont la circoncision! Ce sont donc des Musulmans ou des Juifs, peut-être même des Chrétiens. (2)

D'abord, tous les Zkara ne sont pas circoncis, et puis ceux qui le sont n'ont consenti à cette opération que par mesure de

(1) Guyau. *L'Irréligion de l'avenir.*
(2) On sait que l'Église chrétienne d'Abyssinie impose encore à ses fidèles beaucoup d'usages juifs : la *circoncision*, la célébration du sabbat, l'interdiction de certaines viandes, etc.

prudence, pour éviter des dangers mortels en pays d'Islam où on les force assez souvent à exhiber les preuves du baptême au sécateur cher aux disciples de Moïse et de Mahomet. Ils prétendent aussi, avec raison, que si le Sultan venait à réclamer la présence à Fez de quelques-uns de leurs compatriotes afin de se rendre compte *de visu* si l'ablation du prépuce est d'une pratique aussi courante qu'islamique dans leur tribu suspecte d'athéisme, ils prétendent, disons-nous, que le sultan ne manquerait pas d'ordonner le massacre de la tribu entière s'il s'apercevait que les Zkara sont des incirconcis, par conséquent des impurs, des mécréants, des maudits, dont il faut purger sans retard le sol sacré du Magrib.

Cette opération répugnante n'est l'occasion, cela va sans dire, d'aucune cérémonie, d'aucune solennité. Les Rousma sont trop intelligents et trop philosophes pour approuver cette sanglante comédie et à plus forte raison pour y jouer le plus petit rôle eux-mêmes. C'est un individu quelconque qui coupe le prépuce et le jette au vent. Les parents ont soin cependant, avant de faire subir cette torture à leur enfant, de s'excuser auprès de lui et de lui dire en znatia :

— *Arouah', a oulidi. El-ouaâd' khek ouaad'en Ouaraben, ma chi l-ouaad'er-Rebbi ; el-ouaâd' Ouâraben. Ad'ak ik'eçç thajer'lalt.*

— Viens, ô mon fils. Ce sont les Arabes qui t'infligent ce supplice ; ce n'est pas un supplice (ordonné) par Dieu [1], c'est un supplice infligé par les Arabes [2]. (Cet homme) va te couper le prépuce.

Achevons cet insipide chapitre par deux détails qui ont quelque intérêt : — c'est entre 10 et 15 ans que les jeunes garçons subissent l'amputation précitée ; — cette amputation n'est pas d'un usage absolument général ; il y a des Zkara qui s'en dispensent et c'est une des raisons qui font que ces indigènes enlèvent toujours leurs morts sur les champs de bataille, « afin que les Mahométans ne puissent avoir sous les yeux les preuves *palpables* de leur anti-islamisme. »

---

(1) Ils ne prononcent la phrase : « *ce n'est pas un supplice ordonné par Dieu,* » que si un musulman est présent, — « parce que nous ne savons pas s'il y a un dieu ou s'il n'y en a pas, » ajoutait le rousmi Remdhan de qui nous tenons ces détails.

(2) *Arabes* est mis ici pour *Mahométans.*

3. — Mariage

L'*endogamie*, c'est-à-dire l'interdiction de se marier en dehors de la tribu, est une règle, en ce qui concerne les unions matrimoniales avec les Musulmans tout au moins, qui ne souffre pas d'exceptions. La haine et le mépris de la religion mahométane, que les Zkara sucent avec le lait de leurs mères, suffisent à expliquer l'horreur insurmontable que leur inspire la seule pensée d'un accouplement quelconque avec les sectateurs de celui qui a osé dire que *la guerre sainte pour la cause de Dieu était l'œuvre la plus méritoire après la foi en Dieu et en son Prophète* (1).

Nous avons déjà dit, et nous croyons utile de redire ici, que le plus grand crime que puissent commettre un homme et une femme zkara est de s'unir, légalement ou autrement, avec les Mahométanes et les Mahométans. Ces derniers, quand ils sont au courant des mœurs zkariennes, s'amusent de cette monomanie et ils prennent un malin plaisir à taquiner les Zkara en leur demandant leurs filles en mariage. De leur côté, les mouquères dépravées de l'Islam, à Oujda principalement, essayent d'ensorceler ceux des Zkara qui se rendent en assez grand nombre dans cette ville pour y faire leurs emplettes.

— O Zkraoui, disait l'une d'elles au rousmi Remdhan qui passait un soir devant sa porte, entre..... tu ne payeras rien.

Il lui répondit avec mépris :

— Tu m'offrirais une chambre pleine de louis d'or, et ta personne avec, que je n'accepterais pas.

Au sujet de l'importante question des mariages mixtes entre

---

(1) Paroles de Mahomet extraites des *Traditions islamiques* « d'El-Boukhari », livre de chevet des fanatiques, livre presque aussi vénéré par eux que le Coran lui-même.

Voici le texte arabe de cette épouvantable excitation au massacre des non-musulmans :

قيل ان رسول الله سئل اي العمل افضل
قال ايمان بالله ورسوله قيل ثم ماذا
قال الجهاد في سبيل الله

(Tome I, page ٨ de l'édition du Caire, ١٣٠٤ de l'hégire).

Le premier volume de la traduction du grand ouvrage « d'El-Boukhari » a paru l'an dernier. (Leroux, éditeur, Paris). Nous croyons n'être que juste en disant que les traducteurs, Houdas et W. Marçais, ont droit à la reconnaissance du public français et européen pour avoir mis à sa portée un livre qui, mieux que le Coran, reflète à chaque page ce que la conscience et la mentalité islamiques ont de plus sincère et de plus secret.

Zkara et Chrétiens, et entre Juifs et Zkara, le rousmi Remdhan déclarait que ces sortes d'union ne s'étant jamais produites jusqu'à présent, il y aurait lieu, pour eux Zkara, de s'assurer, avant de faire une réponse affirmative, si les Juifs et les Chrétiens pratiquaient la même religion (*din*) que les Zkara, c'est-à-dire s'ils étaient libres penseurs, sceptiques et anti-musulmans comme eux. Mais nous croyons savoir que cette question a été résolue affirmativement, et plusieurs fois déjà, par les travailleurs Zkara qui viennent louer leurs bras en Oranie et qui n'éprouvent aucune répugnance, paraît-il, à avoir des rapports intimes avec les juives et les européennes qui ont jeté leurs bonnets par-dessus les moulins.

Les Zkara sont monogames. Ils n'admettent pas non plus l'entretien de concubines libres ou esclaves. C'est une nouvelle preuve qu'ils n'appartiennent ni au Mahométisme ni au Judaïsme. Ils peuvent en outre se marier à des degrés de parenté très rapprochés, ce qui les classe encore en dehors des doctrines mahométanes. Il leur est défendu seulement d'épouser leurs mères et leurs sœurs [1]. A l'exception de ces deux cas, les unions sont autorisées entre oncles et nièces, beaux-frères et belles-sœurs, gendres et belles-mères, beaux-pères et belles-filles, frères et sœurs de lait, cousins et cousines germaines. Par suite de l'endogamie qui existe chez eux depuis des siècles, on conçoit aisément que tous ces indigènes sont maintenant consanguins et que les liens de cette parenté matérielle ne font que se resserrer sans cesse au point qu'il n'y a nulle métaphore à présent de leur part à s'appeler entre eux *frères et sœurs*.

Le mariage par achat est la règle générale. Mais cet achat profite surtout à la mariée, ainsi qu'on le verra plus loin. Le consentement de la femme est absolument obligatoire ; on peut dire même que c'est la femme qui choisit presque toujours son futur mari et que rares sont les unions qui n'ont pas pour base l'amour réciproque des deux conjoints [2].

---

(1) Voir page 45 ce qui a été déjà dit au sujet des mariages entre les Rousma et les simples Zkara.

(2) Il y a quelques petites filles de *grande tente* que l'on marie à 7 ou 8 ans ; c'est une exception dont il ne faudrait pas tirer des conclusions trop sévères, attendu, paraît-il que la consommation du mariage ne peut avoir lieu qu'après l'apparition des menstrues.

Les garçons se marient entre 16 et 20 ans, sauf les *maris-nourrissons* dont il sera question ci-après.

Ce n'est pas sans un grand étonnement que l'on retrouve parmi ces incultes montagnards des Angad la douce poésie de nos fiançailles européennes. Élevés à l'air fortifiant des champs et de la campagne, libres de se voir et de se parler, les jeunes gens et les jeunes filles ne tardent pas à voir naître entre eux des affections profondes. Ils se déclarent d'abord mutuellement leur flamme et puis ils avertissent leurs parents de leurs projets d'union. On sait alors qu'ils sont fiancés et on leur permet de se promener seuls, en tête-à-tête, de jouer ensemble, et nul ne s'offusque des nombreux baisers que les amoureux se donnent en présence comme en l'absence des auteurs de leurs jours.

Voici maintenant venu le moment d'aborder officiellement la question matrimoniale.

C'est à ce moment qu'interviennent les Rousma.

Le fiancé va prier l'un des plus vieux personnages de cette caste d'aller demander pour lui la main de la jeune fille qu'il aime et dont il est aimé. Le vieillard, accompagné d'un ou deux de ses collègues également très âgés, s'en va trouver le père de la fiancée et il lui dit en znatia :

— *A Aïssa, ouchch illi k i Moussa ; k'ai gaâ achek'teth.*

— O Aïssa[1], donne ta fille à Moussa[1] ; il en est très amoureux.

Alors le père [2] va consulter sa fille. Si elle accepte, il retourne rendre la réponse au Rousmi et il fixe lui-même la somme qu'il exige de son futur gendre : — de 200 à 250 francs, si le jeune homme est pauvre ; de 500 à 1,500 francs s'il est riche. — Cet argent sert en grande partie à la fiancée qui a à s'acheter des vêtements, des bracelets, tables, bancs, lits, tapis, etc ; elle emportera même pour les besoins de son nouveau ménage une certaine somme de son douaire si son mari est par trop gêné, de sorte que le père ne peut guère retenir pour lui qu'une faible portion de ce qu'a versé le gendre, le *quart à peu près.*

Ce qu'il y a de plus curieux dans les mariages zkariens, c'est qu'ils sont dépourvus des formalités religieuses et légales, des

(1) *Aïssa* (Jésus), nom propre d'homme, pris ici comme exemple de nom propre seulement, qu'on ne s'y trompe pas. Il en est de même de *Moussa* (Moïse).

(2) A défaut du père, c'est le tuteur, grand'père, oncle ou frère aîné de la jeune fille, à qui la demande en mariage est adressée.

cérémonies, obligations et manifestations bruyantes qui se produisent à cette occasion chez les Mahométans, les Juifs et les Chrétiens. Ni repas de noces, ni salves de coups de fusil, ni you-you, ni solennité d'aucune espèce, rien, pas même la banale constatation par témoins que X épouse Y (1). C'est la simplicité de l'état social des premiers âges de l'humanité.

Au jour et à l'heure qu'il lui plait, le jeune Zkraoui s'en va seul, sans amis, chercher chez elle sa fiancée. Il dit simplement à ceux qui se trouvent là :

— Nous allons chez nous.

Et le couple part à travers la brousse, lui et elle seulement, dans un grand enlacement des bras, avec des rires et des éclats de voix qui font s'envoler autour d'eux les petits oiseaux craintifs, seuls témoins de leur joie. Ils prennent le chemin de l'école buissonnière, et quand, sur le tard, ils arrivent à la tente, ils y trouvent généralement les parents du jeune homme, quelquefois des voisins, avec lesquels on cause, on boit et l'on mange, si l'on a faim. Familière avec les êtres et les choses qu'elle connait déjà depuis longtemps, la fiancée se sent chez elle ; elle sort, elle parle aux hommes, aux femmes et aux enfants qu'elle rencontre, elle rentre ensuite dans la tente pour en ressortir un instant après. Sans sa robe rouge toute neuve et les beaux atours qui la parent, on pourrait croire qu'elle n'assiste pas à son propre mariage et que ce jour-là est pour elle un jour comme un autre.

A la tombée de la nuit, on se réunit autour d'une table, en famille selon l'usage, sans qu'il y ait un plat de plus qu'à l'ordinaire.

. . . .

Tout à coup, entre neuf et dix heures du soir, un étranger arrive et pénètre sous la tente, dans le compartiment réservé aux mariés. Il s'accroupit sur le tapis, ou, pour mieux dire, sur le lit de la jeune femme. Il n'a rien dit à personne, il est aux aguets, il semble attendre une proie . . . .

. . . .

— Quel est cet homme et que veut-il ?

(1) Le douar *islamisé* des Oulad Rabah' et certains douars des Akkmen, voisins des Arabes, imitent ceux-ci et font parler la poudre les jours de mariage. On va chercher la mariée, on la fait monter sur une jument et on l'amène, voilée, à la demeure de son futur.

Si vous écoutez les musulmans, ils vous diront :

— Cet homme est un *Ṛousmi.* Il est chargé, en vertu d'une loi zkarienne inflexible, de prendre la virginité de la nouvelle mariée, et il reçoit pour ce ministère 5 francs du mari et 5 francs du père de la vierge. . . . .

Si le fait est exact, le *droit du seigneur,* autrement dit le droit de prélibation, de marquette, de cuissage, de culage ou de jambage, qui a persisté en Europe jusqu'à la fin de l'époque féodale et qui existe encore chez les Cafres et chez les Tabous du Nouveau Monde où il est exercé, soit par le cacique soit par le prêtre, le *droit du seigneur,* disons-nous, serait encore en usage chez les Zkara !

Mais gardons-nous bien d'oublier que les Mahométans ont l'imagination féconde et qu'il ne leur coûte rien d'inventer d'odieuses calomies lorsqu'il s'agit de déshonorer leurs ennemis religieux[1]. En Algérie, n'ont-ils pas fait passer pendant longtemps nos bals et nos soirées mondaines pour des réunions d'infâme débauche ? Nous verrons bientôt se reproduire cette calomnie arabe à propos des bals Zkara.

. . . .

. . . .

— Ami Remdhan, dis-moi franchement la vérité sur cette première nuit des épousailles zkariennes, dont les sectateurs du Prophète de La Mecque font tant de gorges chaudes.

Et l'homme de la tradition, le rousmi qui était fier d'appartenir à une caste où l'on ne sait pas mentir, voulut bien répondre à notre question et soulever pour nous le voile qui cache aux yeux des profanes la troublante soirée nuptiale des Zkara. Voici sa version ; nous la donnons, comme celle des Musulmans, sous les plus expresses réserves :

— Quand le jeune homme et la jeune fille se sont avoué leur amour, ils fixent eux-mêmes le jour où doit avoir lieu la consommation du mariage. Le fiancé va trouver alors un Rousmi, celui qu'il veut ; mais ce doit être toujours *un homme*

---

(1) Il y a cependant des Musulmans qui disent que le *droit du seigneur* est exercé chez les Zkara par les Oulad Sidi Ah'med ben Youssef, et ils tirent de cette calomnie les conclusions les plus flatteuses pour leur amour-propre religieux.

très âgé, ayant dépassé 70 ans, sage et vénéré, et il lui dit en znatia :

— *A sidi Aïssa Remdhan, khser' ad' erchler' illis n flan Mariem ; thadjeb iyi. Khser' at erchler'. Arouah' idd en el-Khmis.*

— O sidi Aïssa Remdhan [1], je veux me marier avec la fille de un tel, Mariem ; elle me plaît, je veux l'épouser. Viens dans la nuit de jeudi.

Le Rousmi répond : — *add aser'*. Je viendrai.

La nuit du jeudi arrive. Le vieux Rousmi se met en marche quand il juge que l'on a fini de souper, et il s'achemine lentement vers la demeure des jeunes époux. Si c'est une maison, il pénètre dans la chambre nuptiale ; si c'est une tente, il sait généralement où se trouve le petit compartiment qui est séparé du reste de la tente par des nattes et des tapis, et il s'y introduit n'ayant pour luminaire qu'une bougie qui brûle à terre à ses côtés.

La jeune fille se fait attendre une demi-heure environ. Le fiancé la prend alors par la main, et il la conduit lui-même jusqu'au petit compartiment dans lequel il la fait entrer en lui disant :

— *Rouh'. Ad'ef d'i l-bit.*

— Va. Entre dans cette chambre.

Après avoir dit ces mots, il s'en retourne auprès des autres membres de la famille qui sont restés bien tranquillement à causer à leur place habituelle.

Cependant, la jeune fille est entrée seule dans le petit cabinet. Elle s'asseoit en face du Rousmi, et celui-ci lui dit aussitôt :

— *A Mariem, thellidh tfessded ? Ner' our tefsided ?*

— O Mariem [2], as-tu forniqué ? Ou bien n'as-tu pas forniqué ?

Si elle a *fauté*, — ce cas se présente très rarement, « une fois sur cent mille », nous disait le Rousmi Remdhan, — elle répond :

— *Oua, a sidi. K'ai fesder' ; âchk'er' ij outherras inna yi : « atchem erchler' ». Lakaïn oulek' nemserchal.*

---

(1) Noms propres *pris comme exemple*. Il en est de même de *Mariem* (Marie)

(2) *Mariem* (Marie). C'est le nom le plus répandu. On le donne souvent aux petites filles des meilleures familles. Il y en a beaucoup aussi qui s'appellent *El-R'aliya* (la chère, la précieuse), *H'alima* (la compatissante), etc.

— Oui, seigneur. J'ai forniqué ; j'aimais un homme qui m'avait dit : « Je t'épouserai ». Mais maintenant nous voici mariés.

En effet, quand il y a eu faute, le suborneur épouse toujours la fille dont il a eu la virginité. S'il refusait, il y serait contraint par les djemaâ et le caïd.

Lorsque la fiancée est immaculée — et c'est le cas de beaucoup le plus fréquent, — elle répond :

— *K'ai our fsider' ach.*

— Je n'ai pas forniqué.

Aussitôt après ce court dialogue, le Rousmi se lève et il sort pour annoncer au fiancé et à ses parents le résultat de son enquête [1]. Satisfait d'apprendre que sa future est sans tache, le jeune homme va la retrouver dans sa petite loge nuptiale, et il cueille alors lui-même la fleur d'oranger à laquelle les hommes attachent tant de prix.

En somme, le rôle du Rousmi, dans cette affaire, a été celui d'un confesseur. Remdhan affirme qu'une jeune fille, dépravée et menteuse, et qui aurait péché avec un autre que son fiancé, n'oserait, malgré sa perversité naturelle, mentir au Rousmi qui l'interroge le soir de ses noces. Coûte que coûte, elle lui dira la vérité, et elle ne la dira qu'à lui, parce que mentir à un personnage d'un tel caractère sacré serait se vouer soi-même au mépris général, à la malveillance et au courroux de toute la tribu. Dans ces conditions, le jeune Zkraoui se sent pleinement rassuré contre la malechance d'épouser une fille qui aurait déjà appartenu à un autre homme, et, d'autre part, les demoiselles, sachant que la confession redoutable les attend le premier soir de leur entrée en ménage, veillent, paraît-il, avec un soin infini sur leur vertu.

Liberté entière au lecteur maintenant d'ajouter foi aux paroles de Remdhan lorsqu'il nous dit qu'il y a à peine *une fille sur cent mille* qui ait été souillée avant le mariage, et encore par celui qui est obligé de l'épouser. Quant à celle qui aurait failli avec un autre individu que son fiancé, ce cas ne se serait jamais produit, suivant Remdhan, et cela à cause du

(1) Il n'est tenu de dire *«elle a forniqué»* que lorsque la mariée a avoué avoir appartenu à un autre homme que celui qu'elle épouse. Si c'est le fiancé qui a défloré sa future, le Rousmi n'est pas obligé de divulguer le secret de la confession et il donne alors à entendre aux parents que tout est bien qui finit bien.

scandale effroyable qui éclaterait après la *confession* entre les deux familles intéressées.

Sur notre observation que le *droit du seigneur* était usité jadis en Europe et que le tête-à-tête du Rousmi et de la mariée ressemblait fort à quelque chose d'analogue, Remdhan répondit, sans se fâcher, que la confession nuptiale zkarienne, réduite aux chastes proportions que l'on connaît, pouvait très bien être une survivance (*atténuée* et *améliorée*) d'une antique coutume en usage autrefois chez les Zkara, et identique au *droit du seigneur*, mais dont nul chez eux n'a conservé le moindre souvenir.

— Du reste, ajoutait-il, le grand âge du *Rousmi-Confesseur* écarte toute possibilité de rapprochement intime avec la confessée. Si le confesseur était un jeune Rousmi, peut-être alors ....

Et le pudique Remdhan, rougissant jusqu'au blanc des yeux, n'acheva pas la phrase commencée.

Au moment où nous allions signer le *bon à tirer* des pages précédentes, une nouvelle information, relative aux coutumes nuptiales zkariennes, est venue s'ajouter à la moisson déjà récoltée sur le même sujet. Il s'agit d'une curieuse habitude matrimoniale particulière aux habitants des vallées de l'Ouad Mouit'er et de l'Ouad-el-Kbir (fraction des *Oulad Mh'ammed.*) Ces indigènes, ainsi qu'on le dira plus loin, sont les conservateurs par excellence du *zkraouisme*. A ce titre, ils méritent d'être étudiés avec attention, et chaque fois qu'une divergence quelconque sera relevée entre eux et leurs contribules, on ne devra pas manquer de la signaler, ne serait-ce que dans l'espoir de dissiper un peu les ténèbres profondes qui enveloppent les origines du Positivisme zkarien.

Donc, chez les Oulad Mh'ammed, lorsqu'un mariage a lieu entre un jeune homme et une jeune fille de familles riches, les parents et les amis du fiancé se rendent à pied, au jour convenu, au domicile de la mariée. On fait monter celle-ci sur une jument, en selle arabe et à califourchon, comme un homme. Elle est splendidement vêtue de cotonnade rouge, la couleur préférée des dames Zkara ; sur son visage flotte, au gré du vent, un léger voile de gaze, extrêmement diaphane, qui laisse voir les traits de la jeune épousée. Ce qui est singulier, c'est que, dès qu'elle est en selle, ses nouveaux parents lui mettent à la main un grand roseau dépouillé de ses feuilles. A quelque distance du sommet du roseau est attaché un bâtonnet d'une trentaine de centimètres de longueur, disposé horizontalement, et formant ainsi avec la longue tige une *croix* qui, pour être rustique, n'en est pas moins une *croix*. Les amateurs de parallélisme et les passionnés de l'Evangile trouveront certainement dans ce fait matériel un argument inespéré en faveur de l'antique christianisation possible des Zkara. Nous n'y contredisons point, et cependant nous pourrions objecter que le signe de la croix était connu et employé des centaines de siècles avant la fondation du Christianisme [1], mais ce que nous pouvons affirmer, c'est que les Zkara n'attachent aucune idée, aucun souvenir symbolique à leur roseau cruciforme, qu'ils n'exhibent du reste que le jour des noces de leurs vierges.

Parfois cependant, à la place du petit bâton absent, on fixe au bout du roseau, et tout à fait au sommet alors, un objet rond [2] enveloppé dans une riche étoffe rouge, verte ou blanche. Le roseau, ainsi transformé, n'est plus une *croix ;* c'est quelque chose qui ressemble à une canne à pêche, une sorte de ligne gigantesque, qui balance dans les airs sa jolie boule ronde, emblème mystérieux d'un symbole inconnu.

Au moment où la mariée arrive devant l'habitation de son fiancé, elle plonge la main dans une musette pendue à l'arçon de la selle, et elle en retire des pâtisseries et des sucreries qu'elle jette à la volée aux bandes d'enfants qui attendent toujours cette bonne aubaine, puis, ses beaux-frères et les cousins de son mari l'aident à mettre pied à terre, et elle entre dans son nouveau domicile, ou bien elle reste à causer dehors avec les gens qui l'ont accompagnée et auxquels on offre du thé et des gâteaux. On plante alors le roseau devant la demeure nuptiale et il reste là jusqu'au lendemain matin.

Lorsqu'un pauvre diable de fiancé, sans parents ni amis, est allé chercher sa future et s'en revient seul au logis avec

---

(1) Cf. Cartailhac, *France préhistorique ;* de Mortillet, *Formation de la Nation française.*

(2) Il nous a été impossible d'en connaître la nature. C'est peut-être un morceau de bois quelconque, un vulgaire caillou, ou peut-être quelque chose de très mystérieux que nous découvrirons plus tard.

elle, celle-ci, si elle n'a jamais été mariée (1), doit porter à la main le roseau des vierges et le planter devant la tente conjugale *avant d'en franchir* le seuil.

Il y a encore chez les Zkara une sorte de mariage des plus extraordinaires et qui ne ressemble à rien de ce que nous savons sur les nombreuses façons de se marier en usage chez les différentes races du globe. Voici la chose :

Quand un petit garçon vient au monde dans une famille riche, les parents, si cela leur plaît, peuvent marier cet enfant le jour même de sa naissance, mais plus habituellement lorsqu'il a deux ou trois mois.

Pour cela, ils choisissent une jeune fille d'une *vingtaine d'années*, robuste et vaillante, appartenant à une famille malheureuse qui a besoin d'argent. La demande se fait suivant les règles du mariage 1er type, avec cette différence que c'est le père du marmot qui l'adresse au père ou au tuteur de la jeune fille. Celle-ci, consultée, donne presque toujours son consentement, et les pauvres parents touchent aussitôt, à titre de douaire, une somme variant entre 400 et 600 francs, que la nouvelle épousée leur abandonne par bonté d'âme. Elle se rend ensuite, toute seule, au logis de son petit mari.

Dès le premier soir de son *entrée en ménage*, elle subit la *confession* du Rousmi, ce qui tendrait à nous faire croire que pour les mariages entre pubères et impubères, de même que pour les mariages entre adultes, la *confession* paraît être la consécration, la sanction indispensable de l'*union légitime* entre les Zkara des deux sexes.

Revenons à la jeune femme ; elle a un mari qui a trois mois ; naturellement, elle ne peut lui donner que des soins d'une chasteté absolue. C'est elle qui a la garde du baby ; elle le porte à sa mère quand il a envie de téter et elle le lui reprend immédiatement après. Cette besogne de nourrice sèche ne saurait occuper, on le comprend, qu'une faible partie de son temps ; c'est pourquoi on la voit travailler avec ardeur sous la tente ou aux champs, elle revient du dehors ployée sous des charges

(1) Les veuves et les divorcées qui se remarient ne doivent pas porter le roseau des vierges.

de bois, elle va à la source, l'outre ou la jarre sur l'épaule; c'est un peu une bonne à tout faire. Pendant qu'elle s'éreinte ainsi au service de son jeune et tendre époux, celui-ci pousse en hauteur et en malice. Le voilà qui parle maintenant; on lui a appris à appeler sa femme « *ma tante* »[1], mais plus il grandit, et plus ses camarades de jeu se gaussent de lui, à cause de *sa tante*, et ils lui disent crûment :

— *Ta tante* ! Ah ! Ah ! *ta tante* ! C'est ta *femme*, entends-tu ?

La petite cervelle de l'enfant s'éveille peu à peu sous les moqueries et les sarcasmes; et, brusquement, un beau jour, quand il a saisi la différence de signification entre les deux termes, son langage et ses manières à l'égard de la grande personne, qu'il avait considérée jusqu'alors comme une seconde mère, changent du tout au tout. Il se dresse sur ses ergots pour lui donner des ordres, il ne l'appelle plus que par le nom qu'elle a : *Mariem, H'alima, Fadhma* . . . .
. . . .
. . . .

Non, les bonheurs ne pleuvent pas précisément sur la pauvre femme mariée ainsi à un nourrisson. Des joies pourtant lui sont réservées, mais ces joies sont d'une nature si scabreuse, qu'il vaut mieux, par décence, les désigner sous les vocables peu compromettants de « joies de la maternité; » et ces « joies de la maternité » nous mettent ici en présence d'une loi zkarienne aussi stupéfiante qu'immorale. Cette loi autorise la femme nubile, mariée légitimement à un petit enfant, à ne pas lui être fidèle ! La chose est admise, tolérée par tout le monde, à commencer par le père et la mère du nouveau-né, qui éprouvent, dit-on, une vive satisfaction quand ils ne peuvent plus douter que leur bru s'est laissée conter fleurettes. Et lorsque celle-ci vient déposer sous le toit conjugal le fruit de ses amours nomades, c'est la même allégresse, les mêmes réjouissances que pour un enfant légitime qui accueillent la venue en ce monde du petit bohémien conçu à la diable, entre deux fagots de bois, ou deux corvées d'eau. L'invraisemblable, l'inexplicable, c'est que la loi considère les enfants nés dans ces conditions particulières comme étant les *enfants légitimes* du mari qui tète encore !

---

(1) *Khalti*, ou bien *ămmti*.

L'épouse *in-partibus* peut se livrer sans crainte à qui bon lui semble, pendant des années, et jamais elle n'essuiera de reproches, ni de son jeune mari, lorsqu'il aura 8 ou 10 ans, et qu'il se rendra compte par conséquent de l'inconduite de sa femme, ni des Rousma, qui trouvent cela naturel parce que c'est un usage qui se perd dans la nuit des temps, ni, à plus forte raison, des beaux-parents qui voient au contraire avec délices leur habitation se remplir de pseudo-petits-fils et petites-filles dont la destinée sera de travailler gratuitement pour accroître la fortune de leur père putatif.

On comprendra à présent pourquoi beaucoup d'enfants issus de ces unions extraordinaires préfèrent, lorsqu'ils ont l'âge de raison, se brancher sur leur filiation maternelle, *la seule sûre, la seule certaine*, disent les Arabes[1], et pourquoi ils renoncent à la faculté qu'ils ont cependant d'ajouter à leur nom celui de leur prétendu père, qui n'en est pas moins leur père légal... *quem justæ nuptiæ demonstrant*. Ce qui est moins facile à expliquer, c'est que cette tolérance se soit étendue aux enfants véritablement légitimes, nés d'unions légitimes entre hommes et femmes adultes [2]. Cette tolérance est peut-être une conséquence de la communauté primitive des femmes où la filiation utérine seule pouvait être prouvée ; on peut supposer aussi, si l'on veut, qu'elle est un indice presque certain de la persistance, chez les Zkara, jusqu'à une époque relativement récente, de la communauté des femmes. Et cette communauté des femmes, n'existerait-elle pas encore de nos jours, par hasard, chez ces mêmes Zkara, ainsi que l'affirment certains Mahométans qui se flattent d'avoir pu observer d'un peu près les mœurs zkariennes ? [3]

Quant à la situation légale des enfants de l'épouse du bébé,

---

(1) Quand un *chérif* (noble) parle avec trop d'orgueil de ses *aïeux*, les Marocains lui insinuent que ses *aïeules* ont bien pu n'être pas toutes des Lucrèces, et que, en définitive, pas plus que les plébéiennes, *elles n'avaient de cadenas à leur.....*

ليست قلى فروجهن اقفال

proverbe terrible, qui donne à réfléchir au vaniteux et lui fait envisager d'une façon moins insensée le problème épineux de sa *filiation paternelle*.

(2) Aux pages 77, 78, il y a des exemples qui se rapportent à cet ordre de faits.

(3) Il en sera question quand nous nous occuperons de « la nuit de l'erreur, » — *Leïla-t-el-R'olt'a*. Disons de suite cependant que ce qui a pu provoquer l'accusation des Musulmans en ce qui concerne la prétendue communauté des femmes chez les Zkara, c'est la facilité avec laquelle l'épouse du mari-nourrisson se livre à tout venant, son beau-père excepté.

elle ne diffère en rien de celle des enfants légitimes. Mêmes devoirs, mêmes droits de part et d'autre. Le mioche, père de famille, joue et grandit avec sa soi-disant progéniture. Il y a bien par-ci par-là quelques taloches, quelques disputes, des horions donnés et reçus, mais avec les mois et les années on finit par imposer aux jeunes intrus le respect du petit maître de la tente. Nulle ironie de leur part, aucune arrière-pensée non plus lorsqu'ils appellent ce moutard de 5 ou 6 ans *mon père*, et, plus tard, quand ils savent, *mon oncle*. Lui est paternel et gentil avec eux du reste. S'il les envoie aux champs et les fait travailler, il aura soin de veiller lui-même à ce qu'ils soient nourris et vêtus convenablement ; et lorsque, devenu un vigoureux gaillard d'une vingtaine d'années, il aura à son tour des enfants bien à lui, il ne fera aucune différence entre ceux qui sont sa chair et son sang et les bâtards qu'une loi extravagante assimile à sa propre progéniture. C'est lui qui marie ses prétendus fils et dote leurs femmes, c'est lui qui touche le douaire de ses prétendues filles. S'il meurt avant eux, ils héritent de lui au même titre que ses enfants légitimes, et il va de soi qu'il hérite d'eux s'ils ont le malheur de le précéder dans la tombe (1).

— Et la femme, direz-vous, que devient-elle ?

Eh ! bien, cette épouse travailleuse et volage n'est pas trop à plaindre. Celui qu'elle a porté dans ses bras et auquel elle a eu plus d'une fois l'occasion de donner le sein, celui qui dès l'âge de trois mois était son mari et qui a maintenant 15 ou 16 ans, celui-là peut, à son gré, renvoyer ou garder sous sa tente celle qui lui a donné tant d'enfants pêchés on ne sait où ; mais il la garde d'habitude, sous l'une des deux conditions suivantes : — Si elle n'est pas trop défraîchie, (— rappelez-vous qu'elle a une vingtaine d'années de plus que lui, —) il en fait sa femme, pour de bon, et la vie conjugale se déroule dès lors normalement entre eux comme si de rien n'était. Si, au contraire, — et c'est le cas le plus fréquent, — il la trouve

(1) Nos Berbères de la Grande Kabylie ont adopté avec l'Islamisme des lois terribles punissant l'adultère et le fruit de l'adultère. Qu'on en juge par ce court extrait de leur droit civil : — « Les Kabyles n'admettent pas la paternité naturelle. L'enfant né en dehors du mariage est tué ainsi que sa mère.... L'enfant adultérin n'a pas plus le droit de vivre que l'enfant naturel. Il doit mourir avec sa mère.... (Hanoteau et Letourneux. *La Kabylie et les coutumes kabyles*. Tome II, page 187).

passablement décatie et trop vieille, il la divorce, il épouse une femme jeune et jolie, et il autorise l'ancienne à rester avec eux pour continuer à travailler et à donner ses soins aux enfants qu'elle a eus durant son enfance à lui.

Lorsque, pour diverses raisons, le petit mari devenu majeur ne veut plus voir sa pseudo-femme sous son toit, et qu'il tient aussi à ne pas perdre le montant du douaire que son père a versé jadis entre les mains du père de sa femme, alors il s'y prend d'une manière différente : Il répudie celle-ci, il l'oblige à retourner chez elle et il réclame à son beau-père la restitution du douaire. Si le beau-père est mort, l'ex-petit conjoint a une façon originale de rentrer dans ses fonds : il cherche lui-même un époux pour sa femme divorcée, et quand il en a trouvé un, il la lui cède moyennant le prix le meilleur qu'il peut en tirer.

Ne nous appesantissons pas outre mesure sur ces alliances étranges, qui sont heureusement exceptionnelles, et qui représentent peut-être les antiques unions moins réglementées de l'époque du matriarcat, de la polyandrie et de l'esclavage. Ce qu'il faut se hâter de dire, c'est que les mariages entre adultes sont la règle à peu près générale, parce que les riches qui peuvent offrir à leur bébé de trois mois le luxe d'une épouse-servante sont rares, et aussi parce que les Mahométans, qui commencent à avoir vent de la chose, n'ont pas assez de railleries et d'imprécations pour flétrir une coutume matrimoniale qui est abominable, certes, monstrueuse et immorale au suprême degré [1].

Oublions donc ces erreurs, ces défaillances du bon sens zkarien pour ne nous souvenir que de la paix, de la concorde et de l'affection qui sont l'apanage ordinaire des ménages de nos montagnards zénètes. La femme du zkraoui peut se vanter, sans exagération, d'être une reine dans son intérieur. Même lorsque son mari est pauvre, elle porte de beaux vêtements, des robes de cotonnade rouge, couleur pour laquelle elle a une prédilection particulière ; sa toilette est soignée. Ses soins de propreté sont quotidiens, et lorsqu'elle n'a pas les moyens d'avoir à la maison ou sous la tente un de ces grands vaisseaux

(1) Cette coutume paraît être localisée chez les *Zkraouistes purs* c'est-à-dire chez les Oulad Mh'ammed. On prétend que certains beaux-pères sont d'une excessive sévérité à l'égard des *épouses* de leurs petits garçons et qu'ils les chassent sans pitié du toit conjugal à la première incartade.

en maçonnerie, analogues à nos baignoires, que l'on trouve chez les Zkara plus fortunés, elle ne manque pas néanmoins chaque matin de se jeter de l'eau tiède sur le corps et de se laver au savon.

Mari, femme et enfants prennent leurs repas ensemble, assis côte-à-côte sur des bancs de bois, devant une table en planches que l'on appelle *maïda*. La femme se lève pour aller chercher et apporter sur la table ce qu'il faut, mais quand elle a une fillette de 9 ou 10 ans, c'est celle-ci qui supplée la mère et fait le service à sa place. Il y a affection, solidarité et intimité entre l'homme et la femme, entre les enfants et les parents Zkara parce que l'égalité du sexe faible et du sexe fort est un principe aussi solide et aussi ancien que la race zkarienne elle-même.

---

4. — Divorce et séparation de corps

Chez les Zkara, le divorce est une rareté attendu que sur une population de vingt mille âmes à peu près, c'est à peine si un divorce a lieu tous les trois ou quatre ans, et presque toujours par suite d'incompatibilité d'humeur. Lorsque c'est la femme qui veut quitter son mari, elle est tenue de lui restituer tout ou partie du douaire qu'elle a reçu de lui le jour de son mariage. Quand c'est l'homme au contraire qui désire répudier sa femme, celle-ci n'a rien à lui rendre. Elle reprend ce qui lui appartient et elle retourne dans sa famille où elle demeure jusqu'à ce qu'elle contracte une nouvelle union.

Le divorce chez les Zkara est une rareté, avons-nous dit. C'est bien là effectivement la vérité pour la majeure partie de ces indigènes, dont la consanguinité rapprochée empêche l'éclosion et le développement des antipathies violentes entre conjoints qui se savent cousins et cousines à des degrés si peu éloignés. Mais il existe pourtant une espèce de divorce tacite et virtuel, que nous nommerons, par euphémisme, *séparation de corps*, pour ne pas l'appeler *divorce ploutocratique*, car il n'est en usage et il n'est possible que dans la classe aisée et peu nombreuse des capitalistes zkariens.

Prenons un exemple concret : celui du caïd Remdhan. Ce chef a eu plusieurs femmes durant sa longue existence, sans être obligé d'en répudier aucune, tout en sauvegardant cependant le principe de la monogamie cher à ses compatriotes. Lorsque les nécessités de sa politique, jointes à celles de son vigoureux tempérament, lui faisaient une loi de se séparer de l'épouse qu'il avait, il convolait en justes et nouvelles noces avec une jeune personne aussi charmante que bien apparentée. Alors, sans divorcer son ancienne femme, il lui permettait, soit de se remarier, soit de rester sous son toit pour élever les enfants issus de leur union ; ou bien, quand ces enfants étaient grands et établis hors du domicile paternel, il autorisait la conjointe délaissée à aller les retrouver pour vivre avec eux. Dans tous les cas, la séparation de corps était complète, et les rapports intimes entre les anciens conjoints cessaient dès l'entrée en ménage de la nouvelle épouse.

Faite dans ces conditions, la *séparation de corps* ne saurait tromper personne : c'est un divorce déguisé, mais réel ; c'est la plus complète dissolution du mariage que l'on puisse concevoir, puisque les anciens époux peuvent se remarier à leur guise et avec qui bon leur semble. L'homme use toujours de ce droit ; la femme rarement, surtout si elle est âgée et si elle a des enfants mariés auprès desquels elle est sûre de trouver asile et protection.

---

5. — Femmes et enfants du caïd Remdhan

Première femme du caïd : *Zahra Rah'h'ou*, vivante, 65 ans environ, non divorcée, vit *séparée* de son mari, mais n'a pas abandonné le toit conjugal ;

Deuxième femme du caïd : la rousmia *Moumna*, vivante, 60 ans, veuve d'un Rousmi ; épouse en secondes noces du caïd Remdhan, non divorcée, vit *séparée* de ce dernier et habite avec les enfants qu'elle a eus du Rousmi ;

Troisième femme du caïd : *Rouk'iya n Yah'ya*, décédée ;

Quatrième femme du caïd : la rousmia *Mariem n Amor*, fille du Rousmi Amor, vivante, 38 ans ; s'est remariée avec un nommé Amor Remdhan [1].

(1) La cinquième épouse du caïd est une jeune Rousmia, d'une trentaine d'années, qui règne sans partage actuellement sur le [illegible] du vieux chef. Elle n'a pas eu d'enfants jusqu'à présent.

ENFANTS DU CAÏD REMDHAN ET DE ZAHRA RAH'H'OU :

1° *Mouh'ammed Amezzian*. (*Amezzian* seulement pour les Zkara, *Mouh'ammed* pour les Musulmans.) Ce jeune homme, qui donnait les plus belles espérances et que son père a toujours pleuré, fut tué lors de l'affaire des Oulad Abd-er-Rah'man dont il sera question plus loin. Le défunt Amezzian a laissé deux fils et une fille : l'aînée, *H'alima*, peut avoir maintenant 23 ou 24 ans ; le second, *Ben-Abdallah*, 22 ans, et le dernier, *Ali*, une vingtaine d'années. Tous les trois sont mariés.

2° *Fadhma*, une quarantaine d'années, mariée ;

3° *Kheddouma*, 36 ans, mariée ;

4° *Belaïd*, 34 ou 35 ans, actuellement fils aîné du caïd et son *Khlifa* (lieutenant). Intelligent, pondéré, fin politique, adoré des Zkara parce qu'il est, autant et plus qu'eux peut-être, bon zkraoui, ferme libre penseur et anti musulman déterminé ; marié, père de deux petits garçons ;

ENFANTS DU CAÏD REMDHAN ET DE LA ROUSMIA MOUMNA :

1° *Amor*, 25 ou 26 ans, marié ;

ENFANTS DU CAÏD REMDHAN ET DE ROUK'IYA N YAH'YA :

1° *R'aliya*, 24 ou 25 ans, mariée ;

ENFANTS DU CAÏD REMDHAN
ET DE LA ROUSMIA MARIEM N AMOR :

1° *Aïcha*, 17 ou 18 ans, non mariée ;

2° *Mouh'ammed Amezzian* (*Mouh'ammed* pour les Musulmans,) 15 ou 16 ans, marié. A reçu le nom précédent en souvenir de son malheureux frère aîné tué lors de la trahison des Oulad Abd-er-Rah'man ;

3° *Mariem*, 12 ans, non mariée ;

4° *Ah'med*, 10 ans, non marié ;

---

6. — Fêtes des Zkara. — Bals nocturnes

Les Zkara se réunissent pour se divertir en commun deux fois par mois : le premier jeudi et le premier dimanche de chaque mois [1]. Ces fêtes ont lieu la nuit. Chaque douar ou

(1) Immédiatement après la nouvelle lune.

village procède à ses propres réjouissances sans inviter les Zkara des autres centres. On soupe en famille, comme d'habitude, et après le repas on se rend, quand on est dans un village, à la maison que l'on appelle *el-melâb* (l'endroit où l'on s'amuse;) quand c'est dans un douar, à une tente spécialement dressée pour cela et que l'on appelle également *el-melâb*. Hommes, femmes, jeunes filles, jeunes gens, enfants des deux sexes, tous se réunissent là, les femmes et les jeunes filles sans voile, bien entendu. Des gens experts et de bonne volonté font du thé, aux frais d'un zkraoui riche et généreux, et l'on en donne à qui vient en demander. Il y a, disposés en cercle, des bancs et des tapis sur lesquels on s'asseoit quand on ne danse pas. Les femmes mariées et les jeunes filles sont passionnées pour ces sortes de bals où elles exécutent, avec leurs cavaliers préférés, des pas et des contredanses conformes à l'art chorégraphique zkarien, art qui est encore dans l'enfance, il faut l'avouer, puisque les couples ne font guère que se balancer, se prendre, se reprendre, piétiner ou tourner sur place, tantôt les mains placées sur les épaules les uns des autres, tantôt se serrant à bras le corps. En fait d'orchestre, une ou deux mandolines égrènent leurs notes aiguës à travers le brouhaha des parleurs, des danseurs et des enfants qui luttent et se bousculent en pleine salle de bal, jusqu'au milieu des groupes. Des bougies éclairent la fête.

Vers minuit, tout est fini, et chacun rentre chez soi. Il arrive alors que certains particuliers emmènent chez eux, pour y passer la nuit, des Rousma désignés à cet effet par le chef de leur caste. Cette hospitalité nocturne, qui a le don d'exciter la verve railleuse des fils du Prophète, n'aurait d'autre but, paraît-il, que de maintenir les Zkara dans la discipline philosophique et anti-mahométane qui est l'essence du Zkraouisme. Chaque famille reçoit ainsi, une fois par an à peu près, la visite d'un Rousmi, et cet apôtre de la libre-pensée a le devoir de rappeler à ses frères les principes zkariens, qui pourraient peut-être s'altérer et s'évaporer au contact de l'Islam, si leurs pasteurs spirituels n'avaient imaginé cette œuvre de propagande originale et incessante.

Malgré le secret absolu que les Zkara gardent sur leurs réunions et sur leurs fêtes, où ils n'admettent aucun étranger, pas même les Oulad Sidi Ah'med ben Youssef, il leur a été impossible cependant de les dissimuler d'une façon complète à l'inquisition mahométane toujours aux aguets ; et les disciples de l'auteur du Coran, au lieu de chercher à savoir la vérité, ont préféré laisser vagabonder leur imagination au hasard des conjectures, quitte à répandre les plus invraisemblables et les plus atroces calomnies sur une population qui n'a commis d'autre crime que de résister aux assauts du fanatisme marocain. Voilà pourquoi la médisance arabe a inventé ce qu'elle appelle : *Leïla-t-el-R'olt'a* (La nuit de l'erreur). ليلة الغلطة

7. — La nuit de l'erreur

Ces bons mahométans vous diront que les Zkara se réunissent une fois par an devant l'entrée d'une immense caverne.... Il fait nuit.... Hommes mariés et femmes mariées de la race impie sont tous là, assis par terre, et ils attendent que le signal soit donné pour se lever et s'avancer à la queue leu leu vers la porte de l'antre obscur. Des Rousma, jeunes et vigoureux, se tiennent sur le seuil, les bras nus, et chaque fois qu'un être du sexe fort se baisse pour pénétrer dans le noir séjour, (— la porte est très basse, —) un Rousmi lui enfonce le doigt quelque part. Si l'empalé est un vrai zkraoui, il se gardera de souffler mot, parce qu'il est déjà au courant de l'épreuve à subir, tandis que si c'est un enfant du Prophète, un espion musulman faufilé au milieu des *frères* pour les trahir, celui-là ne manquera pas de se dévoiler lui-même en poussant un grand cri, endolori, indigné et surpris qu'il sera par le procédé ignoble et violent du prêtre infâme, sur qui soit la malédiction d'Allah jusqu'à la fin des temps ! Ce musulman, cet espion-là, son affaire est claire : on l'occit séance tenante, on l'enfouit à la hâte, et personne au monde n'en entendra plus parler.

Ceci n'est pas mal inventé jusqu'à présent ; mais voici qui est mieux : — Dans la grotte, des bougies jettent sur la foule, entassée dans un pêle-mêle indescriptible, quelques lueurs qui suffisent à empêcher les chutes et les heurts contre les rochers et les autres accidents d'un terrain très inégal. Tout le monde est debout, en silence. Soudain, les feux s'éteignent, la caverne est plongée dans l'obscurité. Les assistants, à plat ventre maintenant, ou couchés sur le dos, attendent, pour se relever, que *l'épreuve de la corde* soit terminée. Des Rousma passent, en effet, tenant des cordes tendues à un mètre au-dessus du sol. Ils circulent partout, et si une corde rencontre un obstacle humain, immédiatement des allumettes et des bougies flambent : Malheur alors au mahométan qui serait trouvé là ! car l'épreuve de la corde est une seconde expérience, destinée, comme celle de l'entrée, à démasquer les musulmans qui auraient pu se glisser dans la caverne après avoir subi avec succès l'empalement du début.

Lorsque les Rousma se sont assurés qu'aucun profane ne se trouve parmi les frères, ils crient qu'on peut se relever. On rallume les bougies, on cause, on rit un instant, puis l'obscurité se fait de nouveau, et il est de règle alors que les hommes et les femmes se trompent, c'est-à-dire qu'ils doivent commettre l'*erreur* volontaire suivante : l'époux est tenu de s'accoupler avec une femme qui n'est pas la sienne et la femme avec un autre homme que son mari !

Notez que ces scènes désolantes et sadiques sont décrites par le menu, habilement enjolivées d'autres détails scandaleux que les cancaniers de l'Islam débitent dans les cafés maures d'Oujda, au moment psychologique de la septième pipe de kif, sous l'hébétement de cette ivresse lourde spéciale, si accablante, qui abrutit tant de croyants fervents et fainéants, lesquels seraient sans aucun doute moins médisants et moins enragés s'ils n'étaient persuadés qu'Allah lui-même n'est, en définitive, qu'un humble disciple du Prophète arabe (1).

Si les Zkara connaissaient un peu l'Histoire, ils ne s'étonneraient pas de ce débordement d'injures et de calomnies que ne purent éviter les plus puissantes organisations ecclésias-

(1) L'intoxication coranique à haute dose produit les plus graves troubles psychiques et cérébraux. On a entendu des fanatiques — des malades par conséquent, — soutenir cet inconcevable paralogisme : — L'Islam est la religion d'Allah, donc Allah est musulman, *donc Allah n'est qu'un sectateur de Mahomet !* — De là à dire que le Prophète est le Maître de l'Univers, il n'y a qu'un pas, et des fous l'ont franchi, entre autres l'auteur de la Borda qui a écrit ce vers que psalmodient les tolba en tête des convois funèbres :

محمد سيد الكونين والثقلين
والفريقين من عرب ومن عجم

— Mohammed est le Maître des deux mondes (le monde d'ici bas et l'autre monde) ; il est le Maître des hommes et des génies ; il est le Maître de l'humanité entière, des Arabes et de tous les autres peuples qui n'ont pas l'honneur d'être Arabes !

tiques. Le Christianisme naissant a été accusé de bien d'autres turpitudes [1], et il est de notoriété publique que le célibat des prêtres et le monachisme romain, pour nous borner à ces deux exemples, ont servi, servent et serviront de cible à la causticité humaine jusqu'à ce que les Sciences relèguent à l'état de curiosité archéologique les religions [2] et les institutions religieuses.

---

8. — Le Carnaval (Souna سرنا)

Le carnaval n'est pas un divertissement particulier aux Zkara puisque d'autres populations marocaines le pratiquent [3], mais il n'y a que chez les Zkara que cet amusement ne soit pas obscène, il n'y a que chez eux qu'il ait une tendance critique morale et un caractère de haute signification sociale que l'on chercherait vainement ailleurs sur la terre du Magrib. A l'inverse des saturnales musulmanes, qui avilissent dans leurs scènes grossières les Chrétiens et les Juifs, la mascarade zkarienne exalte au contraire les sentiments chevaleresques des *Roumis*, elle gémit sur les infortunes imméritées des partisans du Talmud, et elle flétrit par ses huées l'ostracisme stupide qui met hors la loi commune ceux qui habitent le Maroc sans s'être fait baptiser au préalable selon la formule islamique.

Les Zkara font leur carnaval au printemps, vers le milieu du mois de mai. Trois masques prennent part à la fête : Un *juif*, une *juive* et un *roumi* (chrétien).

---

(1) Renan en relève quelques-unes dans ses *Origines du Christianisme* (l'Église chrétienne), et il cite ses références. Moins cérémonieux, plus attaché que Renan à la réalité historique, Voltaire dit tout et déchire complètement le voile.

(2) On n'est pas d'accord sur l'étymologie du mot *religion*. A-t-on proposé comme origine de ce terme le latin *relegare*, (envoyer, mettre, tenir à l'écart), qui a donné naissance à notre verbe reléguer ? Si on ne l'a pas encore fait, nous prenons la liberté de soumettre aux étymologistes la petite explication suivante : On sait qu'à leur début, aussi bien que pendant leur maturité et leur vieillesse, les religions recherchent l'ombre et le mystère ; elles se séparent du monde ; elles vivent *à l'écart*, *reléguées* au fond des catacombes, des couvents, des chapelles et des temples, *s'isolant* pour échapper aux persécutions d'abord et pour mieux dominer ensuite ». Vaille que vaille, cette nouvelle étymologie demande un peu de place au soleil, à côté de ses vieilles sœurs, qui sont priées de ne pas lui faire un trop mauvais accueil.

(3) Cf. nos ouvrages : *Le Maroc inconnu* (tome I et II) ; *Fez*, passim.

Le *juif* est un zkraoui quelconque, dont le déguisement simule tant bien que mal le costume des israélites d'Oujda : pantalons bouffants, djellaba arrangée comme une capote de soldat, pantalon boutonné par-dessus la capote, un keskès d'alfa sur la tête, une petite peau d'agneau sur la face, avec deux trous pour les yeux, un bâton dans chaque main pour se préserver des chiens, et, suspendue au cou, une caisse remplie de cendre, sa soi-disant pacotille, qu'il jette à la figure de ses acheteurs. On appelle ce personnage *Chlimou* (altération de *Sliman*, Salomon).

La *juive* est un individu que l'on a affublé d'un vêtement de femme et d'une voilette qui lui cache le visage. Elle répond au nom d'*Azzouna* عزونة (la chérie). Les spectateurs la cachent parfois sous leurs burnous, et l'on crie au juif :

— On t'a enlevé ton Azzouna !

Éperdu, l'infortuné mari court à droite et à gauche pour retrouver son épouse. On finit par la lui montrer ; alors il se jette dans ses bras, criant :

— Où étais-tu ? Où t'avait-on emmenée ?

Le troisième masque est un *roumi*, un *chrétien*, que l'on a habillé comme on a pu dans ce pays où nos grands magasins de confections font totalement défaut. En guise de pantalons collants, il s'est enroulé deux peaux de chèvre, une autour de chaque jambe ; les manches du veston sont également représentées par des peaux de chèvre, et le torse est serré dans une ou deux dépouilles du même animal. Sur la tête, un chapeau, encore en peau de chèvre. Sous le bras, un bâton de *ferula communis* (fenouil) qui est sensé être son sabre. Le rôle du chrétien est vraiment beau et noble : il est le défenseur des opprimés, il protège le juif et la juive contre la méchanceté mahométane. Remarquez que cette méchanceté mahométane est représentée, pour un moment seulement, par les taquineries anodines que la foule prodigue aux deux enfants d'Israël. C'est une critique assez claire de la conduite des Marocains qui maltraitent et méprisent ce pauvre peuple élu de Jéhovah, tandis que les Zkara vivent au contraire dans les meilleurs termes avec lui, sur le pied de l'égalité la plus parfaite, en amis, presque en frères.

Champion des faibles, le *chrétien* escorte le couple hébreu à travers les groupes hostiles de l'Islam. Les fanatiques reculent devant sa dague vengeresse...... Mais quoi ! ne voilà-t-il pas *Chlimou* aux prises là-bas avec des *musulmanes*, des femmes et des jeunes filles qui veulent lui voler sa marchandise ! Et pendant que le représentant du droit court sauver le malheureux colporteur des griffes braquées sur lui, *Azzouna* est enlevée de nouveau. Elle pousse des cris affreux :

— Je suis perdue ! Les Mahométans me tuent !

Aussitôt, le chrétien fait volte-face. Il se précipite sur les ravisseurs, il fait pleuvoir sur leurs dos une grêle de coups de sabre. Les malandrins lâchent prise, et la scène recommence un peu plus loin.

Le carnaval zkarien (*souna*) n'a lieu que la nuit, une ou deux nuits de suite. Chaque douar à sa *souna*. Ceux qui se déguisent sont de folâtres jeunes gens parmi lesquels on est sûr de trouver quelques jeunes Rousma qui sont loin d'être les ennemis des divertissements populaires où la décence ne reçoit aucune atteinte. Les masques pénètrent sous les tentes, dans les maisons, frappent aux portes, font lever les dormeurs et les dormeuses, abattent les haies d'épines sèches et les lancent par-dessus les tentes. Une nuée d'enfants, d'hommes, de femmes et de jeunes filles suivent les joyeux drilles. Les chiens aboient, les troupeaux sont affolés : c'est une panique générale, intense et délicieuse.

---

9. — Nourriture des Zkara

Le matin, en se levant, on mange un peu de pain avec du beurre et du lait. Cette collation s'appelle *el-fadhour* (de l'arabe *f'tour*, déjeuner.)

Vers midi, grand repas chez les riches : viande rôtie, mouton en ragoût, avec pommes de terre, navets, légumes, fruits, etc. ; thé, rarement du café. Les pauvres se contentent de laitage, beurre, pain, fromages de chèvre ou de brebis, figues sèches, fruits. C'est le déjeuner (*amekli*).

A quatre heures, léger goûter : pain, beurre et thé. Ce *casse-croûte*, selon l'expression favorite des Français d'Algérie, a reçu le nom de *âgueb-ouass* (de l'arabe عقاب *déclin* et du berbère *ouass* : *jour* = déclin du jour.)

Une heure après le coucher du soleil, on dîne invariablement avec du kouskous, du mouton bouilli ou rôti ; quelquefois, en hiver, des salaisons, mouton et chèvre salés à la mode arabe. Le dîner s'appelle *amensi.*

Les divers fruits et légumes que nous possédons en Algérie, et qui sont cultivés dans les principales vallées des Zkara, figurent souvent à table à côté des viandes que l'on vient de nommer. Il ne faut pas oublier de dire qu'en leur qualité de libres penseurs les Zkara *mangent de tout* ; du sanglier, du poisson, du gibier de poil et de plume, etc. ; quelques-uns, les plus malheureux, d'autres, qui veulent montrer leur audace, dévorent des sauterelles, des crapauds, des couleuvres, mais c'est l'exception. Ce que l'on préfère, c'est le mouton, le sanglier, la gazelle, le lièvre et la perdrix. On boirait du vin avec plaisir, si l'on en avait. Malheureusement, les Musulmans veillent, et s'ils s'apercevaient que les Zkara exportent du vin de Marnia par exemple, c'est alors que leurs soupçons seraient confirmés ! . . . .

. . . .

Tandis que nous la traitions avec Remdhan, cette question d'alimentation nous avait suggéré l'idée d'expérimenter l'anti-islamisme de notre interlocuteur. On connaît la vive répugnance des Mahométans et des Juifs pour la viande de porc. Il s'agissait donc d'inviter le Rousmi à déjeuner et de le prévenir d'avance que nous n'aurions que du porc à lui offrir. S'il acceptait l'invitation, s'il mangeait devant nous, sans sourciller, de la chair du compagnon de Saint-Antoine, il n'y avait plus de doute possible : l'homme ne nous avait pas menti, c'était bien un libre penseur, un non-musulman, un non-juif authentique ; — tandis que, s'il refusait, plus de doute possible non plus : c'était un fourbe, un croyant comme un autre ; dès lors, il n'y avait plus à s'occuper des Zkara, en tant que peuplade anti-mahométane, et notre découverte, nos peines, nos travaux croûlaient, s'effondraient lamentablement devant cette preuve matérielle d'attachement au Mahométisme.

Ce jour-là, le jour de l'expérience, il était près de midi. Assis devant notre bureau, Remdhan n'avait pas cessé, depuis le lever du soleil, de répondre aux mille questions posées sur son peuple. Une visible lassitude lui venait de ce travail forcené de la pensée auquel sa vie passée au grand air des champs ne l'avait nullement accoutumé ; et puis, il se faisait tard : c'était l'heure habituelle où il remontait au Village-Nègre pour aller s'attabler dans une gargote quelconque, espagnole, juive ou arabe. Le voyant levé, prêt à partir, nous lui dîmes, la main posée sur son épaule :

— Mon frère Remdhan, veux-tu déjeuner avec nous ?

Lui : — *Oua*. (Oui.)

Nous : — Ce matin, nous n'avons que du cochon à manger.

Lui : — *Mezian ! Parfait !* Je n'ai mangé que du sanglier jusqu'à présent, et je vais voir si le *h'allouf* domestique vaut mieux que son frère de la forêt.

Sur notre recommandation, faite la veille, on avait préparé à la maison un énorme morceau de porc frais, aux choux et aux pommes de terre, un gros plat de famille, qui aurait fait danser de joie un auvergnat. Installé à table avec nous, Remdhan observe comment nous mettons nos serviettes, de quelle manière nous nous servons de nos couteaux, de nos fourchettes, et il nous imite à la perfection.

Dès que le plat annoncé paraît, une tranche de porc, épaisse et large, est coupée et déposée dans l'assiette du Rousmi. Nous lui disons :

— Mange ce cochon, et dis-nous s'il est aussi bon que son frère de la forêt.

Quels coups de dents, mes amis ! Et quels énergiques *mezian* (excellent, parfait !) après chaque bouchée ! Une deuxième, une troisième, une quatrième tranche sont expédiées les unes après les autres, avec accompagnement des mêmes *mezian*, dont le ton et l'expression vont crescendo. Du vin, il n'en avait jamais bu de sa vie. Un premier verre plein est sifflé en un clin d'œil. Nous l'engageons à mettre de l'eau dans le second ; il s'y refuse, sous prétexte que l'eau gâterait la *benna-t-el-âneb* (le parfum du raisin), qu'il croit avoir découvert dans le jus de la treille. Du café et un verre de chartreuse — oh ! celui-ci *mezian ! mezian !* — terminèrent ce repas qui fut, pour l'islamisant qui écrit ceci, la plus forte surprise qu'il eût jamais éprouvée en pays musulman.— Un bédouin de la montagne, (tel du moins par son langage et ses habits), mangeant du porc à satiété, le déclarant supérieur aux autres viandes connues de lui, buvant du vin et de la chartreuse, avec enthousiasme, pour la première fois de sa vie..... c'était à n'en croire ni nos yeux ni nos oreilles !

L'expérience était concluante : Les Zkara ne sont pas musulmans.

---

10. — Industries. — Métiers

L'immense majorité des Zkara s'adonne à l'agriculture et à l'élevage des moutons, bœufs, chèvres et chevaux. Pasteurs, éleveurs, laboureurs, jardiniers ou métayers, voilà les principales professions masculines que l'on trouve dans la tribu. Filer la laine et la tisser pour en faire des vêtements, burnous, djellabas, h'aïks, etc., telle est, avec la cuisine, la grande occupation des femmes dans leur intérieur.

Il existe cependant quelques chaufourniers, des menuisiers et charpentiers qui font des portes, des fenêtres, des tables et des lits. Bien que le pays soit assez riche en essences forestières, les bois nécessaires s'achètent à Oujda et sont de provenance française.

On compte aussi plusieurs forgerons qui sont en même temps armuriers, serruriers et maréchaux ferrants. Au village de *Soualmiya*, fraction des Oulad Mh'ammed, il y a une forge, celle des frères *Mouh'and* et *Belaïd n Mh'ammed*, dont les grands-pères étaient venus s'établir à Soualmiya en qualité de forgerons il y a une cinquantaine d'années. Le plus curieux de l'affaire, c'est que les dits aïeux, qui étaient de bons musulmans, originaires des Beni-Znassen, avaient fini par se relâcher peu à peu de leur rigorisme islamique au sein du Zkraouisme. Leurs fils et petits-fils actuels sont complètement ralliés aux doctrines anti-mahométanes et anti-religieuses des Zkara, et ils sont devenus les forgerons, serruriers, armuriers et maréchaux-ferrants attitrés de la population libre penseuse qui habite les bords de l'Ouad-el-Kbir. On appelle ces artisans *el-maâlim*, de l'arabe *maâllem* (ouvrier, maître.)

Il y a également une forge près du village d'*Iâddoudiyin*, fraction des Oulad Mh'ammed ; elle est dirigée par *Ali ou Mansour*, qui a pour principal ouvrier son fils *Mimoun*.

Citons les autres forges : — une à *Ir'ennouyin*, dans les Oulad Moussa, celle de *Ah'med ou Mansour* ; — une aux

Oulad Rabah', (Oulad Moussa,) celle du *musulman znassni El-H'adjj Ah'med Lah'sen* ; — une à *Tinzi* (Akkmen,) celle de *Ben-Yahy'a*, *musulman* saharien qui n'est là que depuis une dizaine d'années ; — une chez les *Harasla* (Akkmen,) celle de *Aïssa ben Belaïd.*

Au total, 6 forges, où l'on ferre les chevaux et les mulets, où l'on répare et fabrique les ferrures des portes et fenêtres, les charrues, où l'on arrange les armes de guerre. C'est le *musulman* saharien Ben-Yah'ya qui jouit présentement de la réputation de *maâllem*, le *Maître* par excellence, le Saint-Eloi de la tribu.

Chacun est son propre charbonnier, attendu qu'il n'y a qu'à aller ramasser du bois dans la forêt et à fabriquer son charbon soi-même, et c'est ce que l'on fait dans toutes les familles.

Les *Beni-Izzount* (Akkmen) ont une spécialité : ils font du goudron et ils s'en servent contre la gale des chèvres, pour panser les blessures, pour goudronner intérieurement les peaux de bouc, etc.

Enfin, quelques maçons, une demi-douzaine au maximum, sont capables, dit-on, d'élever des murs et des maisons qui tiennent debout, mais dont le style et l'élégance laissent beaucoup à désirer.

---

11. — Médecine. — Hygiène. — Toilette

La salubrité du climat et l'ignorance des hommes n'ont pas peu contribué à l'inexistence presque absolue de l'art médical en territoire zkarien. Les maladies les plus communes sont provoquées, neuf fois sur dix, par des blessures de guerre, qui guérissent d'elles-mêmes, ou ne guérissent pas, suivant la gravité des cas. Habitué à attendre sa guérison du temps et de sa bonne constitution, le zkraoui prend son mal en patience, et, pour rien au monde, il ne voudrait être soigné par les charlatans musulmans et leurs amulettes, ce en quoi il fait preuve de bon sens. Quant aux entorses et fractures, elles sont l'objet des soins de quelques renoueurs, qui se sont fait la main au préalable sur des mulets, ânes ou chevaux estropiés. Sans être des chirurgiens consommés, ces praticiens n'en sont pas moins des gens possédant assez bien les secrets de l'empirisme qui constitue leur spécialité, spécialité lucrative dans ce pays de tueries et de combats qu'est la Dharah marocaine.

Il est une plante, dont nous avons vanté ailleurs (1) les propriétés bienfaisantes, qui paraît être employée avec succès par les Zkara contre le rhume de cerveau et la migraine : c'est le *marrube*. On l'administre d'une façon singulière : on broie les feuilles et la tige dans un mortier ; le suc, ainsi obtenu, est transvasé dans un autre récipient, et le malade n'a plus qu'à l'absorber goutte à goutte *par les narines*, dans la position qui lui est le plus commode, assis, couché ou debout.

L'*assa-fœtida* est utilisée comme condiment et passe pour guérir les coliques et les indigestions (2).

L'*obstétrique* est pratiquée par des matrones expertes auxquelles on donne un modeste salaire après l'opération : un franc ou deux, en moyenne, — 5 francs, si l'on est riche, — un panier de figues et de raisins secs, si l'on est pauvre.

Plus on étudiera cet intéressant petit peuple des Zkara, plus on se convaincra que le bon Dieu a réellement perdu son temps en dictant à ses Prophètes, dans ses Livres sacrés, des prescriptions hygiéniques, parfois sages, d'autres fois saugrènues, mais le plus souvent d'une insuffisance scientifique telle, qu'il doit être le premier à déplorer ses erreurs maintenant que l'hygiène publique et privée a fait de si grands progrès précisément chez les peuples — ironie cruelle ! — qui ne se guident ni sur le Vieux Testament, ni sur le Coran. Antiques turbans d'Israël, et vous aussi, vieux turbans islamiques, qui lisez ces lignes, oyez et méditez ceci : — La propreté corporelle ne va pas sans la propreté de l'habitation, et inversement ; c'est pourquoi, on est agréablement surpris, quand on connaît la saleté des ghettos, des villes, des tentes arabes et de leurs habitants, de constater que nos incrédules montagnards zénètes sont en général plus soigneux de leurs personnes et de leurs demeures que les Juifs et les Arabes, sauf exception, bien entendu. On a déjà dit que les femmes pauvres des Zkara se jettent chaque jour de l'eau tiède sur le corps nu.

---

(1) *Maroc Inconnu*, tome II, pages 105 et 106 (Art. *Marrube et Plantes médicinales*).

(2) Son usage est général au Maroc. Les colporteurs juifs en ont toujours dans leur pacotille. Arabes et Berbères appellent l'assa-fœtida, *h'ent'it'* حنطيط. On sait que nos paysans donnent à ce puant remède le nom typique de *m.... du diable* qui n'est que la traduction du *Stercus diaboli* des anciens.

Les hommes et les enfants en font autant. Chez les riches, on trouve des baignoires en maçonnerie où toute la maisonnée prend des bains quotidiens.

Les habitations, tentes et maisons, sont tenues proprement. Les immondices sont déposées au loin et non sous le nez des habitants, ainsi que cela se pratique partout ailleurs au Maroc.

Au lieu de passer des heures à se raser et à s'épiler comme le fait la musulmane, la zkraouia préfère garder les toisons visibles et cachées que la nature lui a données ; elle remplace ces vilaines occupations islamiques par de fréquents nettoyages de corps et de linge qui la rendent autrement parfumée, autrement appétissante que la bédouine déguenillée, tondue et raclée selon les extravagants préceptes de la Sounna.

Afin de ne pas afficher leur positivisme trop au grand jour, les Zkara se rasent parfois la tête, mais ils conservent tous la *guet'ťaya*, longue tresse de cheveux qui tombe du sommet du crâne et va se perdre à travers les plis du turban. Comme preuve à conviction, en prévision d'une subite inquisition mahométane, quelques guerriers timorés fauchent leurs prairies secrètes. La plupart cependant portent toute la barbe, à l'européenne, les bas côtés des joues dissimulés sous le voile qui encadre le visage.

L'anti-islamisme des Zkara se manifeste jusque dans les plus infimes et les plus ridicules détails : Ainsi, défense leur est faite par leur loi de raser des Mahométans et de se faire raser par eux. Les couteaux et rasoirs, dont on se sert pour cet usage, ne doivent jamais avoir touché la peau d'un sectateur du Prophète, sans quoi on est tenu de les détruire ou de les revendre aux partisans du Coran. Il en est de même des vêtements : Un zkraoui, homme ou femme, se gardera de porter une partie quelconque des habits qui auraient déjà servi à des Musulmans, burnous, djellaba, h'aïk, robe, babouches, etc. ; et si un mahométan lui joue le mauvais tour de revêtir son costume, notre libre penseur ne le mettra plus, il aimera mieux le brûler que de s'en servir de nouveau [1]. Les Oulad

---

(1) Voir page 32 et suivantes les autres preuves d'anti-islamisme zkarien. Des adoucissements ont été apportés ces derniers temps à la loi draconienne de la destruction des meubles et habits ayant déjà servi à des Musulmans. Exemple : On doit donner *vingt centimes* à un Rousmi pour avoir le droit de chausser des babouches déjà mises par un mahométan ; 0,50 centimes pour un burnous ; une *difa* sérieuse à offrir aux Rousma quand on leur cache une infraction de ce genre à la loi zkarienne, etc.

Sidi Ah'med ben Youssef de la branche des Znaga font exception à cette règle ; il est vrai de dire qu'ils sont si peu.. si peu musulmans.....

---

12. — Serments. — Mots de passe. — Légende d'Amor ben Sliman

Contrairement à la mode arabe, les Zkara ne prodiguent à personne les formules de salutation et de politesse. Ils se contentent de se serrer la main et de se demander brièvement des nouvelles de leur santé : — tu vas bien?..... tu n'es pas malade?..... — sans y ajouter aucune embrassade orientale, sans prononcer le moindre souhait, le plus petit vœu d'intervention céleste. Lorsqu'ils rencontrent des Mahométans, ils sont bien forcés de répondre à leurs salamalecs par des banalités équivalentes, mais ils ne le font qu'à contre-cœur.

Conséquents avec leurs principes, ils ne prononcent en aucune circonstance le nom d'Allah, ni celui de Mahomet, ni les noms des favoris d'Allah, prophètes, apôtres, marabouts, saints et saintes qui encombrent les Ecritures et la conversation des partisans des trois religions révélées. On n'entendra jamais un serment sortir de leur bouche. De même que les *Quakers*(1), avec lesquels ils ont de nombreux points de ressemblance, ils estiment que leur parole doit suffire. Ils affirment la vérité par *oui* ou par *non*, et il serait inepte et criminel de les obliger à jurer, par exemple, sur des textes sacrés, qu'ils s'obstinent à vouloir ignorer, ou bien de les contraindre à se parjurer et à mentir à leur conscience en les forçant à prendre à témoin de leurs dépositions une divinité, un prophète ou des saints, qu'ils font profession de ne pas connaître, — ceci soit dit en passant pour l'instruction et l'édification des autorités françaises qui ont et auront à administrer des populations indigènes positivistes.

---

(1) C'est encore Voltaire qui nous fait le mieux connaître l'esprit et les tendances de cette vertueuse secte qui fut fondée en Angleterre par George Fox, vers le milieu du XVIIe siècle, et qui se nomme elle-même *Société des Amis*.

Les adeptes du Zkraouisme ont-ils, comme les Francs-Maçons, des signes de reconnaissance dont ils se serviraient pour se reconnaître entre eux en pays profane? Nos enquêtes les plus minutieuses n'ont pu encore élucider ce point. Ce qui est certain, c'est qu'ils ont des *mots de passe*, qu'ils emploient, même en présence des Musulmans, qui n'y comprennent jamais rien du reste.

Il y a trois façons de demander à quelqu'un s'il est partisan de la doctrine zkarienne.

On peut lui dire :

En arabe : — *Enta âïn ou illa h'ajeb ?* } Es-tu œil
En znatia : *Chekk t'it' ner' d'abel ?* } ou sourcil ?

S'il répond : *ana âïn*, ou bien, en znatia, *netch t'it'* (je suis œil), vous pouvez être sûr que c'est un adepte du zkraouisme [1].

Voici le deuxième mot de passe :

En arabe : — *Enta selham ou illa k'mijja ?*

En znatia : — *Chekk d'aselham ner' thajellabth ?* (Es-tu burnous ou chemise ? [2]

Si l'on répond : *Ana k'mijja,* ou bien, en znatia, *netch tsajellabth* (je suis chemise), ne doutez point de l'anti-islamisme de celui qui aura prononcé cette réponse.

Le troisième mot de passe est plutôt une locution de convention par laquelle toutes les tribus affiliées au Zkraouisme se désignent entre elles. *Zkara, Oulad Aïssa du Sbou, Beni Mah'sen* des R'iatha, *R'nanema* de l'Oued Saoura, etc., se disent les

خدام عمر بن سليمان.

Khouddam Amor ben Sliman (Les serviteurs de Amor ben Sliman.)

Cet Amor ben Sliman, quel personnage est-ce au juste ?

Les Zkara prétendent que c'est l'ancêtre des Rousma.

---

(1) L'*œil* est plus précieux que le *sourcil*, c'est pourquoi on répond : *je suis œil.*

(2) La *chemise* est plus précieuse que le *burnous*, parce qu'elle est plus près que lui du *corps* et du *cœur* de celui qui la porte.

D'autres affirment que cet énigmatique personnage serait le père commun des tribus libres penseuses sahariennes et marocaines, mais beaucoup de Zkara sont d'accord, semble-t-il, pour attribuer à *Amor ben Sliman* la fondation (ou la restauration) de la Doctrine zkarienne.

La légende arabe, il fallait s'y attendre, est plus documentée, plus riche de détails biographiques que la tradition berbère. Les Oulad Sidi Ah'med ben Youssef la colportent avec complaisance ; c'est par eux que nous l'avons connue ; c'est par eux, très probablement aussi, qu'elle fut propagée parmi les peuplades zénètes de la Dhahra.

Sans doute, dans cette légende, les traits individuels et caractéristiques sont d'un flou et d'une pauvreté extrêmes : on y voit que la piété musulmane vise uniquement à représenter *Amor* comme un nouveau Judas, plus malfaisant mille fois que le disciple félon du Christ, puisqu'il réussit, à l'ombre du nom vénéré de Sidi Ah'med ben Youssef, à gagner à sa *détestable théorie irréligieuse* de prétendues populations mahométanes qui eurent le grand tort de se laisser prendre à ses *fallacieux sophismes*......

Amor ben Sliman, d'après cette légende, était d'origine juive. C'était le type parfait du savant versé dans les sciences arabes et hébraïques. Contemporain et compatriote du glorieux marabout de Miliana, il n'aurait pas tardé à gagner les bonnes grâces de Sidi Ah'med ben Youssef qui voyait en lui une importante recrue à faire pour la plus grande gloire de l'Islam.

Infiniment plus intelligent, plus instruit que tous les tolba qui pullulaient à cette époque dans les douars et les villes de l'Atlantide, et qui, eux, ne savaient que rabâcher, sans en comprendre le sens, le texte sacré du Coran, que l'on introduisait à grands coups de gaule dans les épaisses circonvolutions de leurs cervelles, Amor avait fait d'abord les délices du Maître par son ardente admiration pour la verve avec laquelle le santon fustigeait l'imbécillité et la corruption des adeptes du Mahométisme. Il semblait adorer le je ne sais quoi invisible qui vibrait dans le verbe brûlant du Marabout, ce je ne sais quoi qui était évidemment son âme, une âme violente de Réformateur-Pamphlétaire, qui se manifestait au fils de Sliman dans l'intimité des confidences, lorsque, couché à ses pieds, la tête appuyée sur le bas du pauvre burnous de laine tant de fois baisé par les foules ignorantes, le transfuge d'Israël écoutait les paroles mystérieuses, mais pleines de clartés nouvelles, qui tombaient des lèvres du redoutable hypercritique

. . . .

Un beau jour, au milieu d'un immense concours de peuple, Amor ben Sliman abjura le judaïsme en présence de son chef Sidi Ah'med ben Youssef. La nouvelle de cette apostasie eut un retentissement énorme. L'ancien nom israélite du néophyte fut enseveli dans l'oubli et remplacé par celui dont se réclament à présent les adeptes du Zkraouisme. Alors commença pour le nouveau converti le long, le pénible apostolat qui devait aboutir au triomphe complet de ses doctrines libres penseuses et anti-mahométanes. Portant la parole au nom du patron de Miliana, se présentant en toute chose comme son unique fondé de pouvoir, Amor puisa sa force dans l'ascendant irrésistible qu'exerçait au loin la censure mordante du contempteur des mœurs et des idées rétrogrades des hommes de son temps. Reçu à bras ouverts partout où il passait, le Disciple préféré allait de tribu en tribu, semant sur ses pas la graine *empoisonnée* de la Libre Pensée, et ce fut naturellement chez les Zkara que sa mission eut le plus de succès . . . . .

. . . .

Une grande ombre nous cache maintenant le travail secret du novateur. Le fanatisme musulman a jeté sur sa belle propagande irréligieuse l'impénétrable voile du silence, et l'Orthodoxie, battue, a cru être assez vengée en accolant au nom d'Amor l'épithète terrible de *Zendik'*, épithète abominable pour des oreilles mahométanes, adéquate, à peu près, à celle de *damné*, d'*excommunié* chez les Catholiques.

On sait que les historiens arabes et persans désignent par le mot de *Zendik'* les Manichéens (dualistes) ainsi que les autres partisans des sectes issues du Mazdéïsme. Ceux qui se sont occupés de l'histoire religieuse de l'Orient n'ignorent pas les commotions violentes qui se produisirent au sein du Mahométisme à la suite des révoltes de ces persécutés de l'intolérance islamique [1].

(1) Le *Manuel d'Histoire des Religions* de Chantepie de la Saussaye s'exprime ainsi sur les *Zendik'* : — « Il y a toujours eu des libres penseurs dans l'Islam. Mais tandis que, dans les premiers siècles, ils se produisaient ouvertement, plus tard, avec le triomphe de l'orthodoxie, ils cherchèrent à cacher leur infidélité sous les dehors d'une foi sincère.

En Tunisie, en Algérie et au Maroc, *Zendik'* est une expression populaire qui sert à désigner un *mauvais sujet*, un *libertin*, un *sacripant* quelconque, avec cette aggravation que le dit libertin est un *libre penseur*, un *athée*, un homme *sans religion*, dissimulant son impiété sous le masque d'une profonde dévotion. Hypocrite, pharisien, sans foi ni loi, telle est bien la signification actuelle de ce qualificatif dangereux, qui peut devenir, dans certains cas et dans certaines régions du Nord-Ouest africain, un arrêt de mort pour le musulman à qui il est appliqué.

Pour nous cependant, l'effrayant adjectif, si bien rivé au nom du soi-disant fondateur du Zkraouisme, nous avait paru être, dès qu'il nous fut révélé, un fil d'Ariane inespéré, destiné, pensions-nous, à nous guider jusqu'au bout du dédale des origines zkariennes. — Illusions perdues ! C'est en vain que nous avons fouillé l'histoire du Parsisme, le Zend-Avesta, les archives des différentes sectes du Mazdéïsme, du Magisme, du Zoroastrisme. Ni Ormazd ni Ahriman ne sont venus à notre aide, et nous avons dû renoncer à rattacher, en quelque façon que ce fût, le Zkraouisme à la doctrine mazdéenne.

Au milieu des ténèbres qui nous environnent, le mieux serait de conclure que les Mahométans n'ont en somme pas trop mal caractérisé Amor ben Sliman en le traitant de *Zendik'*, ce qui était une manière perfide, mais très commode, de le vouer, lui, son œuvre et ses partisans, à la haine générale d'un peuple de sectaires. Amor, s'il exista jamais, fut, à n'en pas douter, un *Zendik'*, dans toute l'acception du terme, quelque chose comme qui dirait un *athée*, ou un *libre penseur*. Les Zkara, ainsi que les autres groupes irréligieux que le problématique novateur rangea sous sa loi morale, loin de se froisser d'être appelés *Znadk'a* (1), paraissent éprouver au contraire un sentiment d'intime satisfaction lorsque les fanatiques de l'Islam, dans le but de les mortifier, leur jettent à la face la terrible épithète, si dangereuse en un pays où la théocratie islamique n'a ni frein ni limite.

C'est ainsi que dans les premiers temps des Abbassides, nous entendons souvent parler des *Zendik'*, qui ne reconnaissaient aux religions révélées qu'une valeur relative, et proclamaient les droits d'une morale indépendante, dégagée de toute croyance. Certaius d'entre eux attirérent l'attention du pouvoir, et plusieurs expièrent par la mort la manifestation imprudente de leurs opinions. » (Page 291 de la traduction française. Armand Colin. Paris 1904.)

(1) Pluriel de *Zendik'*.

Comme expression de la passion religieuse et de l'intolérance théologique, il était impossible, on le voit, de trouver dans l'arsenal des foudres musulmanes un adjectif plus compromettant que celui dont fut affublé le nom d'Amor ; en revanche, cet adjectif, seul trait de lumière dans la nuit historique où nous sommes plongés par la faute des Orthodoxes, ne manquera pas d'inciter les sociologues à penser que le restaurateur du Zkraouisme, l'homme flétri par un sobriquet clérical intentionnellement agressif et injurieux, devait être un esprit philosophique éveillé et alerte, armé en guerre, invincible dans la lutte de la raison contre l'absurdité des dogmes, très crâne, et peu disposé à battre en retraite devant la meute aboyante des clercs triomphants. (1)

---

13. — Les Zkara seraient-ils Francs-Maçons ?

En conformité du précepte de Roberty : — *Si l'analyse est le corps, l'Hypothèse est l'âme de la science* (2), — nous avons essayé de tirer de la légende d'Amor ben Sliman, en nous servant de la méthode inductive sociologique, tout ce qu'il était raisonnablement permis d'attendre d'un si maigre sujet. Pour l'historien, tant qu'il n'aura sous les yeux aucun texte précis relatif à ce personnage fabuleux, il est certain qu'Amor restera longtemps, peut-être toujours, un gros point d'interrogation, une brillante hypothèse, riche seulement en matière d'amplifications.

---

(1) Au moment de la correction des épreuves, un voyageur zkraoui, le *Rousmi Jer'nine*, dont il sera question beaucoup plus loin, nous assure que Amor ben Sliman (Ez-Zendik') est enterré à *Cherraâ*, dans la tribu de Trifa (Rif). Le plus curieux de l'affaire, c'est que les Musulmans de ce centre, prenant Amor pour un orthodoxe parfait, mort en odeur de sainteté, lui ont élevé un mausolée dans lequel ils viennent assez souvent faire leurs dévotions. Jusqu'à présent, aucun adepte du zkraouisme n'a osé risquer sa tête pour la vaine et platonique satisfaction de contempler de près l'endroit où repose la cendre du disciple préféré de Sidi Ah'med ben Youssef.

— *Il est de notoriété publique dans le pays que le Moula s-Saâ* (le Maître de l'Heure), *le mystérieux Messie des Musulmans, attendu depuis des siècles, doit sortir de Cherraâ*, disions-nous en 1895, dans le *Maroc Inconnu*, tome I, page 174.

Maintenant que nous savons que le novateur zkarien dort son dernier sommeil à Cherraâ, nous nous expliquons très bien pourquoi cette prédiction a été faite.

(2) De Roberty. — *Nouveau programme de Sociologie*. (Esquisse d'une introduction générale à l'étude des Sciences du *Monde Surorganique*), page 238. — Paris. F. Alcan, in-8°, 1904.

Abandonnons donc, quoique à regret, le pseudo-restaurateur de la doctrine zkarienne et passons à une autre conjecture séduisante, qui peut se présenter à l'esprit du premier venu, et que notre devoir de sociologue nous oblige cependant d'examiner à son tour, parce que, si elle venait à se réaliser, elle atteindrait d'emblée son plein effet esthétique et politique, parce que, sans nous fatiguer à chercher ailleurs des protecteurs pour nos libres penseurs des Angad, l'utile, la grande Association dont nous allons parler dans un instant les prendrait immédiatement sous sa sauvegarde.

Cette hypothèse est celle qui représenterait le Zkraouisme comme un rameau détaché et isolé de la *Franc-Maçonnerie* primitive.

Des analogies extraordinaires pourraient être relevées et mises en parrallèle dans les deux Institutions : — Identité des conceptions métaphysiques (1), — même devise : Liberté, Égalité, Fraternité, — même but : Liberté absolue de conscience, protection des *Frères* contre l'injustice, le respect des autres et de soi-même, le travail encouragé et honoré, — même façon de se reconnaître par des *mots de passe*, peut-être aussi par des *signes de reconnaissance* (2) inconnus des profanes, etc., etc. Enfin, une imagination fertile — (il s'en trouve plus qu'on ne croit sur notre petite planète, —) trouverait sans doute aussi le moyen de raccorder l'anneau zkarien à la chaîne légendaire maçonnique qui se perd dans les bosquets du paradis terrestre (3).

---

(1) « Considérant les conceptions métaphysiques comme étant du domaine exclusif de l'appréciation individuelle de ses membres, la Franc-Maçonnerie se refuse à toute affirmation dogmatique. » Les Zkara applaudissent sans réserve cette sage déclaration du Grand-Orient de France.

(2) Les notables Rousma, quand ils ont à accréditer un de leurs adeptes auprès de leurs concitoyens éloignés, remettent à ce messager un griffonnage spécial où il n'y a ni consonne, ni voyelle, ni mot quelconque, non compromettant par conséquent s'il vient à être perdu, très probant au contraire s'il est conservé et remis aux destinaires. Les Mahométans ont la naïveté de croire que cette cryptographie conventionnelle serait une véritable écriture, représentant des mots, des phrases et des idées.

(3) L'inventif *Anderson* et le non moins imaginatif *Oliver*, deux des plus anciens historiens de la Franc-Maçonnerie, ont contribué, pour une bonne part, à embrouiller l'important problème des origines de cette bienfaisante Institution.

Anderson fait remonter la Franc-Maçonnerie à Adam, lequel enseigna à ses fils la géométrie et les arts connexes !....

Oliver, dans ses *Antiquities of Freemasonry*, trouve l'origine de la Maçonnerie au paradis terreste !.... il cite Moïse parmi les Grands-Maîtres et lui donne pour orateur Josué !... — Toujours et partout, hélas ! les *Légendes bibliques*, ces fabuleuses histoires auxquelles tant de cœurs généreux, mais peu éclairés, se sont laissés prendre !

— De telles hypothèses ne sauraient cadrer, objectera-t-on, avec une étude scientifique comme celle-ci.

Nous répondons que l'hypothèse est souvent le seul chemin qui mène à la vérité, aux découvertes. Nous-mêmes, pour prendre un exemple récent quoique peu connu, aurions-nous déniché le groupe si intéressant des libres penseurs zkariens si, mouton de Panurge obstiné, nous n'avions jamais émis le moindre doute sur la coranisation intégrale des Berbères du Nord-Ouest de l'Afrique ? La besogne du sociologue est autrement complexe que celle de l'historien, du savant spécialiste, ou du pur érudit. Insister à cet égard serait faire injure à la plupart de nos Sociétaires qui sont certainement au courant des méthodes, des travaux et des admirables découvertes de la Reine des Sciences qui s'appelle la *Sociologie* contemporaine [1].

Les plus petits détails ayant leur importance dans les études sociologiques, il eût été impardonnable, à notre avis, de ne pas s'assurer si les Zkara sont ou ne sont point francs-maçons. N'appartenant pas nous-même à la Franc-Maçonnerie, mais ayant parmi les membres de la Loge d'Oran des amis sincères

---

(1) Sur *l'Histoire de la Sociologie*, on peut consulter : Lévy-Brühl, *la philosophie d'Auguste Comte*, 1900. — Fouillée. *la Science sociale contemporaine*, 1885. — Durkheim, *les Sciences morales en Allemagne*, dans *Revue philosophique*. année 1887 ; *la Sociologie en France au XIXe siècle*, dans *Revue Bleue*, mai 1900. — Bouglé, *les Sciences sociales en Allemagne*, 1896. — Groppali. *la Sociologie en Amérique*, dans *Annales de l'Inst. Internat. de Sociologie*, 1900.

Sur *la Sociologie en général*, voir : Comte, *Cours de philosophie positive* (vol. IV-VI). — Spencer, *Social Statics ; Descriptive Sociology*, 1874 et suiv. ; *Principles of Sociology*, 1876 et suiv., trad. franç., 1887 ; *The Study of Sociology*, 1873, trad. franç., 1880, etc. — Espinas, *Sociétés animales*, 1867. — De Greef, *Introduction à la Sociologie*, 1886-89 ; *Transformisme social*, 1894. — Tarde. *les Lois de l'imitation*, 1890-95 ; *Logique sociale*. 1895, etc. — Novicow, *la Lutte entre les Sociétés humaines*, 1893 : *Conscience et Volonté sociales*, 1896, etc. — Worms, *Organisme et Société*, 1896. — Massart et Vandervelde, *Parasitisme organique et Parasitisme social* ; *Évolution régressive en Biologie et en Sociologie*, 1897.— Guyau, *Œuvres complètes*. Félix Alcan, édit. Paris. *Bibliothèque Scientifique Internationale* sous la direction d'Aglave, chez Alcan, 101-vol. parus, janvier 1904.

Principaux périodiques français consacrés à la Sociologie : *Revue internationale de Sociologie* ; *Annales de l'Institut international de Sociologie* ; *Année sociologique*, 7 vol. parus, de 1898 à 1904.

Sur *la méthode de la Sociologie* : Comte, *op. cit.* — Stuart Mill *Logique*, l. VI. — Durkheim, *Règles de la méthode sociologique*, 1895. — Langlois et Seignobos, *Introduction aux études historiques*, 1898. — *Classification des types sociaux*, dans *Année Sociologique*, 1900. — Grande Encyclopédie : *Sociologie*, *Auguste Comte*, *Guyau*, *Spencer*, *Durkheim*. — *De Roberty*, *op. cit.*

et dévoués, nous eûmes recours à leur obligeante compétence pour les prier de nous dire si les gestes secrets que se font entre eux les Rousma ont une analogie quelconque avec les signes maçonniques . . . .

. . . .

Maintenant que l'expérience nous a prouvé que les Zkara ignorent jusqu'au nom qui a rendu célèbre la vaillante Institution philanthropique qui s'honore d'avoir abrité sous ses temples le divin Voltaire et tant d'autres bienfaiteurs de l'Humanité, qu'il nous soit permis d'ajouter que, mis par nous au courant des multiples bienfaits qu'ils ne manqueraient pas d'obtenir de la Franc-Maçonnerie quand ils seront assez instruits pour en faire partie, les Rousma accueillirent avec des transports de joie l'idée que nous leur donnâmes de s'affilier le plus tôt possible à cette grande Société d'émancipation sociale qui rêve d'étendre à la planète entière le culte désintéressé de la science, de l'art et de la vertu.

---

14. — Esclavage

Ce titre : — *Esclavage* — n'est pas exact, en ce sens que l'esclavage, avec son cortège obligatoire d'asservissement, de contrainte perpétuelle, de passivité totale, fait absolument défaut, ou peu s'en faut, à la condition servile des nègres chez les Zkara. Il eût été peut-être plus logique d'intituler ce chapitre :

— *Prosélytisme sous couleur d'esclavage.*

Voici des faits probants à cet égard :

Les Zkara achètent parfois des négrillons et des négrillonnes aux Beni-Guil, Oulad Jrir, H'amiyan, qui les tiennent eux-mêmes des Touareg. On les achète toujours très jeunes, entre 2 et 5 ans, pas davantage. Leur valeur vénale oscille entre 250 et 500 francs par individu. On les élève dans les principes du plus rigoureux zkraouisme; puis, quand ils ont une quinzaine d'années, que l'on s'est assuré de leurs bonnes dispositions, de leur anti-islamisme, de leur fidélité et dévouement à l'Irréligion zkarienne, on les affranchit par acte authentique. Si, au début, ils donnent au contraire des marques non équivoques de mauvais naturel, penchant au vol, infidélité, mensonge, etc., on s'empresse de les revendre aux tribus musulmanes environnantes. L'attente d'une dizaine d'années, imposée aux jeunes nègres et aux jeunes négresses avant d'être admis à jouir de la plénitude des droits attachés à la condition de zkraoui et de zkraouia libres, n'est en somme qu'un noviciat, un catéchuménat plein de garanties pour l'avenir, et il n'est pas d'exemple jusqu'ici que les Zkara aient jamais eu à se repentir d'avoir ouvert leurs rangs aux pauvres êtres que la férocité et la cupidité mahométanes ont arrachés à l'affection de leurs familles.

Donc, à partir de l'âge de 15 ans, aucun individu n'est esclave chez les Zkara. Devenus libres, les noirs continuent à demeurer chez leurs anciens maîtres, où ils sont traités comme les enfants de la maison ; puis, un beau matin, quand ils ont une vingtaine d'années, on assiste à un mariage sensationnel : — *Faraji*, aussi tendre de cœur, aussi ferme zkraoui que sa peau est couleur de suie, épouse en grande pompe la sémillante, l'active *Msaôuda*, négresse affranchie d'un autre maître débonnaire et irréligieux.

Les nègres et négresses se marient presque toujours ensemble, les uns et les autres étant, bien entendu, affiliés et fidèles aux doctrines zkariennes. On cite pourtant deux noirs qui ont épousé deux blanches, et un blanc qui s'est marié avec une noire : *Zaïr*[1] *Mbarek,* nègre, a épousé la blanche *Mariem* du douar de *Ben-Aïsaïn ; Ah'med Faraji,* autre nègre, ancien esclave du caïd Remdhan, s'est uni à la blanche *Safia* d'*Irimaïn*. Enfin, un zkraoui, dont le nom nous échappe, s'est marié récemment avec une négresse anti-musulmane du douar de *Bou-Asaker*. Tous ces conjoints bigarrés vivent à l'heure qu'il est sous l'empire des liens conjugaux qu'ils contractèrent jadis ; mais nous croyons savoir que si la chose était à refaire, ces mariages mixtes ne se referaient plus, parce qu'en dépit de leurs larges conceptions philosophiques, les Zkara, hommes et femmes, ont une forte tendance à se considérer comme d'une race supérieure aux gens de couleur[2].

---

(1) On appelle *zaïr* (féminin *zaïra*) celui qui est allé en pèlerinage au tombeau de Sidi Ah'med ben Youssef. Voir plus loin le chapitre du *Pèlerinage*.

(2) Il en est à peu près de même chez nous. Que le lecteur soucieux de la question nègre lise — *L'Education des Nègres aux Etats-Unis*, par Kate Brousseau, Paris, F. Alcan, 1904, — et il sera édifié. Il verra que les Zkara pourraient servir de modèles aux citoyens de la grande République Américaine si ces derniers voulaient résoudre sans cruauté le grave problème de la collaboration des Noirs et des Blancs.

On donne d'habitude aux nègres zkara les noms arabes suivants : *Faraji*, *Salem*, *Bel-Kheir*, *Rabah'*, *Mbarek*, pour les hommes ; — *Msaôuda*, *Mbarka*, *Afia*, *Kheïra*, pour les femmes ; tous noms de bon augure signifiant : *consolateur*, *gaillard*, *fortuné*, etc.

Il n'y a guère en tout qu'une quarantaine de noirs des deux sexes chez les Zkara, parmi lesquels une demi douzaine de ménages, avec de nombreux enfants. Le Zkraouisme de ces nouveaux venus dans la famille zkarienne est d'une intensité, d'une solidité à toute épreuve. La chose paraîtra d'autant moins invraisemblable que ce sont les grands chefs Rousma qui, la plupart, achètent les négrillons, les élèvent et les gardent chez eux pendant toute leur existence. Ainsi, le Rousmi *Maâmmar ben Belk'assem* a chez lui actuellement un négrillon et une négrillonne ; Le Rousmi *Mansour ben Belk'assen* a un nègre et une négresse, qu'il a mariés ensemble et qui ont maintenant quatre enfants ; le Rousmi *El-Bachir ben Sid-houm* a célébré ces jours-ci la noce de son jeune nègre et d'une jeune négresse selon les préceptes de la Libre Pensée zkarienne.

Les représentants de la race noire affiliés au Zkraouisme n'ont produit jusqu'à présent qu'un seul individu quelque peu doué sous le rapport des arts et de la littérature : c'est le *zaïr* Mbarek, l'époux de la blanche Mariem du douar de Ben-Aïsaïn. Mbarek n'est pas ce que l'on pourrait appeler un barde de génie, ni même un rapsode de mérite ; il est simplement *l'écho* du poète zkarien zaïr Mh'ammed ould Khlifa, des *Ih'ammouyin*, et son rôle se borne à répéter les dernières phrases du Maître, de manière à permettre à celui-ci de reprendre haleine et de se reposer un peu, entre deux strophes, quand il régale ses concitoyens de ses productions poétiques.

Mh'ammed ould Khlifa, qui a fait, comme son titre de *zaïr* l'indique, un pèlerinage au mausolée de Sidi Ah'med ben Youssef à Miliana, a chanté les émotions et les impressions que ressentit son âme de primitif lorsqu'il se vit emporté à toute vapeur vers la sainte Cité par les locomotives de l'Ouest-Algérien et du P.-L.-M. Ses vers, typiques, nerveux et précis, ont frappé l'imagination de ceux de ses amis qui nous en ont rapporté les quelques bribes suivantes :

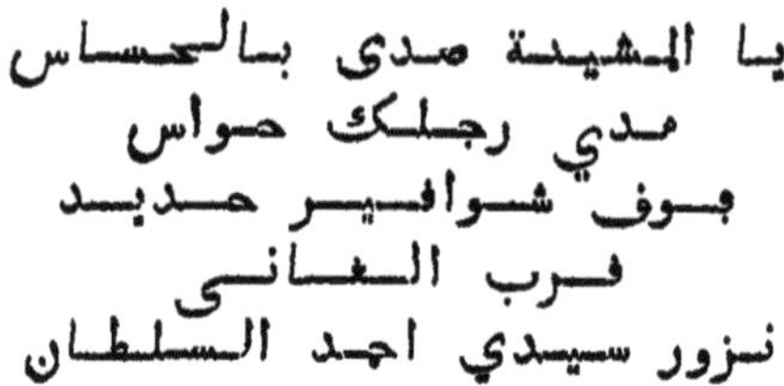

TRADUCTION

« O locomotive, élance-toi, bruyante ;
« Allonge tes pas rapides
« Sur les barres de fer.
« Rapproche-nous du fortuné,
« Que nous visitions Sidi Ah'med le Sultan.

En société, le nègre Mbarek répète, d'une voix tonnante, les vers du poète, avec d'autant plus de plaisir et de conviction, qu'il se rappelle qu'il était du voyage, lui aussi, et que le souffle haletant de la machine, infiniment plus puissant que le sien, l'avait rempli d'un saint respect pour la science des Chrétiens.

15. — Pèlerinage à La Mecque

— Les Zkara vont-ils en pèlerinage à La Mecque ?

Telle était la grosse question qu'il fallait tirer au clair pour lever les derniers doutes possibles sur les sentiments de ces Indigènes en matière de foi islamique. Sans plus tarder, nous devons nous hâter de dire que jamais aucun adepte du Zkraouisme n'est allé visiter le tombeau du Prophète arabe. Telle est la nouvelle et irréfutable preuve d'anti-islamisme zkarien que nous livrons aux méditations des prudents saints Thomas qui hésitent encore à changer d'opinion et qui ont de la peine à ne plus considérer comme paroles d'Évangile les affirmations des historiens touchant l'islamisation complète des Berbères africains. Il est si commode, si peu dangereux pour les méninges, de s'endormir sur des idées anciennes et toutes faites, doucement bercé dans les irresponsabilités et les servitudes du fétichisme livresque.

Au surplus, afin de mieux traduire la répulsion qu'éprouvent les Zkara pour la plus anodine manifestation qui tendrait à les rapprocher un tant soit peu des doctrines mahométanes, il est nécessaire de faire le récit de la mésaventure tragique dont fut victime un individu des Zkara, lequel, *après s'être converti à l'Islam*, crut gagner définitivement le paradis en accomplissant le pèlerinage de La Mecque et en conseillant ensuite à ses anciens concitoyens d'imiter sa conduite.

C'était il y a une cinquantaine d'années de cela. Au village des Oulad ben Gana, au sein de la fraction la moins libre penseuse des Zkara, celle de *Akkmen*, vivait à cette époque un homme opulent qui entretenait des relations amicales avec les Mehaya et les marabouts des Beni-Oukil. Ces derniers finirent par persuader à *Mouh'ammed ould Amor* (1) que s'il allait faire ses dévotions sur le tombeau du législateur des Arabes une bonne place, un fauteuil d'orchestre pour le moins, lui serait réservé dans le délicieux et immortel séjour promis par Allah aux fidèles Croyants. Mouh'ammed se laissa enjoler. Après avoir prononcé la profession de foi islamique, après avoir adhéré solennellement aux préceptes de l'Islam, il emporta une forte somme d'argent, et il partit pour la Ville Sainte en compagnie de quelques amis des Mehaya et des Beni-Oukil.

Son absence dura trois ans. On croyait qu'il était mort, et l'on ne pensait plus à lui, lorsqu'il reparut tout à coup dans la tribu, le chapelet au cou, confit en dévotion, ne manquant pas une prière, affilié à l'Ordre religieux des *K'adiriyin*, cagot, bigot au dernier degré. Dès son arrivée, il voulut coraniser sa famille et ses voisins. Il allait dans les campagnes, à travers douars et villages, suppliant les Zkara de se faire musulmans et d'abandonner leurs funestes erreurs afin d'éviter après la mort les feux de l'enfer.

Le prosélytisme actif, passionné, de celui qui voulait qu'on lui décernât ostensiblement le titre islamique de *El-H'ajj* (le pèlerin), ne fut pas sans ébranler un peu les tièdes opinions voltairiennes des Oulad ben Gana. On parlait, à mots couverts,

(1) Tel était le nom de l'aspirant pèlerin zkraoui, avec cette différence que *Mh'ammed* fut changé en *Mouh'ammed* après son retour du pèlerinage.

des progrès et des succès qu'obtenait l'ardent missionnaire dans son entourage immédiat, lorsque le cheikh Remdhan, celui-là même qui allait sous peu être élevé au caïdat [1], vit le danger de la propagande du pèlerin . . . .

. . . .

Un certain jour qu'El-H'ajj Mouh'ammed était allé islamiser les gens des Oulad Mh'ammed, il se vit avec terreur appréhendé au corps. On le traîna jusqu'au lieu dit *Addèr Azoukkar'* (le Mamelon Rouge). C'est là qu'il fut massacré, c'est là qu'il fut enseveli et c'est au pied du sinistre Mamelon Rouge que se trouvent à présent ses restes mortels. On assure que ceux qui s'étaient chargés d'assassiner le novateur étaient des hommes d'*Irimaïn*, et Irimaïn est, comme on le sait, la métropole des Zkara, le village où habite le caïd Remdhan.

Après ce meurtre déplorable, les Oulad ben Gana, les proches parents ainsi que les anciens partisans du malheureux El-H'ajj ne songèrent plus à s'islamiser. Le fils du martyr lui même, ce fils qui vit encore aujourd'hui, qui était né un an après le retour de son père de La Mecque, ce fils que le nouveau converti s'était empressé d'appeler *Mouh'ammed*, et qui devait être plus tard, dans la pensée du pèlerin, l'un des plus fermes soutiens de l'Islam en terre zkarienne, ce fils, qui a près de cinquante ans maintenant et à qui l'on a raconté dans ses plus petits détails l'assassinat de son père, est l'un des plus ardents, l'un des plus intransigeants anti-musulmans de la tribu libre penseuse.

Bien qu'il se dise *islamisé*, le douar des *Oulad Rabah'* n'a pu compter jusqu'ici qu'un seul zkraoui, sérieusement converti au Mahométisme, qui soit allé en pèlerinage à La Mecque. C'était un nommé *El-H'ajj Ali ben Ah'med*, mort il y a sept ans, un an après son retour de la ville du Prophète, ce qui ne veut pas dire qu'il ait été occis comme son infortuné coreligionnaire et contribule des Oulad ben Gana. Ali a laissé un fils qui se nomme naturellement *Mouh'ammed* et qui peut avoir à présent 17 ou 18 ans. Ce Mouh'ammed est, paraît-il, un très fervent

(1) Remdhan fut le premier caïd des Zkara. Avant sa nomination, la tribu n'avait que des cheikhs, qui étaient censés relever directement du gouverneur d'Oujda, mais qui étaient parfaitement indépendants en réalité.

musulman. Nos dernières informations nous le signalent comme habitant actuellement au Rio-Salado (département d'Oran) où il travaille à la journée chez les colons.

On cite encore un *h'ajj* aux Oulad Rabah' ; mais El-H'ajj Ah'med bel-Lah'sen, (tel est son nom), est originaire des Beni-Znassen ; c'est un musulman par conséquent, et il n'y a rien de surprenant à ce qu'il ait jugé à propos d'accomplir le saint voyage *ad limina*....

Il est un fait curieux, c'est qu'aucun des Oulad Sidi Ah'med ben Youssef, pas plus chez les Oulad Znagui que chez les Oulad Zerrouk'i, ne soit allé visiter le tombeau du Prophète, à aucune époque, et pourtant ces indigènes sont des musulmans, des mahométans authentiques. La fréquentation des Zkara semble avoir refroidi et annihilé jusqu'à un certain point l'ancien zèle religieux de ces nobles marabouts. C'est ici le cas de dire : Dis-moi qui tu hantes. . . . .

En résumé, à part les deux zkara *convertis à l'Islam*, dont on a parlé plus haut, et qui, par le fait seul de leur conversion au Mahométisme, s'étaient retranchés d'eux-mêmes de la Communauté positiviste zkarienne, on peut affirmer que jamais aucun zkraoui n'est allé à La Mecque.

Prière, jeûne, dîme, pèlerinage, guerre sainte, ces prescriptions fondamentales de l'Islamisme, que les Musulmans les plus libéraux persistent à considérer comme des commandements de Dieu, ne sont pour nos amis marocains libres penseurs que des préceptes plus ou moins ridicules, plus ou moins odieux. Ils ne font d'exception qu'en faveur de la *dîme* musulmane, l'aumône obligatoire, qu'ils trouvent entachée cependant de contrainte, tandis que chez eux la charité s'exerce sans obligation ni sanction, parce qu'elle part du cœur, parce qu'elle ne redoute et n'espère ni les châtiments ni les récompenses du dur et intraitable Allah Taâla du Coran.

---

16. — Pèlerinage des R'nanema à Miliana

On sait que la dépouille mortelle de Sidi Ah'med ben Youssef repose à Miliana. Cette charmante petite ville du département d'Alger est célèbre en Algérie et au Maroc parce qu'elle a l'honneur de posséder dans ses murs les reliques du Marabout-hypercritique dont il a été longuement question dans les pages précédentes.

Les Zkara ne vont jamais en pèlerinage au tombeau de Sidi Ah'med ben Youssef. On cite cependant deux individus de cette tribu qui y sont allés ; remarquons de suite que c'étaient deux rapsodes, deux artistes ambulants, que le seul amour du lucre avait conduits à Miliana, non pour s'agenouiller sur le saint sépulcre, ce qui était le cadet de leurs soucis, mais pour chanter de touchantes poésies qui leur valurent des recettes fructueuses. A leur retour chez eux, on leur décerna le pompeux qualificatif de *Zaïr* (visiteur, pèlerin,) terme clérical qui prêta un peu à rire, puis l'on ne reparla plus du voyage des deux bardes, et leur innovation intéressée ne trouva point d'imitateurs (1).

Si, en leur qualité de libres penseurs, les Zkara ne font aucun pèlerinage, pas plus à La Mecque qu'à Miliana ou ailleurs, il n'en est pas de même des membres d'une de leurs tribus-sœurs, les *R'nanema*, que nous avons classés parmi les groupes positivistes sahariens (2), et qui se rendent en foule chaque année au tombeau de Sidi Ah'med ben Youssef.

A l'époque déjà lointaine où nous avions signalé à notre excellent ami Edmond Doutté (3) la grande désinvolture des femmes R'nanema qui pénètrent sans voile dans les cafés maures, lutinent les hommes et leur disent, bon gré mal gré, la bonne aventure, nous ne savions pas, et nous ne pouvions guère deviner pourquoi ces prétendues *maraboutes* (4), si libres, si osées dans leur conversation et leurs manières avec les Mahométans, auxquels elles cherchent à soutirer quelques sous, étaient d'une vertu farouche avec ces mêmes Mahométans, lorsque ceux-ci, excités par la verve, le jeu et les attouchements troublants de ces dames, voulaient passer de la plaisanterie platonique et publique aux exercices secrets et moins poétiques du gynécée.

---

(1) Voir pages 121 et 122 ce qui a été dit au sujet de ces deux artistes.

(2) Page 243. Fascicule C. Juillet-septembre 1904.

(3) E. Doutté. *Notes sur l'Islam Maghribin.* (Les Marabouts), page 99 et suiv., in-8°, Paris — 1900.

(4) Les Musulmans sont persuadés que les *R'nanema* sont mahométans et que leurs femmes, les *R'nanemiat*, sont des *mrabt'at*, des *Maraboutes*, titre qui classe ces dames à un degré éminent dans la hiérarchie du culte authropolâtrique musulman magribin.

A présent, nous savons que les *R'nanemiat* sont tenues, conformément à leurs principes anti-musulmans zkariens, de n'avoir aucun rapport intime avec les adeptes du Mahométisme. Suivies de leurs maris, qui, à l'étape, se reposent dans des fondouks ou s'occupent de maquignonnage, elles roulent de village en village, de ville en ville, procédant à leur science occulte dans les cafés maures, à travers les rues ou sur les places publiques, et elles finissent par arriver en bandes plus ou moins compactes au mausolée de Sidi Ah'med ben Youssef, but suprême et extrême de leurs pérégrinations dans l'Est Algérien. Elles retournent ensuite à petites journées vers leurs solitudes sahariennes en menant au retour le même genre de vie qu'à l'aller. Celles qui sont restées au pays leur succèdent ensuite, et d'autres encore, jusqu'à ce que la tribu entière puisse se flatter d'être allée plusieurs fois à la Ville Sainte du département d'Alger.

Les *R'nanema* et les *R'nanemiat* n'ont fait jusqu'à présent l'objet d'aucune étude sociologique particulière. Les éléments d'informations que nous avons recueillis sur cette très intéressante tribu sont trop incomplets pour que nous soyons en état de donner dès maintenant sur elle des conclusions précises. Les notes que nous commençons à amasser sur les groupes anti-musulmans marocains et sahariens, autres que les Zkara, nous montrent chaque jour davantage que nous sommes en présence d'un monde inconnu, d'autant moins commode à étudier, que les mœurs, coutumes, institutions et croyances de ces peuples sont tenues soigneusement à l'abri des indiscrétions étrangères.

---

17. — Un taleb zkraoui
Entrevue de l'auteur avec deux Rousmiat

Dans le courant de l'année 1904, il nous fut donné de faire la connaissance d'un zkraoui d'une quarantaine d'années, qui offrait cette particularité peu banale, en vérité, de savoir lire, écrire et parler l'arabe. Cet indigène répond au nom de Si Belk'assem ould Cheikh Ali. Il est originaire des *Oulad ben Gana*, fraction des *Oulad Moussa*. Ses parents, en vue d'en faire un lettré pouvant au besoin servir de secrétaire au caïd Remdhan, l'avaient expédié, vers l'âge de 20 ans, dans une des zaouia des Beni-Znassen où l'on s'était empressé de bourrer sa mémoire de l'indigeste prose coranique.

Bon élève, très studieux, Belk'assem travaillait avec conscience, et, peu à peu, presque à son insu, le virus magique du Prophète arabe s'insinuait, par la terreur de l'*Au-delà*, jusqu'au plus profond de son être. Dans ce milieu superstitieux et mystique, un grave revirement commençait à s'accomplir dans l'âme du jeune libre penseur qui en était arrivé à se demander avec angoisse si l'Islam n'était pas, en définitive, la vraie, l'unique Religion divine, et si le Zkraouisme, avec ses tendances matérialistes, irréligieuses et positivistes, d'où les conceptions métaphysiques sont rigoureusement bannies, n'était pas au contraire la Voie de l'erreur et de la perdition.

. . . .

. . . .

— Ne vous l'ai-je pas dit cent fois ? Vous allez en faire un musulman de votre fils ! On ne l'entend plus jurer que par Allah et Mouh'ammed, et le voilà qui nous amène maintenant un de ses condisciples mahométans, ce vagabond aux yeux clignotants, aux allures mystérieuses et étranges ! Qu'il prenne garde à lui !

C'était le caïd Remdhan, le perspicace chef voltairien, qui admonestait en ces termes menaçants le père et la mère de Belk'assem.

Le *vagabond aux yeux clignotants*, c'était Moh'ammed ben Tayyéb lui-même, l'éternel touriste qui, dans sa fièvre des voyages, s'était attaché à Belk'assem, il y a 18 ans de cela, afin de pouvoir explorer à son aise le pays des Zkara. Nous avons vu plus haut que la sagacité du derviche n'était pas parvenue à déchiffrer l'énigme zkarienne ; il lui avait été facile, en compagnie de Belk'assem, de battre le pays, d'en connaître la nature physique, mais la psychologie des habitants était un problème autrement ardu à résoudre que l'étude du sol, et ce problème était resté pour lui à peu près insoluble, Belk'assem se refusant à verser dans son oreille des confidences qui auraient pu provoquer à leur dam des catastrophes analogues à celle du *Pèlerin-convertisseur*, dont la fin tragique avait terrorisé les cœurs faibles et porté au dernier point l'appréhension de l'impitoyable sévérité du caïd en matière de trahison zkarienne.

— O caïd, avaient répondu les parents de Belk'assem dans

leur effroi, notre fils n'est pas devenu musulman. Nous t'en donnons l'assurance. Le venin (*semm*) islamique n'est chez lui qu'à fleur de peau. Il ne retournera plus à la zaouia. Il cessera ses études dès aujourd'hui; il redeviendra en peu de temps un anti-mahométan déterminé, comme il l'était avant son séjour parmi les partisans de Mahomet. . . . .

. . . .

— Et maintenant, demandons-nous à Belk'assem, que penses-tu de tes anciennes terreurs de l'*Au-delà?*

— Maintenant que je t'ai entendu, à tant de reprises et avec tant de force persuasive, me répéter que toutes les Religions ne sont que d'admirables hameçons politiques destinés à être avalés par les foules ignorantes, maintenant mes terreurs ont disparu et tu m'as raffermi à jamais dans la foi de mes chers Zkara, peuplade qui est, d'après toi, l'une des plus sages, l'une des mieux équilibrées qui soient au monde. D'ailleurs, pour te prouver mon anti-islamisme, mon *Koufr* (irréligion), comme tu l'appelles, je t'amènerai ici ma femme et ma belle-mère, deux *Rousmiat* de la plus noble origine. Tu m'as dit que les femmes sont les conservatrices, les gardiennes par excellence des mœurs, des traditions, des coutumes et des croyances. Tu veux te rendre compte, de tes propres yeux, du degré d'irréligion zkarienne par la femme zkarienne. Eh ! bien, tu seras satisfait, et tu pourras dire ensuite aux philosophes français tes frères que les Zkara sont, autant qu'eux, dégagés du joug des dogmes et des superstitions religieuses.

Fidèle à sa parole, Belk'assem se présentait à notre domicile, le 12 Novembre 1904, en pleine période de Ramadhan par conséquent, accompagné de sa femme et de la mère de celle-ci, deux *zkraouiat* pur sang, d'une famille de haute volée, en effet, puisque la mère, *Mimouna n Ah'med n Amor,* appartient à la caste des Rousma. Elle est la sœur de sidi *Ali-l-Bab el Maâyouchi,* l'un des chefs spirituels Zkara, le plus âgé d'entre eux actuellement. Mimouna peut avoir une cinquantaine d'années. Elle est veuve. Très attentionnée pour sa fille, qui porte dans ses flancs un futur libre penseur qui sera sans doute plus tard l'orgueil de son père Belk'assem, la bonne maman que nous avons devant les yeux évoque dans notre souvenir le type des paysannes de race latine. Elle est un peu épaissie par l'âge, la bonne maman, mais robuste, d'une charpente forte, aux contours puissamment dessinés. La bonté et la franchise se lisent dans ses regards. Sa mise est simple ; c'est celle des mahométanes algériennes : un flot de légères cotonnades blanches, que recouvre le grand drap de lit si laid des dames arabes de l'Oranie. A leur grand regret, Mimouna et sa fille ont dû se soumettre aux coutumes locales, laisser au fond d'une caisse le costume national, la robe rouge zkarienne, aux larges plis flottants, pour s'enrouler le corps, de pied en cap, dans un triste suaire (1).

Ni belle ni laide, la jeune femme, *Çafia n Mh'ammed n Yah'ya,* a peut-être une trentaine d'années (2). Le voyage qu'elle vient de faire, dans l'état où elle est, l'a beaucoup fatiguée, mais elle ne s'en plaint pas et semble disposée à répondre de son mieux à nos questions. Çafia n'est rousmia que par sa mère Mimouna, laquelle avait épousé un homme du peuple, le sus-dit Mh'ammed n Yah'ya. De cette union étaient nés Çafia et d'autres enfants qui vivent à présent à Lourmel, près d'Oran, groupés autour de leur mère et de leur beau-frère Belk'assem, qui est devenu le chef et le soutien de la famille depuis le décès de son beau-père.

Çafia à été l'épouse, en premières noces, d'un petit-fils du caïd Remdhan, un jeune homme du nom de *Mouh'ammed Amezzian Remdhan,* décédé en 1898. Elle connaît donc à fond la mentalité de la famille du chef des Zkara, et son témoignage, précieux à ce titre, concorde d'ailleurs avec ce qui nous a été déjà dit à ce sujet.

C'était, avons-nous dit, en pleine période de Ramadhan que nous reçûmes la visite des Rousmiat et de Belk'assem. Dans le train qui les avait amenés, nos trois voyageurs avaient observé le jeûne rigoureux imposé à ses adeptes par le fondateur de l'Islamisme. Aussi étaient-ils littéralement

---

(1) Le linceul, dans lequel s'enveloppent les musulmanes des villes de l'Oranie lorsqu'elles ont à sortir de leur logis, commence à choquer le bon goût naissant de nos indigènes citadins qui ont même trouvé le mot juste pour tourner en dérision cette partie grotesque du costume arabe féminin. Ils appellent la femme revêtue du « drap de lit de sortie » « *mkeffna* » (roulée dans un suaire).

(2) La face dorsale de chaque main était ornée, aussi bien chez Çafia que chez sa mère, d'un tatouage figurant une sorte de grosse rosace violacée. Un autre tatouage, filiforme et vertical, décorait également le front des deux Rousmiat. Ajoutons que Belk'assem avait aussi le dos des mains tatoué. Les Zkara ont adopté il n'y a pas longtemps le tatouage pour ne pas trop se distinguer des autres Zénètes.

affamés à leur arrivée à la maison vers onze heures du matin. Ce fut alors que, nous adressant à Mimouna et à sa fille, nous leur dîmes en arabe, langue dans laquelle elles s'exprimaient très bien :

— Avez-vous déjeuné ?

— Comment l'aurions-nous fait? répondirent-elles. Il y avait dans le train des Arabes qui nous auraient tuées s'ils nous avaient vues porter quelque chose à la bouche.

Nous. — Et ici, dans cette maison d'un libre penseur, d'un *Kafer* comme vous, êtes-vous disposées à vous mettre à table avec nous?

— Pourquoi pas? fit en riant Mimouna.

Nous. — Si vous prenez de la nourriture en temps de carême, pendant que le soleil brille au ciel, c'est que vous n'êtes pas musulmanes.

Mimouna. — Pourquoi serions-nous musulmanes ?

Nous. — Parce que vous êtes habillées comme des musulmanes.

— Le vêtement ne signifie rien ; c'est le cœur qu'il faut connaître.

Tandis qu'elle prononçait ces mots, Mimouna, très grave, se frappait le côté gauche de la poitrine, puis elle reprit :

— Belk'assem et bien d'autres Zkara t'ont dit qui nous sommes.

Nous. — En effet. Mais je voudrais vous entendre, vous Rousmiat, vous qui êtes femmes, filles, mères, sœurs de chefs Zkara, me dire en termes clairs et précis que vous n'êtes pas musulmanes.

— Nous ne sommes pas musulmanes, déclarèrent à l'unisson la mère et la fille, avec de grands gestes de dénégation.

Nous. — Dites-moi maintenant si Mouh'ammed, qui est le Prophète des Arabes, est vraiment un prophète pour vous.

A cette question, les regards inquiets des deux femmes s'étaient portés sur la porte d'entrée de notre bureau. Elles semblaient craindre qu'une oreille mahométane ne fût collée derrière, prête à recueillir la dangereuse déclaration. Pour les rassurer, Belk'assem intervint :

— Vous pouvez tout dire au cheikh, fit-il. Autant que nous, plus que nous, il est dégagé de tout lien envers les religions existantes.

— Eh ! bien, prononça Mimouna à voix basse, Mouh'ammed n'est rien pour nous, ni *rasoul* (apôtre), ni *nabi* (prophète).

Sur notre observation que Çafia s'était abstenue de répondre :

— Moi ! fit-elle. Mais je suis de l'avis de ma mère, et je répète après elle que Mahomet n'est pas prophète.

— Très bien, très bien, Rousmiat. Allons déjeuner maintenant.

Dans la salle à manger, Mimouna, Belk'assem et Çafia se moquent vraiment des prescriptions coraniques. Rien ne les rassasie : c'est une boulimie de Bedouins campagnards qu'il faut assouvir par des quantités d'aliments variés. Ce repas de midi, en Ramadhan, est épique. Nous emplissons les assiettes de ces dames.

— Ceci, Rousmiat, c'est du *h'allouf*, du porc domestique. En voulez-vous ?

— Donne toujours, et ne t'inquiète de rien, répondent les deux femmes.

Belk'assem, ce clerc raté, que son ancien rabâchage coranique influence encore sans doute, déclare que la viande de porc lui fait mal, qu'il la digère péniblement, que, du reste, avant de commencer ses études arabes, il avait essayé plusieurs fois, chez les Zkara, de manger de la chair des sangliers que feu son père savait si bien tuer et accommoder ensuite, mais qu'il a dû renoncer pour toujours à cette nourriture à la suite des troubles gastriques dont il avait tant souffert jadis.

— Mais, tu le vois, ajoutait-il. Je bois du vin, je mange en plein Ramadhan. *Je déclare que Mahomet n'est pas prophète.* Que veux-tu de plus ?

Saint Thomas lui-même, qu'eût-il pu répondre à notre place ? En face des preuves multipliées d'anti-islamisme que nous donnaient depuis une heure Belk'assem, et surtout les Rousmiat, — qui ne se décidèrent à quitter la table qu'après avoir fait le vide dans la plupart des plats et après avoir bu, non du vin, auquel elles n'étaient point habituées, mais de l'eau claire, plus deux bonnes tasses de thé pour couronner ce repas mémorable, — nous levâmes la séance en disant :

— Plus de doute possible. Les Zkara ne sont pas musulmans.

. . . .
. . . .

Au dehors, les grands arbres de la promenade Létang se baignent à travers les rayons d'un soleil encore chaud, et sur les bancs de cette promenade, des fantômes blancs s'allongent, dans la rigidité de la mort.

Munis de nos jumelles, les trois Zkara, du haut de notre terrasse, s'émerveillent de l'extraordinaire rapprochement des objets éloignés. Ces formes humaines, ces fantômes blancs, ma foi ! oui, ce sont des Arabes, des jeûneurs, riches et pauvres, que le carême a terrassés, et qui essayent d'imposer silence aux cris de détresse de leurs estomacs au moyen d'un sommeil trompeur, hanté, malgré tout, de visions et de cauchemars gastrolâtriques.

— Les voyez-vous, là-bas, étendus sur ces bancs ? Ce sont nos frères, ce sont les vôtres, ce sont des enfants de l'Islam, en proie à un mal terrible : le *delirium religieux*. Ils croient réjouir la Divinité en livrant leurs corps en pâture aux souffrances de la soif et de la faim. Plaignons-les ! Quant à vous, heureuses Rousmiat, heureux Zkara, vous qui avez su vous préserver jusqu'ici des virus islamique, chrétien et juif, vous vivez en philosophes paisibles, ne faisant de mal à personne, c'est vrai, et cependant vous êtes courbés, vous aussi, sous le joug d'une terreur épouvantable : la *terreur de l'islamisation qui vous guette*. Vous ne voulez pas être musulmans. Ce désir est des plus légitimes, des plus respectables. La France, qui proscrit chez elle tous les *Cléricalismes*, ne souffrira pas, espérons-le, que le Sultan du Maroc et ses pachas vous torturent pour vous enrôler de force sous les bannières du Cléricalisme mahométan.

Telles furent les dernières paroles que nous adressâmes à nos amis Zkara, après une journée entière passée à causer avec eux. Chargé par nous d'une mission auprès de ses contribules, Belk'assem a repris la direction de l'Ouest et il a emmené avec lui les deux Rousmiat.

Tandis que nos amis se disposaient à partir, Mimouna nous prit la main, puis, d'une voix tremblante, elle articula ces quelques mots :

— Dis bien à la France que nous ne serons jamais musulmans.

— *Abaden ! Adaden !* Jamais ! Jamais ! répétait-elle en s'éloignant.

Et la voix, au détour du chemin, au moment où nous

aillions perdre de vue nos voyageurs, devint tout à coup d'une sonorité éclatante :

— *Abaden ! Abaden !* Jamais ! Jamais ! clamait-elle . . . . .

. . . .

Jamais ?.... Oui, jamais, à condition que nos Républicains libres penseurs prennent en pitié leurs frères Zkara . . . . .

---

18. — Les Oulad Rabah' et les Mh'afidh sont-ils islamisés ?

La seule partie de la Société zkarienne avec laquelle les Mahométans ont quelque analogie d'opinion est le groupe dissident des *Oulad Rabah'* et des *Mh'afidh.* Toujours envahissant et rongeur, l'Islam semble s'être attaqué, non sans succès, à ces deux petits douars, autrefois libres penseurs et anti-musulmans déterminés, aujourd'hui *musulmanisés*.... ou sur le point de l'être.

Voyons où en sont exactement les choses :

Aux *Oulad Rabah'*, il y a maintenant une école arabe primaire, tandis qu'il n'en existait point il y a seulement une dizaine d'années. Une pareille innovation, si contraire aux principes zkariens, constitue un énorme progrès islamique, très menaçant pour l'avenir, attendu que l'on ne se contente pas d'apprendre à lire et à écrire l'arabe seulement dans cette école ; on va beaucoup plus loin : on y enseigne le Coran, on bourre la mémoire et la cervelle des jeunes zkara d'une foule de citations et de versets du livre divin qui seront plus tard la source inépuisable d'où jailliront les superstitions et les fanatismes. Sur les 20 gamins de 6 à 15 ans qui suivent les leçons du magister musulman des Oulad Rabah', quatre ou cinq, les mieux notés, s'en vont chaque année achever leurs *études religieuses* à la célèbre zaouiya des Oulad Sidi Remdhan, chez les Beni-Znassen (1).

L'on nous assure, et nous tenons pour exact, que les parents de ces jeunes clercs sont restés fidèles à l'endogamie zkarienne, que leur conversion au Mahométisme n'est que simulée, que les Rousma sont toujours reçus avec les mêmes égards aux

---

(1) Cf. *Le Maroc Inconnu*, tome I, page 187 et suiv.

Oulad Rabah', que ces derniers, lorsqu'ils sont en présence des Rousma, donnent à ces chefs vénérés des preuves non équivoques d'anti-islamisme, etc., etc. Il n'en est pas moins vrai cependant que les Oulad Rabah', les jeunes surtout, commencent à observer le jeûne du Ramadhan ; plusieurs font les cinq prières mahométanes réglementaires ; d'autres n'éprouvent aucune répugnance à prononcer en public la profession de foi islamique, etc., etc.

— Dissimulation, hypocrisie que notre prétendue conversion, nous disent à l'oreille les représentants des deux douars incriminés.

— Si nous faisons semblant d'être ralliés à l'Islam, ajoutent-ils, c'est afin d'éviter les hostilités et les persécutions incessantes des tribus arabes environnantes.

Il faut se rappeler, en effet, que c'est au voisinage immédiat des tribus musulmanes que l'on peut et que l'on doit attribuer l'islamisation forcée des Oulad Rabah' et des Mh'afidh.

Quant aux *Mh'afidh*, il est certain qu'ils sont infiniment moins islamisés que les Oulad Rabah'. Ils déclarent bien à leurs voisins musulmans qu'ils partagent leurs croyances religieuses, mais la vérité est qu'ils ne prient point, ne jeûnent en aucun cas et ne prononcent jamais, pas même à l'article de la mort, la profession de foi islamique.

Quoi qu'il en soit, il semble ressortir de ce que l'on vient de lire que les douars précités sont sur la pente qui mène à l'Islam, pente dangereuse et glissante où les cœurs les plus fermes peuvent avoir le vertige. Toute la question est de savoir à présent si l'on peut tendre encore une main amie à ces infortunés et les remonter sur le bord du gouffre qui menace de les absorber, ou bien, s'il faut, au contraire, s'en désintéresser et continuer à les laisser descendre dans l'abîme avec leur masque islamique déjà vieux et usé, masque que leurs jeunes enfants, par suite de l'éducation religieuse, mépriseront sous peu et rejetteront loin d'eux bien avant d'être arrivés au fond du noir séjour des mystères et des dogmes ? . . . . . .

. . . .

Il est une objection, que la critique ne manquera pas de nous adresser, parce qu'elle la croira profonde, habile et irréfutable ; c'est celle-ci :

— Vous dites que l'islamisation des Oulad Rabah' et des Mh'afidh est la conséquence du voisinage immédiat de ces indigènes avec des tribus musulmanes hostiles et fanatiques. Comment se fait-il alors que les autres douars zkara, situés également sur les frontières et en contact journalier avec des tribus mahométanes, n'imitent point les Oulad Rabah' et ne se disent pas, tout au moins du bout des lèvres, ralliés à l'Islam ?

— Nous répondons : — Parce que, à l'Ouest par exemple, les Zkara ont pour voisins les *Beni-bou-Zeggou*, tribu berbère où l'on prie peu, où l'on jeûne encore moins et où l'indifférence religieuse frise l'incrédulité, — parce que les Beni-bou-Zeggou, qui étaient autrefois, il n'y a peut-être pas très longtemps, des positivistes libres penseurs comme les Zkara, sont en excellents termes avec nos anti-musulmans, parce qu'ils les considèrent comme des frères, loyaux et braves, avec lesquels ils font bombance, en plein jour, quand le reste de l'Islam est plongé dans la torpeur ramadhanesque, — parce que, au Sud également, les *Beni-Yaâla*, autres voisins des Zkara, sont certainement plus tièdes en matière de foi si c'est possible que les Beni-bou-Zeggou, — parce qu'une des fractions de ces mêmes Beni-Yaâla, les *Meharech*, sont à ce point inféodés aux Zkara, *sous tous les rapports*, qu'on les a vus maintes fois prendre fait et cause pour les Zkara contre leurs propres contribules, *les armes à la main*.

N'allez pas croire pourtant que cette *École arabe* des Oulad Rabah' ne nous fasse pas trembler. Cette École est le premier travail de conquête ouverte et d'Inquisition islamiques en pays marocain anti-musulman et libre penseur ; c'est une menace imminente d'oppression morale, c'est le germe d'un mal qui peut prendre, pour des centaines de familles zkariennes, une tragique et profonde réalité.

---

19. — L'École arabe musulmane ennemie du Progrès et de la Libre Pensée

Quand on lit les historiens arabes qui ont célébré l'Université de Fez avec une profusion de louanges véritablement étonnante, quand on parcourt la longue liste des ouvrages scientifiques, historiques et littéraires qui, d'après certains auteurs européens, seraient expliqués, de nos jours encore, dans les Écoles supérieures de la capitale du Maroc, on ne peut se défendre d'un grand mouvement de surprise et d'admiration, et l'on répète volontiers que Fez est l'Athènes de l'Afrique du Nord.

L'enquête impartiale à laquelle nous nous sommes livré pendant un séjour de près de deux mois à Fez nous a convaincu, au contraire, que l'Enseignement supérieur marocain est simplement un *Enseignement religieux* sur lequel se greffent quelques études de grammaire, de théologie et de jurisprudence, cette dernière science se rattachant, comme l'on sait, d'une façon étroite et indissoluble, aux préceptes coraniques.

L'Enseignement supérieur marocain étant un enseignement religieux, l'Enseignement secondaire, qui lui sert de base, ne pouvant être également qu'un enseignement religieux, que peut donc bien être l'Enseignement primaire arabe ?

Posée nettement, la question exige une réponse nette et précise.

Voici la réponse :

Maintes fois, en Tunisie, en Algérie, au Maroc, il nous est arrivé d'arrêter et d'interroger à la sortie de l'école arabe de très jeunes musulmans qui avaient passé une bonne partie de la journée à crier à tue-tête des versets du Coran, et, chaque fois, nous étions stupéfait d'entendre sortir de leurs bouches des paroles qui dénotaient déjà une profonde religiosité, premier et puissant reflet du mysticisme précoce qui devait grandir et croître avec eux pour ne s'éteindre qu'au tombeau.

Et, maintes fois, nous avons vu des bandes d'écoliers, imberbes et graves, chanter dans les rues de Fez, en rentrant le soir chez eux ; ils chantaient la profession de foi islamique, ils psalmodiaient les paroles magiques attribuées à l'Être Suprême, et des nuées d'autres petits bambins, — ceux-là employés à gagner leur vie, parce que leurs parents n'avaient pas les moyens de leur faire apprendre à lire, — suivaient les jeunes clercs, en un cortège bourdonnant et houleux, et ils répétaient après eux les phrases sacramentelles destinées à ouvrir les portes du paradis à tout bon croyant qui sait les prononcer.

Ainsi, plus de doute possible : c'est par l'Enseignement

primaire que l'Islam modèle les caractères, pétrit à sa guise les générations futures ; c'est par l'École arabe que l'Islam oriente les cœurs vers les voies mystérieuses d'un Royaume céleste sans cesse convoité.

« Ces milliers d'enfants, dans tant d'écoles, se livrent à un vain « perroquettage ». Ne vous pressez pas pourtant de le mépriser comme vain et vide : — l'admirable, — et cela jette un jour profond sur la nature humaine, — est que l'imbécillité de cet enseignement n'est pas sans effets intelligents. Je veux dire que malgré sa nullité, et à cause d'elle, il a d'énormes conséquences sociales et politiques. Ce que ne peut le Sultan avec son Maghzen, le caïd avec son burnous d'investiture, le pauvre taleb le fait avec ses planchettes de bois. Même berbère, il déberbérise, arabise, musulmanise. La monotone pauvreté de la science qu'il inculque, suffit et peut-être sert à assimiler les autochtones aux conquérants. Ce pédant creux, qui n'a qu'une férule et une mémoire, mais la même férule et la même mémoire que cent autres pédants pareils à lui, sans savoir, fait de ses doigts gauches cette chose énorme : repétrir une race. Il y a peut-être, pour nous lettrés, quelque candeur à n'apprécier l'éducation que pour sa valeur intellectuelle. Les politiques et les chefs de religion ou de peuples savent qu'elle est surtout un moyen d'action et que sa stupidité même, par son uniformité, est plus puissante que tout l'esprit du monde, si cet esprit est divergent (1). »

Les Musulmans sont des maîtres en pédagogie religieuse. Pour ne citer que les populations d'origine berbère de l'Afrique septentrionale, l'histoire nous apprend que cette race forte et indomptable n'accepta la doctrine de Mahomet qu'après de nombreuses apostasies. Cela signifie que ce fut au moyen de l'Enseignement primaire, et par les enfants des écoles, que l'Islam finit par jeter dans le pays des racines vivaces, les hommes faits abjurant et embrassant tour à tour, suivant leurs caprices ou leurs intérêts, une doctrine étrangère dont les côtés faibles ne devaient pas échapper à leur intelligence, quelque primitive qu'elle fût. Et c'est de la sorte que s'accomplit, par les petits enfants, par eux seuls, la grande Révolution

(1) Marcel Lami Étude sur le *Maroc Inconnu*, parue dans la *Grande Revue*. Paris, 1er juillet 1902, page 166.

sociale, politique et religieuse, qui transfigura de fond en comble la vieille Société berbère. Un peuple nouveau sortit de l'école arabe primaire. De pâles écoliers, de leurs mains débiles, firent ce miracle, cette chose prodigieuse, qui paraissait aussi insensée qu'impossible : — Ils créèrent un Monde à leur image, égalant presque ainsi, dans leur œuvre cyclopéenne, l'œuvre du Dieu des Religions révélées qui, lui aussi, avait créé le premier *homme à son image.*

Plus que partout ailleurs, le magister arabe est le propagateur des croyances islamiques. Il s'adresse à l'enfance, il dédaigne l'âge mûr, parce qu'il sait que la semence jetée dans un terrain vierge produit toujours de belles récoltes, tandis que le grain lancé à travers les ronces d'un vieux champ fatigué est le plus souvent du grain perdu. Les pères et les mères de familles connaissent d'instinct cette loi de la nature ; aussi voyons-nous les habitants du Maroc, et plus spécialement ceux de Fez, envoyer leurs enfants en classe dès l'âge de 4 ou 5 ans. Du haut en bas de l'échelle sociale magribine, c'est un empressement, une émulation extraordinaires, c'est à qui enverra le premier son bambin à l'école. Artisans, journaliers, petits et gros commerçants, hommes du peuple et représentants de l'autorité, riches et pauvres, chacun considère comme un devoir impérieux de faire graver dans la cervelle de sa minuscule progéniture les paroles bénies du Livre de Dieu.

Purement mécanique, l'Enseignement primaire arabe a deux objectifs : la connaissance des lettres de l'alphabet, l'amoncellement de tous les chapitres du Coran dans la mémoire de l'enfant. La marche habituelle de ces deux opérations est la suivante :

Prenons l'enfant à son entrée à l'école ; il peut avoir 4 ou 5 ans. Il commence par apprendre à lire et à écrire les caractères de l'alphabet arabe en lisant et en copiant des centaines de fois sur sa planchette le premier chapitre du Coran, qu'il ânonne, tant et si bien, qu'il finit par se le caser dans la cervelle, sans en comprendre un mot, bien entendu. Du premier chapitre du Coran, il passe sans transition au dernier, et il remonte la série entière des sourates jusqu'à la seconde inclusivement, les copiant, les recopiant, les lisant, les récitant à satiété, mais sans les graver profondément dans sa mémoire. Ce premier travail, si long, si abrutissant, qui nécessite une moyenne de *six années* d'application ininterrompue, reçoit, quand il est fini, le nom de *tekhrija-l-oula* (premier achèvement « du Coran »), et cette tekhrija donne lieu à des réjouissances variées dans lesquelles l'art culinaire ne perd aucun de ses droits.

L'écolier a maintenant 10 ou 11 ans, il sait lire et écrire, il peut tracer sous la dictée du maître les mots du Livre saint, en les estropiant plus ou moins, mais cela est déjà considéré dans les milieux ignorants comme une haute prouesse scientifique. Cette fois-ci, on lui fait aborder le Coran par le commencement, ou du moins par le second chapitre, et, durant trois années consécutives, il relit, il recopie, il récite, à jets continus, l'œuvre entière du fils d'Abd-Allah, jusqu'au dernier mot du dernier verset de la dernière sourate. C'est la deuxième *tekhrija*.

Pendant le cours de la troisième tekhrija, qui dure un an, l'élève doit, cette fois, pouvoir écrire de mémoire sur sa planchette le texte complet du Coran et le réciter sans commettre trop d'erreurs.

Néanmoins, il faut encore au jeune clerc une année de psittacisme coranique pour posséder à fond dans son appareil enregistreur encéphalique l'œuvre entière de Mahomet. A la fin de cette quatrième tekhrija, le maître ne tolèrera ni faute, ni omission, ni vice de prononciation, ni hésitation quelconque. Il faudra que la bouche de l'élève, — tel un fidèle phonographe, — répète clairement, sans une défaillance, chaque lettre, chaque syllabe, chaque mot du gros in-octavo de plus de 300 pages, que son pauvre crâne aura mis une dizaine d'années à absorber goutte à goutte avec le même discernement et la même intelligence, à peu près, que la bordelaise reçoit par l'entonnoir le liquide qu'une main rude verse à grands flots dans ses flancs inertes.

La langue du Coran étant une langue morte, incompréhensible par conséquent pour les Arabes de notre temps, il est certain que l'écolier, à qui d'ailleurs l'instituteur n'a rien expliqué, et pour cause, n'a pas saisi un mot du texte sacré *qu'il porte dans sa poitrine*, comme disent les marocains. Il n'en sera pas moins honoré pour cela par la foule, qu'il éblouira sans cesse sous le déluge de ses éternelles citations coraniques. Cet ignorant, cet aveugle, sera le maître des âmes et des esprits, il règnera, il deviendra à son tour magister-phonographe, il inoculera le virus islamique aux nouvelles générations, lesquelles le propageront ensuite dans les villes, les douars et les villages, pour la plus grande gloire de l'Islam.

La conclusion de cette digression faite à propos de l'École arabe sera la suivante : — Notre expérience, nos études de Sociologie islamique, nos incessantes observations directes, jointes à la connaissance que nous avons de l'histoire de l'Afrique septentrionale, nous apprennent que l'invariable méthode d'instruction suivie dans les centres scolaires musulmans n'est qu'une longue et irrésistible suggestion de croyances irraisonnées, une transmission de notions erronées et d'opinions toutes faites, un dressage mécanique de la mémoire, toutes choses néfastes, qui ont produit chez les Mahométans des diverses contrées du globe cet affaiblissement de la pensée, cet engourdissement routinier, ces traditions d'obéissance religieuse, aveugle et passive, que nous constatons chaque jour, et qui sont si contraires à l'esprit de la science et de la civilisation contemporaines.

En proscrivant l'étude des philosophes, les langues vivantes, les sciences mathématiques et biologiques, l'histoire, la géographie, en frappant d'un rigoureux ostracisme toutes les connaissances qui peuvent relever l'homme de sa dégradation morale, les Pontifes de l'Islam de tous les temps et de tous les lieux ont fait preuve d'un fanatisme plus rétrograde, plus machiavélique, plus profondément conservateur qu'on ne se l'imagine d'habitude. D'après eux, il fallait, et il faudra préserver sans cesse le Mahométisme du fléau de la *Libre Pensée*. Dans ces conditions, quel meilleur moyen employer que celui qui consiste à faire tourner indéfiniment la jeunesse des écoles dans le cercle étroit et déprimant de la théologie, de la métaphysique, de la jurisprudence, de la morphologie et de la syntaxe, sans jamais chercher à les comprendre d'ailleurs ?

Admirablement entretenue dans le public islamique, la réputation de haute science des magisters des trois ordres d'enseignement musulman a eu les conséquences les plus funestes sur les destinées des peuples de l'Islam : — Étouffement des facultés intellectuelles, suppression de la volonté et du raisonnement, mépris des sciences européennes, haine des non-musulmans, — tels sont les fruits de la subordination des consciences islamiques envers les dispensateurs de l'Instruction clérico-mahométane, instruction qui fleurit et s'épanouit, de nos jours encore, même *à l'ombre du drapeau français*, depuis le rivage des Syrtes jusqu'aux flots de la mer impétueuse que les Marocains appellent si justement *Bah'ar Eddhouloumat* (La Mer des Ténèbres, — l'Océan Atlantique.). . . . .

. . . .

. . . .

— Le gouvernement de la République Française doit-il continuer, — sous prétexte de je ne sais quelle savante politique, — à choyer l'Enseignement clérical mahométan tunisien, algérien et marocain, qui est, comme on vient de le démontrer, le pire ennemi de la Civilisation et de la Libre Pensée ?

20. — Les Rousma et le Carême arabe

Dès le premier jour du mois du Ramadhan, les Rousma se mettent en mouvement ; ils parcourent les douars et les hameaux de la tribu, ils pénètrent dans les tentes et les maisons. En voici un justement qui entre dans un intérieur zkarien ; suivons-le, tâchons de voir et de comprendre ce qu'il fait, ce qu'il dit.

Le chef de la famille et sa femme reçoivent l'hôte vénéré et lui baisent la main. Les enfants, grands et petits, accourent. Lorsque tout le monde est réuni, le Rousmi offre à la ménagère et à son mari un morceau de pain, puis il dit en znatia :

— *Akhaou ayou oulek'k'im, etchemt. Ouer thelli la thizilla oua la d'azoum. Ayou r'ir tisirkas r'er Ouâraben. Ouer khefsen teggem. Maimes ouou irououlen zi themdholt ennes iouchi asen lekhbar inn asen : — Zoumeth ?*

Cela signifie :

— Prenez cette bouchée (de pain) ; mangez-la. Il n'existe ni prière, ni carême. Ce ne sont que des mensonges inventés par les Arabes. Ne vous guidez pas sur eux. Quel est celui qui s'est échappé de la tombe pour venir leur apprendre qu'il faut jeûner [1].

(1) Mot à mot : — *Quel celui qui s'est sauvé du tombeau pour donner à eux la nouvelle et dire à eux : — jeûnez ?* Cette finale du discours du Rousmi nous rappelle ce dicton arabe qui sent quelque peu le fagot :

ما ولى من القبر شارد

— Personne n'est jamais revenu du tombeau (pour nous apprendre s'il y a une vie future, sous-entendu.) Cf. *Maroc inconnu*, tome II, page 628.

Après ce petit discours, l'homme et la femme mangent en présence du Rousmi le pain que celui-ci leur a donné. Les enfants imitent les parents, et voilà de quelle singulière façon le premier jour du carême musulman est observé et sanctifié chez les Zkara. Avant de se retirer, le chef spirituel recommande aux fidèles de ne modifier en rien leurs habitudes durant le mois de Ramadhan.

— Mangez à votre faim, leur dit-il, pour que vous soyez sains de corps et d'esprit. Le carême abrutit l'homme, sans profit pour personne. N'imitez pas les Arabes qui dorment le jour et s'empiffrent toute la nuit. Mangez et travaillez tant que le soleil est au-dessus de l'horizon, et reposez-vous quand vous ne voyez plus clair pour travailler. Voilà ce qu'il faut faire en Ramadhan et en tout temps.

L'éternelle sagesse parle vraiment par la bouche de ces apôtres de la Libre Pensée qui vont semer ainsi, à chaque retour du carême arabe, leurs bonnes paroles et leur pain bénit jusque dans les foyers zkara les plus humbles et les plus retirés.

Voici donc un fait bien établi : — C'est avec une préméditation formelle, rehaussée d'un cérémonial solennel, que le jeûne musulman est proscrit et méprisé par les libres penseurs des Angad. C'est ce mépris du carême arabe qui explique aussi la joie, la sérénité sans nuage avec laquelle les deux Rousmiat, Mimouna et Çafia, partageaient notre repas de midi, pendant que, pour tromper la faim qui leur dévorait les entrailles, de pauvres fanatiques de l'Islam, fantômes blancs allongés à l'ombre des arbres de la promenade Létang, voyaient défiler en rêve des plats débordants de kouskous, puis des moutons, supérieurement dorés et rôtis, rien que des moutons entiers, une cavalcade fantastique de ruminants empalés, qui s'avançaient en bondissant sur la longue perche de leur supplice, noire et unique échasse qu'ils semblaient enlacer d'une étreinte éperdue . . . .

. . . .

Dans les montagnes centrales de la tribu, il est inutile de prendre des précautions en temps de Ramadhan. On mange le jour et l'on dort la nuit, comme d'habitude, parce qu'aucun étranger ne peut se rendre compte de l'infraction à la loi islamique ; tandis que, sur les confins du territoire, là où il y a un réel danger d'être vu et observé, les Zkara allument des feux la nuit pour faire croire à leurs voisins mahométans qu'ils ont jeûné pendant le jour et qu'ils font ripaille comme eux après le coucher du soleil.

On raconte, — et ceci prouve combien peu nos positivistes se soucient du carême arabe, — qu'une députation musulmane, expédiée au caïd Remdhan, vint, il y a cinq ou six ans, se reposer à proximité d'un des douars situés au milieu de la tribu des Zkara. L'astre du jour brûlait dans un ciel surchauffé. Harrassés, les cavaliers étrangers s'étaient couchés sous des arbres, leurs chevaux attachés près d'eux, et ils se livraient aux douceurs de la sieste, lorqu'ils furent réveillés par l'arrivée bruyante de plusieurs individus chargés de plats et de victuailles variées.

— *Ouachta had'a?* Qu'est ceci? hurlèrent les partisans du Prophète, qui se mirent soudain sur pied à la vue des provisions que les généreux Zkara venaient de déposer devant eux.

— *Et't'adm oul-lah'am.* C'est du kouskous et de la viande, répondirent les interpellés.

— Du kouskous et de la viande, à midi, en Ramadhan! Vous n'y pensez pas? firent les Arabes d'un ton sévère.

Nos étourdis Zkara avaient oublié, absolument oublié qu'on était en carême. Leur confusion faisait peine à voir. Un jeune rousmi des plus délurés, qui se trouvait avec eux, les tira d'embarras en alléguant qu'il est licite de prendre de la nourriture en Ramadhan quand on est malade ou en voyage.

Le témoin de cette scène, qui nous la rapporta telle qu'elle s'était passée, ajoutait :

— Les Arabes ne crurent pas un mot de l'excuse imaginée par le Rousmi. Ils remontèrent à cheval séance tenante, et on les entendit, au moment du départ, prononcer bien haut ces paroles peu rassurantes :

— *Ma idaâr-houm r'èr el-mout!* — Rien ne les corrigera.... que la mort!

---

21. — Les Juifs en pays zkara

Ces pauvres enfants d'Israël, si tracassés, si méprisés dans les autres contrées du Maroc, trouvent au contraire chez les anti-musulmans des Angad une franche et cordiale sympathie, à laquelle ils sont unanimes à rendre hommage. Il y a quelques juifs d'Oujda, marchands de soie, sucre, thé, cotonnades, draps, drogues, etc., qui louent des maisons à El-Maïcha et El-Mouit'er ; ils y restent, depuis le commencement de l'été jusqu'au milieu de l'automne, les uns tenant boutique ouverte, les autres allant vendre sur les marchés, se promenant à travers douars et hameaux, dans la plus complète sécurité.

Toujours inoffensifs et incapables de commettre un attentat contre les biens ou les personnes, les Zkara protègeraient au besoin leurs hôtes israélites si des chenapans mahométans s'avisaient de les molester sur leur territoire, car ils savent que les partisans de Moïse, courbés sous un joug séculaire, n'ont pour se défendre que l'humilité et la ruse, et ils se sont habitués à les considérer comme des gens beaucoup plus à plaindre qu'à blâmer.

Une fois, en 1892, un événement tragique, dont fut victime un juif, révéla jusqu'à quel point les Zkara respectent les êtres de l'espèce humaine, à quelque race, à quelque secte qu'ils appartiennent. C'était au marché d'Irimaïn. Un zkraoui astiquait un fusil chargé lorsque le coup partit par mégarde. La balle alla frapper l'un des colporteurs israélites qui se trouvaient sous une tente et le tua net. Aussitôt ses coreligionaires allèrent se plaindre au caïd Remdhan et lui dirent :

— Jamais un juif n'a été ni taquiné, ni volé, ni assassiné chez les Zkara, et voilà que maintenant on commence à nous tuer !

Sans perdre une minute, Remdhan fit appréhender au corps le coupable ; après l'avoir solidement garrotté, il le mena devant les Israélites.

— Voici le meurtrier de votre frère, leur dit-il. Si vous voulez le tuer, tuez-le. Si vous ne voulez pas le tuer, indiquez-moi la somme d'argent que vous exigez en réparation du sang versé.

Après une enquête minutieuse qu'ils firent eux-mêmes, les juifs déclarèrent que le meurtre ayant été involontaire, le zkraoui ne méritait pas la mort, mais ils demandèrent mille francs de *diya* que le caïd leur compta séance tenante. Le meurtrier fut relâché ; ses parents et ses amis se cotisèrent ensuite pour rembourser à Remdhan la somme qu'il avait avancée.

---

22. — Usages funéraires. — Suicide

Pour la première fois, nous voyons poindre ici le rôle quasi sacerdotal de la Rousmia dans la Société zkarienne. Si le Rousmi est chargé de réconforter les mourants par de douces et bonnes consolations, la Rousmia en fait autant pour les moribondes. Voici, à peu de chose près, le viatique verbal que chacun d'eux apporte aux malades de son sexe :

— Il faut mourir. Personne n'est exempt de la mort. Nous retournons tous en poussière. Tu nous précèdes, nous te suivrons. Si tu as commis des fautes, c'est nous (Rousma ou Rousmiat), qui en prenons la responsabilité.

Aucune prière, aucun credo islamique ou autre, pas un seul nom sacré, Dieu, prophète ou saint, n'est prononcé ; et le zkraoui s'éteint doucement, sans terreur, sans espérance, dans la profonde et parfaite ignorance des mondes mystérieux, joyeux ou terribles, qu'ont bien voulu nous révéler les omniscients qui ont fait les Écritures. . . . .

. . . .

Le lavage des morts est pratiqué par les Rousma, celui des mortes par les Rousmiat, une ou deux heures après le décès. Ensuite, le défunt (ou la défunte) est revêtu de ses plus beaux habits. A quelque heure qu'il ait rendu l'âme, le trépassé doit rester une nuit entière sous son toit. Parents et amis assistent à la veillée funèbre, en pleurant silencieusement, sans marques bruyantes de chagrin. Le lendemain matin, après le lever du soleil, le cadavre, toujours avec ses beaux habits, est roulé dans un suaire et on l'emporte à bras sur une civière. Quand le cimetière est loin, on attache la civière sur un mulet. Un homme conduit l'animal. Deux autres individus se tiennent des deux côtés du mulet pour empêcher le corps de tomber, et le cortège se met en route dans le plus profond recueillement. Rousma, Rousmiat, hommes, femmes et enfants, tous ceux qui ont pu venir de sept ou huit kilomètres à la ronde, accompagnent le cher disparu à sa dernière demeure. Au cimetière, aucune parole, aucune prière n'est prononcée. La fosse, creusée d'avance, reçoit la dépouille mortelle ; puis, armés de pelles, des hommes de bonne volonté remplissent de terre le trou béant, et la foule s'en revient ensuite à la maison mortuaire où un repas funèbre a été préparé.

Il est d'usage que les femmes zkara portent le deuil de leurs maris et de tous leurs proches parents. Pour cela, elles teignent en *jaune* ou en *noir* leurs robes rouges et on ne les voit plus sortir qu'avec des vêtements jaunes ou noirs pendant les cinq ou six mois que doit durer la manifestation extérieure de leur douleur. Quant aux hommes, ils se bornent à laisser croître barbe et cheveux, aussi bien pour la perte d'une épouse que pour celle d'un fils, d'un père, d'une mère, etc.

Les Zkara ont six cimetières :

1° مقبرة المقلي *Mk'abra-t-el-Mek'li*, dans la vallée de l'Ouad Msferki ;

2° أزغور *Azr'our'*, dans la vallée de l'Ouad Mouit'er ;

3° Un troisième à *Tafrent*, chez les Harasla, appelé *Mk'abra-t-Tafrent* مقبرة تافرنت.

4° Un quatrième à *Tinzi* appelé تيزي الحايض *Thizi-l-H'aidh* (Le défilé du mur) ;

5° مقبرة الشعيبي *Mk'abra-t-ech-Chaibi*, dans les Oulad Moussa ;

6° مقبرة بوجمعة *Mk'abra-t-bou-Jemâ*, situé à *El-H'assi-l-Ah'mar* (en Znatia *Anou Azoukkar'* (le puits rouge).

. . . .

Les tombes ont la forme des tumulus ordinaires et sont couvertes à l'extérieur de pierres blanchies à la chaux vive. Celles des personnages célèbres, Rousma, cheikhs, caïds, se distinguent des autres sépultures par une *h'ouit'a* en pierres sèches. Il est plus que probable que ce luxe, qui est contraire aux principes démocratiques et philosophiques zkariens, n'a été adopté ces temps derniers qu'en vue de faire accroire aux Mahométans que les Zkara ont des marabouts morts en odeur de sainteté.

Il en est de même des *chaouahid* (dalles ou pierres plates placées à la tête et au pied du tombeau), qui n'existaient pas il y a une vingtaine d'années. Ce fut le caïd Remdhan qui obligea ses frères positivistes à imiter par cette innovation les sectateurs du Prophète.

— Si vous ne mettez pas des chaouahid à vos tombes, leur avait-il dit, les Musulmans ne douteront plus de votre anti-islamisme, et alors malheur à vous !

Malgré les conseils de Remdhan, la plupart des Zkara s'obstinent à mépriser les chaouahid, mais tous, par exemple, ont conservé la vieille et bonne habitude de semer autour des tombes du فرعون *ferdun* (scylle), afin que cette pauvre petite verdure égaye un peu le champ des morts.

Mosquées, zaouiya, mausolées de santon, etc., rien de cela n'existe chez les Zkara. On nous signale pourtant la présence de trois *k'oubba* (mausolée) en plein territoire zkarien, mais ces k'oubba ont été élevées par les Oulad Sidi Ah'med ben Youssef, qui sont musulmans, ne l'oublions pas. Deux de ces mausolées se trouvent à *Tafrent*, l'un près de l'autre ; l'un est le tombeau de *Sidi Mouh'ammed ben Znagui*, marabout des Oulad Sidi Ah'med ben Youssef (Znaga), mort il y a 75 ans en odeur de sainteté ; l'autre k'oubba sert de sépulture à *Sidi-l-H'abib ben Znagui*, autre marabout des Oulad Sidi Ah'med ben Youssef (Znaga), décédé la même année que le précédent, et canonisé comme lui avant et après sa mort.

La troisième coupole s'élève entre les Oulad Moussa et Tinzi : c'est le tombeau de *Sidi-l-Khelladi*, marabout des Oulad Sidi Ah'med de Tinzi, décédé il y a une cinquantaine d'années après l'existence la plus sainte qu'un mahométan puisse rêver.

Les Zkara n'entrent jamais dans ces sanctuaires, dont ils s'éloignent au contraire avec mépris. Il n'y a que les membres de la famille des Oulad Sidi Ah'med ben Youssef et les Musulmans des environs qui s'y rendent parfois en pèlerinage.

Quand un zkraoui est gravement malade, il arrive assez souvent que les Oulad Sidi Ah'med ben Yousset s'avisent de dire à ses parents :

— Portez-le donc à l'un de nos mausolées, et il guérira.

La réponse invariable des Zkara est la suivante :

— Si votre saint jouit de la *baraka* (faveur divine), comme vous le prétendez, pourquoi donc est-il mort ? Et, du moment qu'il n'a pu échapper lui-même au trépas quand il était en vie, comment pourrait-il, maintenant qu'il est en poussière, empêcher un vivant de mourir ?. . . . .

. . . .

Les Zkara ne doivent pas être enterrés en pays d'Islam. Quand un homme, une femme ou un enfant zkara meurent à l'étranger, leurs compatriotes sont tenus de les emporter, de nuit toujours, sur des mulets, et, quelle que soit la distance, ils doivent aller les ensevelir en territoire zkarien. Ce qui prouve que l'interdiction d'inhumer nos libres penseurs en terre étrangère ne concerne que les contrées islamiques, c'est que les Zkara qui meurent en Algérie sont enterrés dans cette colonie sans qu'il soit besoin de les transporter dans leur pays d'origine [1].

La meilleure raison qui nous ait été donnée de cette coutume est celle qui tendrait à faire croire que les Mahométans seraient capables de déterrer les cadavres Zkara pour les profaner, tandis que cette horreur ne saurait se commettre dans les régions où les Chrétiens commandent.

Des témoins dignes de foi nous ont assuré qu'il y a une vingtaine d'années une vieille zkraouia étant venue à mourir à *El-H'arakèt* (fraction des Beni-Ouryimmèch, tribu des Beni-Znassen), les Musulmans des environs convainrent entre eux de ne prêter et de ne louer aucune bête de somme à ses parents pour transporter cette femme aux Zkara. Ils voulaient voir comment la famille, de pauvres gardiens de silos sans fortune, s'arrangerait avec le cadavre et de quelle manière elle s'y prendrait pour lui faire franchir la distance qui sépare El-H'arakèt du cimetière zkarien où l'inhumation devait avoir lieu.

En présence de l'attitude inqualifiable des Beni-Znassen, hypnotisés d'autre part par ce qu'ils croyaient être l'accomplissement d'un de leurs devoirs les plus stricts, les Zkara éludèrent la difficulté du transport en faisant une chose atroce : — Ils attendirent que la nuit fût venue ; puis ils coupèrent en deux le corps de la vieille. Ensuite, deux hommes vigoureux, chacun chargé d'un sac où se trouvait la moitié du cadavre, s'acheminèrent d'un pas alerte vers la terre sacrée des Zkara, dans laquelle ils enfouirent en secret leur lugubre fardeau.

On cite peu, très peu de cas de suicide chez les Zkara. Quand, par hasard, un acte de désespoir de ce genre se produit, on

(1) En Algérie, les tombes des Zkara sont creusées dans les coins des cimetières arabes, aussi loin que possible des tombes musulmanes. — « Nous préférerions de beaucoup, nous ont dit souvent ces persécutés de l'Islam, nous trouver côte à côte, dans le champ des morts, avec les Chrétiens, et dormir près d'eux notre dernier sommeil ; mais, même en Oranie, où nous sommes noyés dans l'élément rural mahométan, nous devons, pour notre tranquillité quotidienne, renoncer à nos préférences et simuler des sentiments religieux que nous désavouons au fond de notre cœur. »

peut être sûr que le suicidé était atteint d'un mal incurable et que, s'il a quitté ce monde pour le néant de ses conceptions positivistes, c'est que ses souffrances ne lui permettaient plus de jouir des douceurs de la vie.

Il y a quelques années, un certain Ali n Yah'ya mit fin à ses jours parce qu'il avait une vilaine blessure par laquelle s'échappaient d'horribles déjections. Un jour, il dit à sa femme d'aller à la source lui chercher de l'eau fraîche. Profitant de l'absence de sa compagne, il se tua en se tirant un coup de fusil en pleine poitrine.

---

23. — Livres Zkara. — Calendrier. — Faune

Des livres, des livres que personne n'a jamais pu lire ni comprendre, il n'y en a que chez les Oulad Taleb-el-Bachir, douar campé avec les Harasla, à Akkmen. On les conserve sous clef, dans une caisse, ces livres mystérieux. Il y en a 6 ou 7, de la taille d'un fort registre in-4°, et on les sort de leur prison, une fois par an à peu près, pour en chasser la vermine. Ces vénérables bouquins, que l'on se transmet de père en fils, sont de véritables reliques, dont l'œil du mahométan ne doit même pas contempler la couverture. Il n'y a toutefois que la famille des Oulad El-Bachir qui ait du respect pour ces vieilles archives qui contiendraient, paraît-il, l'histoire des ancêtres de la tribu. Les autres Zkara n'en font aucun cas, et il leur arrive plus d'une fois de sourire lorsqu'ils voient leurs contribules bibliomanes baiser leurs vieux in-4° avec les signes de la plus profonde vénération.

De l'enquête à laquelle nous nous sommes livré afin d'avoir le mot de l'énigme, il résulte que la bibliothèque des Oulad Taleb-el-Bachir ne contiendrait que des ouvrages *hébreux ;* il y a des Zkara cependant qui affirment que ce sont des livres *chrétiens ;* d'autres Zkara, non moins affirmatifs, assurent que ce sont des œuvres *arabes.*

La vérité est que l'on ne sait rien de positif à leur sujet.

En fait de calendrier, les Zkara ne connaissent et ne nomment que les jours de la semaine, auxquels ils appliquent les noms usités chez les Arabes : *el-H'add, lethnin* (dimanche, lundi, etc.) Ils savent que les mois ont environ 30 jours, mais ils ne leur donnent aucune dénomination. Ils nomment les saisons comme les Arabes, *çeïf, khrif* (été, automne, etc.), et ils savent qu'il en faut quatre pour faire une année. Aucune notion astronomique chez eux. Quelques-uns seulement connaissent les ***Pléiades*** [1], qu'ils appellent en znatia : *Jmaâ-t-ilintan*. (*L'assemblée des Bergers*. Le singulier d'*ilintan* est *alinti*, berger). Enfin, la numération est arabe.

Les Zkara sont passionnés pour la chasse. Leur adresse au tir est remarquable. Il n'est pas un seul pâtre, pas un pauvre diable de métayer ou de journalier qui n'ait son remington et un bon stock de cartouches, aussi bien dans le but de repousser l'ennemi héréditaire, le mahométan, que pour varier par ses exploits cynégétiques le menu quotidien. Les montagnes et les plaines zkariennes sont du reste très riches en gibier de poil et de plume. Mentionnons au galop de rares panthères et lions, beaucoup de chacals, pas mal d'hyènes, des gazelles en quantité, quelques mouflons ; des lapins, des lièvres, des perdrix et des sangliers, autant qu'on en veut. Il en est de même des poules, que l'on élève sous la tente ou dans les maisons : il y en a des milliers dans la tribu, où elles se vendent à vil prix : 15 ou 20 sous pièce.

En pays Zkara, quand on passe près d'un grand troupeau de moutons et de chèvres, il n'est pas rare de voir des gazelles paître librement au milieu de ces animaux. Il faut dire que ces gazelles sont à moitié domestiquées ; elles ont été prises jeunes ; des brebis ou des chèvres les ont allaitées et elles ont naturellement contracté l'habitude de suivre leurs nourrices aux champs et de rentrer le soir au bercail avec elles. Devenues grandes, elles se reproduisent facilement, parce que leur captivité, qui est en somme volontaire, ressemble à s'y méprendre à la plus complète liberté.

---

(1) En Arabe : ثريا

24. — Titres de propriété. — Droits successoraux

Sous l'influence des graves événements politiques qui se déroulent depuis quelques années dans les districts les plus agités de la Dhahra et du Rif, plusieurs notables Zkara ont jugé utile de faire établir par des tolba musulmans ou Zkara des titres de propriété selon la formule islamique. Autrefois, le droit coutumier était suffisant en matière de propriété foncière. On savait que X, par exemple, avait reçu en héritage son terrain de son père, lequel l'avait eu de ses ancêtres, etc. La notoriété publique tenait lieu d'actes authentiques. On estime insuffisante maintenant cette vieille coutume patriarcale qui avait cependant l'avantage de fermer la porte à toute espèce de procès.

Quant aux droits successoraux, ils ont été bouleversés de fond en comble il y a seulement une trentaine d'années. Jadis, la part des femmes était égale à celle des hommes dans la dévolution des biens à la ligne successorale.

Maintenant, les mâles seuls héritent, à parts égales.

Femmes et filles n'héritent plus, mais la veuve a le droit de continuer à vivre sous le toit du mari défunt, à la charge de ses enfants. L'orpheline, mineure ou célibataire, doit être toujours recueillie par ses frères ou sœurs mariés. Ceux-ci subviennent à sa nourriture et à son entretien jusqu'au jour où elle les quitte pour aller vivre avec l'époux de son choix.

XI

FOLKLORE

1. — Contes et Légendes des Zkara

On connait l'importance sociologique du folklore : on sait que la plupart des notions que nous avons sur les peuples de l'antiquité nous ont été transmises sous la forme poétique et charmante des contes merveilleux et des légendes dorées, que l'on débitait autrefois dans les veillées villageoises, au coin du feu l'hiver, en plein air l'été, habitude simple et patriarcale qui se perd depuis que l'on affecte de dédaigner les contes.... ou depuis que l'on ne sait plus parler... qu'en style télégraphique.

Les Zkara connaissent une infinité de contes, surtout les femmes, et il ne tenait qu'à nous d'en recueillir une abondante moisson, mais nous avons estimé qu'il était inutile de nous étendre sur ce sujet, domaine spécial que nous abandonnons à nos successeurs, à ceux qui voudront approfondir plus tard la *Znatia*, c'est-à-dire le dialecte berbère particulier dans lequel ces légendes nous furent dictées.

Les histoires d'ogres, d'ogresses, de génies bienfaisants et malfaisants, les contes où la Divinité, les anges, les saints, les prophètes et autres invisibles personnages interviennent si fréquemment quand il s'agit du folklore mahométan, paraissent radicalement bannis du folklore zkarien. Ce n'est pas un grand mal ; c'est plutôt une nouveauté piquante qui ne manquera pas de plaire à ceux qui trouvent qu'il y a trop de surnaturel dans le sociomophisme folklorique des trois religions révélées.

Les Zkara ne mettent sur leurs scènes allégoriques que des acteurs choisis dans le règne végétal et animal ; l'action se passe toujours sur la planète que nous habitons, non au sein des immensités mystérieuses que seuls peuvent sonder de leurs grands yeux d'aigle, sans en être éblouis, les rois de la poésie lyrique, et, parmi eux, le Maître des Maîtres, celui qui a dit :

. . . .

J'ai des ailes, j'aspire au faîte.
Mon vol est sûr ;
J'ai des ailes pour la tempête
Et pour l'azur.
. . . .

Vous savez bien...
. . . .
Que j'irai jusqu'aux bleus pilastres,
Et que mon pas,
Sur l'échelle qui monte aux astres,
Ne tremble pas [1].

. . . .

L'esprit positif des Zkara rejette, jusque dans les pures inventions de l'imagination, les êtres du monde invisible. De là découle évidemment la sécheresse relative qui est la caractéristique de leur littérature orale. Pouvons-nous sérieusement leur en faire un reproche, nous, les civilisés d'aujourd'hui, nous les blasés d'art et d'idéalisme, qui, faute de souffle et de jambes, ne pouvons plus suivre, même par la pensée, les prodigieuses envolées de celui qui disait :

Je crois être banni, si je n'ai tout l'azur [2] ?...

I

LA FOURMI ET LE CHACAL

Thousa d taket't'ouft ; thousa d teggour ak d' oubrid'. Thoufa ououchchen iras. Thoufa ir'zer iah'mel ezzathes. Thenna ias : « — A Si Ali, siamdh iyi ir'zer ; ad' essah'ner' el-dicheth ennek. »

Inn as : « — Arouah', achem sezouir. »

Thleçk' as nettath d'eg iri. Miâd' alteth isezoua, inn as : « — Sah'n iyi mani thella elicheth inou. »

Thenna ias : « — Zekk lebhaim, r'arres as zegg iri. »

It't'ef netta thikhsi, itchiteth, ioufa aisoum zilen. Indah ih'aouech lebhaim iyithbab ennsent. Ekkren fek'k'den lebhaim. Oufan tikhsi throuh'. Et't'fen si Ali, khamnlen t. Ierouel. Zeg idhdhen, itessel ekh lebhaim, itett ithent [3].

---

(1) Victor Hugo. *Ibo.*
(2) V. Hugo. *Les Quatre Vents de l'esprit. (Le Livre lyrique.)*
(3) Conté par le Rousmi Remdhan.

I

TRADUCTION

LA FOURMI ET LE CHACAL

Elle vint une fourmi ; elle vint, elle marchait avec (sur) la route. Elle trouva un chacal qui faisait paître (des moutons). Elle trouva la rivière débordée devant elle. Elle dit au chacal : « — O Si Ali [1], fais-moi passer la rivière, (et) je montrerai la nourriture de toi [2]. »

Il dit à elle : « — Viens, je te ferai passer. »

Elle se colla à lui, après son cou. Lorsqu'il l'eut fait passer, il dit à elle : « — Montre-moi où est la nourriture de moi. »

Elle dit à lui : « — A toi les moutons. Égorge-les au cou. »

Le chacal saisit une brebis, la mangea et trouva la viande bonne. Il fit avancer et fit aller les moutons vers leurs maîtres. (Les maîtres) se levèrent, ils comptèrent les moutons. Ils trouvèrent une brebis (qui) manquait. Ils saisirent Si Ali et le frappèrent. Il se sauva. Depuis ce jour-là, il attaque les moutons et les mange.

II

LE LION, LE CHACAL ET LA HYÈNE [3]

Iousa d ouar d'ououchchen d'iifis, mdoukoulen. Bd'an kt't'aân abrid', oua lakain ibet't'a iasen ifis, ik'k'ar : « — K'semtou i âmmi Ben Sebôun ; thou i âmmi eddhbâ ; thou i âmmi Ben-Dhebôun ; thou i âmmi d'd'ib. »

Ias ed ououchchen, inn as i ouar : « — Tabah men illa itteg ifis. »

Ioukth ith ouar s oufous ennes i khomsa al ikhef ennes. Iebd'a ibet't'a ououchchen, itteg elk'esmeth i ifis. Ououchchen itteg ikhf ennes etnain elk'esmeth. Itteg i ouar thnain elk'esmat. Inn as ifis : « — Ouid' ach isah'nen elk'esmou elment'bâ » ?

Inn as : « — Elkhort'at elli fi jenb âmmi dbeâ [4]. »

---

(1) Sobriquet du chacal dans certains contes berbères.
(2) Je te dirai où il y a de quoi manger.
(3) Conté par la Rousmia Çafia.
(4) Au chapitre III (*Langage*), il existe quelques erreurs que nous rectifions ici : Au lieu de *thafroukhth*, femme, etc., lisez *thamet't'outh* pluriel *thised'nan* ; au lieu de *thagmarth*, jument, etc., lisez *thaîmarth*,

II

TRADUCTION

LE LION, LE CHACAL ET LA HYÈNE

Il vint un lion et un chacal et une hyène ; ils allaient ensemble. Ils se mirent à couper la route (attaquer les passants) ; mais la hyène faisait les parts et elle disait : « — Cette part à mon oncle le lion ; celle-ci à mon oncle *Ben-Sebôun* (le lion) ; celle-ci à mon oncle [1] la hyène ; celle-ci à mon oncle *Ben-Dhebôun* (la hyène) ; celle-ci à mon oncle *Eddib* (le chacal). »

Il vint le chacal, il dit au lion : « — Vois ce qu'a fait la hyène. »

Le lion frappa la hyène avec sa patte, avec les cinq (griffes), sur la tête. Le chacal se mit à partager. Il donna une part à la hyène. Il fit pour la tête de lui-même deux parts. Il mit au lion deux parts. La hyène lui dit alors : « — Qui à toi a enseigné ce partage excellent ? »

Il répondit : « — C'est le coup (de griffe) qui est dans le flanc de mon oncle la hyène [2]. »

III

CONTE DE L'HOMME ET DES ANIMAUX

Thk'içceth ouourgaz d'elheouaïch [3]

Ettour' idjj ouourgaz koull asoukkas itett as ouar ifounasen ma khef ikerrez.

Iousa d ouchchen, inn as i outherras : « — Ma lai sellker' ifounasen zougg ouar, mandi r'a thegged ? » Inna ias outherras :

---

pluriel *thir'allin* ; au lieu de *thikhesouin*, brebis au pluriel, lisez *oulli* ; au lieu de *thih'imar*, un troupeau de moutons, lisez *thar'rith lebhaim*.

Thih'imar est un petit troupeau de 20 à 30 moutons. *Thar'rith lebhaim* (mot à mot : *un bâton de moutons*) est un troupeau qu'un berger peut faire paître à lui seul et dont le chiffre peut monter jusqu'à 400 moutons.

Les mots supprimés plus haut sont en *znatia* des Beni-Znassen. Le zkraoui qui nous les avait dictés ne se rappelait plus les termes correspondants en *znatia* des Zkara par suite du séjour de plus de 20 ans qu'il avait fait chez les Beni-Znassen.

(1) *Hyène* est du masculin en znatia.

(2) Dans les traductions littérales, le traducteur cherche à donner aux profanes une idée approximative de l'original. C'est ce qui a été fait ici.

(3) Conté par Ali ould Abd-el-K'ader Znagui.

« — Ad' egger' yicht n zerdeth. » Inn as : « — Ad' ak r'erser' icht en tikhsi thek'oua, ateth kenfer', ad' ak t aouir'. » Inna ias ouououchchen : « — Aitcha d'i r'a tezred' ar, âyidh khefi, in iyi : « — A Si Ali, our tezrid' el k'erd ? » Ad' ak ainir' netch : « Ak'ellith k'ibeltik. » Ad' iyini netta : « Thamourth d'i d'ououler' d'is d'elk'erd, ouer d'is tr'aimir' ! »

Aitcha ennes, içar am essioulen jar asen. Irouh' ouar, iffer' thamourth.

Iousa d ouchchen r'er ourgaz enni. Inna ias : « — Aoui yid ezzerd'eth d'iyi thennid'. » Inna ias : « — Aitcha, ad' ak th aouir'. Arouah' r'ers. »

Irouh' ourgaz enni r'er oukhkham ennes. Ir'res iyicht en tikhsi thek'oua. Ikneftet, iggu d'egg yicht en tezgaouth, iini khess. Thekker thmet't'outh ennes, thenna ias : « — Ououmi thaouid' aisoum ? » Inna ias : « — I ououchchen. K'ai ijla khefi ar d'anar' iletten ifounasen koull asoukkas. » Thousa d tmet't'outh tejjith al yet't'es ; thekkes aisoum ezzi thesgaouth, theggi d'in ouchcha, thini khess.

Ikker netta aitcha ennes, irouh' ad' ikrez. Iousa d ououchchen, inna ias : « — Thououid' iyi d ezzerd'eth ? » Inna ias : « — K'ai ouir' agd'. Rouh' ikhf ennek, ekkes ed tetched. » Irouh' ououchchen, ioufa thazgaouth tiini. Iefsett. Ioufa d'is ouchcha, ierouel. Ibd'a ittazel khess ouchcha. Ibd'a ououchchen ik'k'ar : « — Aour thegged' el-kher, our thzerred ech-cherr ! »

Id'ououl ououchcha r'er bab ennes. Inna ias ourgaz enni : « — Our r'ri tr'aimid'. Chekk d'akheddaâ. »

Irouh' ououchcha, ioufa idjj ikerri d'eg zinaz, iejjodh. Iemdoukoul netta d'ououchcha. Inna ias ikerri : « — K'ai oukkoud'er' zougg ouchchen ad' ieteh. » Inna ias : « — Arouah' ; netch ak id'ek. Ouer ch itettech. » Rouh'en, eggouren al oufan idjj ouour'ioul our izmir agiggouren. Mdoukoulen nehnin tlata ezzisen. Rouh'en r'er idjj ifri d'eg idjj ououzrou. Ibd'a our'ioul d'ikerri ekkalen haddan, d'ououchcha itceyyed'. Al ek'ouan. D'ikerri ik'oua d'ouour'ioul iek'oua d'ououchchen iek'oua. Al idjj ouass, ikker our'ioul, inna iasen : « — Add aouir' idjj ouar. At nenr'. At ietch ououchcha. »

Irouh' our'ioul r'er idjj ououmkan d'iis ar. Ibd'a our'ioul isk'ournouth. Iousa d r'ers ouar ; ikhs ad' ietch ar'ioul. Inna ias our'ioul : « — Mandi r'a thettched' d'i ? Yallah akid'i, atezred izroud r'eri. » Ikker ouar, irouh' akid'es. Eggouren d'iikhsen ad' aoudhen. Inna ias our'ioul : « — Erja yi d'a. Ad' rouh'er' ad' essour'. » *Irja th ouar. Irouh' our'ioul r'er yifri. Issailef ikerri d'ougg boudh iefri. Issailef ouchcha d'egg mi iefri. Inna ias i oukerri :* « — *D'ir'ra iad'ef ouar, outh ith r'er ouzellif. Ad' ikourkeb akid' ouzrou ; d'i t'ra tououthed' ad' ikourkeb, ekhs ih'ouf ouchcha. At nenr'.* » *Ilar'a our'ioul akh ouar. Iousa d ouar, ioud'ef d'egg iefri. D'i ioud'ef, iouth ith ikerri r'er ouzellif. Iskourkeb ouar akid' ouzrou. Iarraz. Ih'ouf khes ouo uchcha. Enr'in t. Ouzin t. D'i t ouzin, aouin haid'our.*

Irouh' our'ioul idradh idjj ouar ennidhen. D'i id iousa ouar, inna assen our'ioul : « — *Essoum.* » *Essoun as haid'our ouar enr'in. Aouin haid'our ikmel. Inna iasen ouour'ioul :* « — *Aouim haid'our our r'er yilli ouzellif.* » *Sd'ourin ahaid'our, ek'k'acen as azeliff, essoun as. Inna iasen our'ioul :* « — *ı umi thououiemd tou ? Aouim d' ouen r'er ellan tnin idharren.* » *S'douryint, ek'k'acen as thnain idharren, essoun as. Inna iasen our'ioul :* « — *Ma chi d'ouou. Aouim d ouen r'er ouer ellint idharren.* » *Sd'ouryint, ek'k'acen as k'aâ idharren, essoun t. Inna iasen our'ioul :* « — *Aouim d ouen r'er ouer illi ouchet't'ab.* » *Sd'ouryint, ek'k'acen as achet't'ab, essoun t. D'ouar ar inna d'egg ikhf ennes :* « — *Iounou k'aâ nr'in iran !* » *Itabah am d'oua, irouel. D'i irouel ouar, ibd'a our'ioul isouh'ournouth, d'ouo uchcha itzou, d'ikerri ijoukkar'. Ennan as :* « — *Toukkd'en ziner' iran ! Arouah' ank'dhâ abrid !* »

Rouh'en, eggouren, our zrin h'add. Ousan d r'er idjj ouzrou. Nehnin ousan d r'er idjj oukhlidj d'amouk'ran d'egg ikhf ouzrou. Et't'sen. Nehnin adousen iran erroun ; ouer hen zrin.

Ikker ikerri, izri iran erroun. Ioukkoud' ikerri, iekhs ad' ibechchech, inna ias : « — *Ai ar'ioul, iran k'ai seddaoun ar' ! Netch khser' ad' bechcher'. Oukkd'er' akhessen h'oufen ibechchichen. Ad' r'arnar' asen, ad' nar' atchen !* » *Inna ias ouour'ioul :* « — *Et't'es kh thioua ennechth a'bechched' d'i ddoufth ennechth.* » *Iousa d ikerri, iebd'a itbechchech d'i ddoufth ennes. H'oufen ibechchichen khef iran. Bd'an tabhen d'ougg jenna. Inn as our'ioul i ikerri :* « — *Ekker.* » *Ikerri ikker, ih'ouf khef iran. D'i ih'ouf, inn as our'ioul :* « — *Et't'ef oun amouk'ran d'iisen !* » *Ennan iran :* « — *Ir'erman ânan younou !* » *Erououlen.*

Rouh'en our'ioul d'ikerri d'ouo uchcha ad' k'adhân abrid' al oufan idjj ourgaz ioudjjou kh idjj ouour'ioul ennidhen. Our izmir our'ioul enni ad' iour. Ehouan akhs k'adhân abrid'.

Iousa d outherras enni, it't'ef ar'ioul enni k'at't'adn abrid', ikhref th, iisi khes saikou imendi, It't'efikerri, ik'k'en t akd'i our'ioul. Inn as i ououchcha : « — *Thekhsed' ad' effredh' ner' our deffredh ?* »

Irouh' outherras, ioui ar'ioul d'ikerri. Il'arsen as ikerri, tchint. D'our'ioul bd'a ikheddem khas. D'ououchcha irouh' ientla.

Netch ekkir' abrid'. Nettath tekki ddir.

III

TRADUCTION

CONTE DE L'HOMME ET DES ANIMAUX

Il y avait un homme à qui, chaque année, le lion dévorait les bœufs avec lesquels il labourait.

Il vint un chacal qui dit à l'homme : — « Si je sauve les bœufs du lion, qu'est-ce que tu me feras ? » L'homme lui dit : — « Je ferai une *zerda* (grand festin). » Il ajouta : — « j'égorgerai pour toi une brebis grasse, je la ferai rôtir, je te l'apporterai. » Le chacal lui dit : — « Demain, quand tu verras le lion, appelle-moi, dis-moi : « O Si Ali, n'as-tu pas vu le singe ? » Je te répondrai moi : « Le voici devant toi. » Le lion se dira : « Un pays où l'on me prend pour un singe, je n'y resterai plus ! »

Le lendemain, les choses se passèrent comme ils l'avaient dit entre eux. Le lion partit et quitta le pays.

Le chacal vint vers l'homme et lui dit : — « Apporte-moi le festin dont tu m'as parlé. » L'homme lui dit : — « Demain je te l'apporterai. Viens vers lui (le manger).

Il s'en alla cet homme à sa tente, il égorgea une brebis grasse, il la fit rôtir, il la mit dans un couffin (et il ferma le couffin) en le cousant. Sa femme se leva et lui dit : — « A qui emportes-tu cette viande ? » Il lui répondit : — « Au chacal qui a expulsé le lion qui nous mangeait les bœufs chaque année. » La femme vint, elle le laissa (son mari) jusqu'à ce qu'il fût endormi, elle enleva la viande du couffin, elle y mit un lévrier et elle cousit sur lui (le couffin).

L'homme se leva le lendemain et alla labourer. Le chacal vint et lui dit : — « M'as tu apporté le festin ? » L'homme répondit : — « Je te l'ai apporté. Vas-y toi même, retire-le (du panier) et tu le mangeras. » Le chacal y alla, trouva le couffin cousu, l'ouvrit, y trouva un lévrier et prit la fuite. Le lévrier se mit à sa poursuite et le chacal se mit à répéter : — « Ne fais pas le bien, tu ne verras pas le mal ! »

Le lévrier revint auprès de son maître. Celui-ci lui dit : — « Ne reste plus avec moi, tu es un traître. »

Le lévrier s'en alla et trouva un mouton galeux (abandonné) dans un ancien camp de nomades. Ils se lièrent d'amitié, lui et le lévrier. Le mouton lui dit : — « J'ai peur que le chacal me mange. » — « Viens, lui dit le lévrier. Je suis avec toi. Il ne te mangera pas. » Ils partirent et cheminèrent jusqu'à ce qu'ils rencontrèrent un âne qui ne pouvait plus marcher (tant il était maigre et malade). Ils devinrent amis tous les trois et ils allèrent à une caverne (située) dans une montagne. L'âne et le mouton passaient leurs journées à brouter et le lévrier à chasser. Enfin, il engraissèrent. Le mouton devint gras, l'âne devint gras, le lévrier devint gras. Un certain jour, l'âne se leva et leur dit : — « Je vais amener ici un lion. Nous le tuerons. Le lévrier le mangera. »

L'âne alla à un endroit où il y avait un lion et il se mit à braire. Le lion vint. Il se disposait à dévorer l'âne, lorsque celui-ci lui dit : — « Qu'est-ce que tu mangeras dans moi ? (1) Viens donc avec moi. Tu verras les (superbes) festins que j'ai (à t'offrir). » Le lion se décida et alla avec lui. Ils marchèrent jusqu'à ce qu'ils voulurent (furent sur le point) d'arriver. L'âne dit au lion : — « Attends-moi là. Je vais étendre des tapis, (pour te recevoir). » Le lion l'attendit et l'âne alla à la caverne. Il cacha le mouton au fond de la caverne, il cacha le lévrier à la bouche (l'entrée) de la caverne, et il dit au mouton : — « Lorsque le lion entrera, frappe-le à la tête. Il dégringolera (sur la pente de) la montagne. Après que tu l'auras frappé et qu'il sera en train de dégringoler, sur lui tombera le lévrier, et nous le tuerons. » L'âne appela le lion. Le lion vint et entra dans la caverne. A peine était-il entré que le mouton lui porta un coup à la tête. Le lion roula sur la pente du précipice et s'écrasa. Le lévrier se jeta sur lui. Ils le

(1) C'est-à-dire : — « Maigre chère tu feras si tu me manges. »

tuèrent et l'écorchèrent. Après qu'ils l'eurent écorché, ils apportèrent la peau du lion (dans la caverne).

L'âne s'en alla chercher un autre lion. Dès que ce lion fut arrivé, l'âne dit (à ses amis) : — « Mettez le tapis (en l'honneur de ce nouvel hôte). » Le lévrier et le mouton étendirent la peau du lion qu'ils avaient tué. Ils avaient apporté la peau tout entière. L'âne leur dit : — « Apportez la peau qui n'a pas de tête. » Ils allèrent cacher la peau (dans un coin), lui coupèrent la tête et (vinrent) l'étendre devant le lion. L'âne leur dit : — « Pourquoi avez-vous apporté celle-ci ? Apportez donc celle qui n'a que deux pattes. » Il cachèrent la peau, lui coupèrent deux pattes et vinrent l'étendre. L'âne leur dit : — « Ce n'est pas celle-ci. Allez chercher celle qui n'a pas de pattes. » Le lévrier et le mouton cachèrent la peau, lui coupèrent toutes les pattes et vinrent l'étaler par terre. L'âne leur dit : — « Apportez celle qui n'a pas de queue. » Il cachèrent la peau, lui coupèrent la queue et vinrent la déployer devant le lion. Alors le lion se dit dans sa tête (en lui-même) : — « Ces gens-là ont tué tous les lions ! » Il regarda de côté et d'autre, et il s'enfuit. Tandis que le lion se sauvait, l'âne se mit à braire, le lévrier à aboyer et le mouton à bêler. Puis ils s'écrièrent : — « Ils ont peur de nous les lions ! Allons couper les routes ! »

Ils partirent, ils marchèrent et ne virent personne. Ils allèrent vers un grand rocher escarpé ; ils arrivèrent à un buisson énorme, sur le sommet du rocher. Ils s'endormirent. Or, il y avait au-dessous d'eux des lions en grand nombre, qu'ils n'avaient pas vus.

Le mouton, s'étant éveillé, vit beaucoup de lions ; il eut peur, il eut envie de pisser, et il dit : — « O âne, les lions sont au-dessous de nous ; je veux pisser et je crains que les urines ne tombent sur eux et qu'ils ne viennent (ensuite) vers nous pour nous manger. » L'âne lui dit dit : — « Couche-toi sur le dos et tu pisseras dans ta laine(1). » Le mouton vint(2) et il se mit à uriner dans sa laine. Des gouttes d'urine tombèrent sur les lions qui commencèrent à regarder en haut. Alors l'âne (qui s'était aperçu de cela) dit au mouton : — « Relève-toi. » En se relevant, le mouton tomba (par maladresse) sur les lions. Au moment où il tombait, l'âne lui cria : — « Attrappe

(1) De cette manière, l'urine ne tombera pas en bas sur les lions.
(2) Abréviation pour dire : Il suivit le conseil de l'âne.

le plus gros ! » — « Qu'est-ce que cela peut bien être ? » dirent les lions. Et ils prirent la fuite.

L'âne, le mouton et le lévrier s'en allèrent exercer leurs brigandages sur les routes, et voilà qu'ils rencontrèrent un homme qui revenait du marché avec un baudet chargé de grains [1]. Le baudet ne pouvait plus faire un pas (tant son fardeau était lourd). L'homme s'avança, il saisit l'âne coupeur de routes, l'attacha (par les pieds) et mit sur lui un tellis d'orge. Il attrappa ensuite le mouton, il l'attacha avec l'âne et il dit au lévrier : — « Veux-tu suivre, ou bien ne veux-tu pas suivre ? »

L'homme partit en emmenant avec lui l'âne et le mouton. Le mouton fut égorgé et mangé. Quant à l'âne, l'homme se mit à le faire travailler. Le lévrier, lui, se sauva et prit la clé des champs.

Moi, j'ai pris le (bon) *chemin. Elle* (la légende) *a pris le flanc de la montagne* [2].

---

(1) Littéralement : — Il avait mesuré (du grain) sur un âne autre.

(2) Telle est la formule par laquelle les Zkara terminent leurs contes et leurs légendes. On remarquera qu'elle est exempte des souhaits et malédictions que renferment les formules analogues du folklore arabe et berbère. La formule zkarienne signifie simplement, sans malice : — « Moi conteur, j'étais à mon aise, dans une bonne route ; tandis que la légende que je viens de vous narrer a dû passer, à flanc de montagnes, par des sentiers abrupts et scabreux. »

Voyez à ce sujet nos *Légendes et Contes merveilleux de la Grande Kabylie* ; 2 vol. in-8°, passim.

XII

NOUVELLE STATISTIQUE. — LES R'OUATHA

1. — Cheikhs. — Douars et Villages (1)

Les Zkara habitent dans des maisons ou sous la tente. Les maisons sont des espèces de *gourbis* dont les fondations en maçonnerie s'élèvent à 50 centimètres au-dessus du sol. La façade, où est percée la porte, est également en maçonnerie, tandis que les trois autres côtés du gourbi sont constitués par de fortes planches de *drâr* (genévrier, thuya), reliées entre elles au moyen d'un mortier en terre des plus grossiers. Le parquet intérieur est uni, bien damé, d'une propreté irréprochable. Telles sont les maisons, ou plutôt les chalets primitifs, qui composent ce que nous appelons les *villages* et *hameaux*, par opposition aux *douars*, où il n'y a que des tentes.

Les Zkara riches ont des maisons et des tentes. Les tentes suivent les troupeaux dans leurs migrations continuelles et ne reviennent au village qu'une fois par an, en été. Les Zkara de la classe moyenne n'ont que des tentes avec lesquelles ils se déplacent souvent pour chercher de bons pâturages (2).

L'existence mi-vagabonde, mi-sédentaire de nos campagnards zénètes explique leurs habitudes moitié nomades et moitié citadines. Lorsque reviennent les beaux jours de l'été, une large ceinture de tentes enserre les hameaux.

C'est l'époque de la réunion des membres épars de la famille qui auront à se séparer de nouveau au moment de la chute des feuilles.

---

(1) Les renseignements qui suivent complètent et rectifient ceux du chapitre II.

(2) Les Zkara ne connaissent pas le paupérisme. Travailleurs, sobres, possédant un pays qui est plus fertile, plus verdoyant et mieux arrosé encore que celui des Beni Znassen, ils jouissent vraiment du *paradis terrestre* de leurs conceptions positivistes. Malheureusement, l'hostilité et la rapacité des tribus environnantes tiennent constamment nos amis sur le qui-vive.

— *Ils ne peuvent jouir qu'en tremblant de leurs biens...*

Fractions, Douars, Villages et Chefs politiques des Zkara

FRACTION DES OULAD MH'AMMED

DOUARS ET VILLAGES	NOMS DES CHEIKHS	Maisons	Tentes
Oulad H'ammou.........	Driouch ould Ali Azoukkar'.........	50	20
El-R'ouatha....	— Voir plus loin la notice consacrée à ces *Marabouts zkraouisés*........		25
Soualmiya.....	Belaïd ben Mansour................	65	80
Izrichen (1)	Ali ou Salem......................	45	15
Benâïsaïn (1)...	Ah'med n Fadhma	30	60
Irimaïn (1).....	El-Bachir ou Moumen et Ali n H'alima.	90	130
Oulad Bel-Lah'sen (1)....	— (Voir ci-dessous la fin de la note 1).		3
Oulad Znagui.	Famille maraboutique, amie des Zkara, domiciliée à *Irimaïn*.........	7	
Oulad Abd-er-Rah'man....	Campés près d'*Irimaïn*. — Voir plus loin l'histoire tragique de cette famille.		45
	— Les douars et villages précédents s'éparpillent le long de la vallée de l'Ouad *Mejerki*.		
Ik'aççouïn.....	Amor ould K'addour	55	25
Iâddoudiyin...	Aïsa Lah'sen ben Mansour et El-Miloud ben bou-Jemâ	30	25
Ikherraguen...	Amor n Ali........................	45	35
Imelhouben....	Mansour n Ali.....................	23	
Lmaïcha	Métropole des *Rousma*. Cheikh Ali ou Moussa......................	25	25
It'alh'aïn......	Moumen n Ali n Amamou.........	.	12
	— Les douars et villages précédents sont situés le long de l'Ouad *Oummidher* ou *Mouit'ér*. Le douar d'*It'alh'aïn* nomadise dans les environs de l'Ouad *Anou Azoukkar'* (le Puits Rouge).		

(1) *Izrichen Benaïsaïn et Irimaïn* ne forment qu'un seul et grand village, situé au lieu dit *Irouaou* (A), au pied du *Jbel bou-Heoua*.

(A) Il y a un autre endroit appelé *Irouaou* (bas-fond, en zenatia), situé dans la fraction des Oulad Moussa (Zkara).

FRACTION DES OULAD MOUSSA

DOUARS ET VILLAGES	NOMS DES CHEIKHS	Maisons	Tentes
Izerfaïn.......	Mh'ammed Lah'sen		40
Imerhaïn......	Ben Abd-el-Ouah'ad et Moussa Azoukkar'		35
Oulad Rabah' (1)	*Douar islamisé*, appelé en znatia *Irah'ouiyin*. Cheikh K'addour ben Bou-Azza		25
Ilah'snen......	Mbarek ben Mansour		45
Içalh'en (1).....	Mouh'ammed ben Bou-Azza........		30
Ik'addouren (1).	Mouh'ammed ben K'addour		50
Ih'ammouyin..	Ali n Ah'med Embarek............		15
Ir'ennouyin....	Bou-Mdièn ould Ah'med ben Abd-el-Ouah'ad.		20
	Ce douar s'appelle en arabe *Oulad ben R'ennou*.		

Irimaïn est le village-douar où se trouve l'habitation du caïd Remdhan. *Izrichen*, *Benaïsaïn* et *Irimaïn* sont des noms ethniques. Le caïd Remdhan est, par exemple, un *Rimaoui*, le cheikh Ali ou Salem est un *Izrichni*, Ah'med n Fadhma est un *Benâïsaoui*.

Le village-douar de *Benâïsaïn* est appelé par les Arabes *Oulad ben Khlifa*.

Les *Oulad Bel-Lah'sen* (en znatia *Iath ou Lah'sen*) forment un petit groupe *arabe* de 3 tentes qui campent à *Irimaïn*. Ces arabes sont der jardiniers de profession. Le caïd Remdhan les a pris à son service pous cultiver ses nombreux vergers, potagers et jardins. L'histoire des *Oulad Bel-Lah'sen* est assez curieuse: Sortis des régions sahariennes où ils avaient élevé un mausolée à leur ancêtre, le marabout Sidi Lah'sen ou Othman, ils vinrent se fixer à *Irimaïn*, chez les Zkara, il y a une centaine d'années. Est-il nécessaire d'ajouter que les Oulad Bel-Lah'seu d'aujourd'hui sont absolument assimilés aux Zkara *sous tous les rapports*?

En somme, *Irimaïn* ou *Irouaou* est un gros *douar-village* de plus de 170 maisons et 253 tentes.

(1) Les *Oulad Rabah'*, les *Içalh'en* et les *Ik'addouren* sont d'origine commune. On les appelle *Oulad Rah'h'ou* en arabe, *Irah'ouyin* en berbère.

FRACTION DE AKKMEN

DOUARS ET VILLAGES	NOMS DES CHEIKHS	Maisons	Tentes
Beni-Izzount (1)	Ali Ak'ouchih'	35	
Oulad Ben-Gana	Abd-el-K'ader Zerrouk'i et Belhachmi ould Zaïr Ah'med	100	60
Oulad Bou-Asaker	Ali ou Aled-Allah. Ce douar s'appelle en berbère *Iichchouyin*		40
Ibousalmen	Mouh'and ould Bou-Salem		25
Mh'afidh	K'addour ou Aïsa. (*Douar islamisé*)		50
Touachna	Mouh'and n El-Bachir	4	45
Isasiyin	Miloud n Sassi		15
Iharslaïn	Mouh' ou Ali ou Rah'h'ou et Ah'med ou Ali ou H'amida. Ce douar s'appelle en arabe *El-Harasla*	7	60
Ik'arrouchen	K'addour ou l-Bachir		25
Oulad T'aleb el-Bachir	Mbarek el-Bachir		15
Tinzi	Centre religieux et politique des *Oulad Zerrouk'i*, descendants de Sidi Ah'med ben Youssef	20	
Oulad Ali ben Yah'ya	Amor bou Noua. (Ce douar est campé depuis 1903 sur le territoire français, entre Marnia et Roubban, pour ne plus être victime de la tyrannie du Prétendant Bou-H'emara qui voulait le musulmaniser)		45

(1) Les *Beni-Izzount* seraient pour ainsi dire la souche de la tribu des Zkara. Leur ancêtre, enterré sur le sommet du *Jbel Tamnarth*, s'appellerait *Zoullidh ben Oullidhe r-Roumi* (le grec, romain ou chrétien) زوليض بن موليض الرومي Les Beni-Izzount font chaque année, ainsi qu'on l'a déjà dit, un pèlerinage à la tombe de ce mystérieux aïeul, dont le nom est bizarre et quelque peu apocalyptique.

Au-dessus des cheikhs et de la tribu entière des Zkara, règne et domine un homme politique de la plus haute valeur, un colosse au moral et au physique : le caïd *Remdhan ould Amor ben Mansour*. Remdhan a pour *khlifa* (lieutenant) son propre fils *Belaïd*.

2. — Les R'ouatha, ex-Marabouts musulmans devenus libres penseurs

Ce fut Belk'assem qui nous révèla le premier l'existence de cette très intéressante famille arabe maraboutique qui se prétend issue, en ligne directe, du patron de Miliana, le très pur, très grand et très glorieux Sidi Ah'med ben Youssef.

Ali ould Abd-el-K'ader Znagui, dont les informations nous avaient été si précieuses en ce qui regarde les *Oulad Zerrouk'i* et les autres marabouts des *Oulad Znagui*, était présent lorsque Belk'assem nous parla des *R'ouatha*(1), qu'il nous représentait comme les plus intimes amis des Zkara.

— Oh ! de pauvres diables, loqueteux, déguenillés, sans aucune influence ! s'était écrié Ali. Je n'avais seulement pas pensé à eux dans mes conversations avec le professeur.

— C'est possible, Sidi Ali, avait répondu Belk'assem. Mais il faut tout dire au cheikh. Or les R'ouatha ne méritent pas le mépris qu'affectent à leur égard leurs proches parents, les autres descendants de Sidi Ah'med ben Youssef, les Oulad Znagui et les Oulad Zerrouk'i, dont nous ne nions pas non plus le prestige. Que reprochez-vous en définitive à vos cousins les R'ouatha ? Leur pauvreté, pas davantage.

— Leur pauvreté et leur saleté. Est-ce que, par hasard, tu voudrais les faire passer pour de hauts et puissants seigneurs ces malheureux jardiniers et laboureurs qui ont l'outrecuidance de se dire fils de Sidi Ah'med ben Youssef? Ils ne sont pas plus musulmans ni marabouts que toi-même.

— Musulmans, il y a longtemps en effet qu'ils ont cessé de l'être, répliqua Belk'assem. Quant à leurs prétentions généalogiques, je ne sais si elles sont fondées. Eux s'intitulent *fils de Sidi Ah'med ben Youssef*, et nous n'avons aucune raison de croire qu'ils ne disent pas la vérité.

Ces derniers mots portèrent à son comble l'irritation d'Ali. Il rugit :

— Eux, descendants de Sidi Ah'med ben Youssef ! Allons donc ! Leur ancêtre était le *muezzin* et le *crieur public* de Sidi Ah'med. *Cloche* et *tambour* de notre aïeul, voilà ce qu'était le père des R'ouatha ! Un domestique, un vil *khdim*, telle est l'illustration ancestrale de tes mendiants !

---

(1) En arabe الغواثة *El-R'ouatha* (Cris de détresse).

Avec une crânerie et une franchise des plus zkariennes, Belk'assem tenait tête aux assauts de son interlocuteur. Aveuglé par les préjugés aristocratiques de sa caste, Ali, le marabout Ali, daubait sur les R'ouatha, qu'il traitait d'une façon ignominieuse et méprisante, sans apporter cependant dans la discussion l'argument décisif et vainqueur que nous attendions.

Il ne niait pas, par exemple, la complète assimilation des R'ouatha aux Zkara. Il avouait l'irréligion, l'anti-islamisme absolu de ces singuliers marabouts, qui mangent du sanglier avec délices, ne jeûnent jamais, ne disent aucune prière, de la bouche desquels nul n'a jamais entendu sortir, même à l'article de la mort, le *la ilaha illa Llah, Mouh'ammed rasoul Allah.*

Il eût fallu être aussi naïf que l'enfant à la mamelle pour ne pas deviner la rivalité d'influence et d'intérêts qui perçait à travers les furieuses déclamations d'Ali. Les R'ouatha, — et ceci a été établi par nous d'une manière certaine, — sont, infiniment plus que les Oulad Znagui eux-mêmes, les amis intimes, les vrais frères des Zkara, parce qu'ils partagent sans réserve leurs conceptions positivistes, tandis que les Oulad Znagui sont restés musulmans, peu fervents et tièdes, à la vérité, mais enfin ils sont musulmans, et cela suffit pour leur aliéner en partie les préférences zkariennes qui paraissent acquises sans partage aux extraordinaires *marabouts zkraouisés* auxquels nous avons cru devoir consacrer la présente notice. .

. . . .

Les R'ouatha sont campés sur les bords de l'Ouad-el-Kbir (Ouad Msferki), avec les *Soualmiya* (fraction des *Oulad Mh'ammed*). Ils forment un douar de 25 tentes à peu près. Les Zkara aiment et affectionnent ces marabouts campagnards et libres penseurs. Persuadés qu'ils descendent de Sidi Ah'med ben Youssef, ils leur donnent la ziara, un mouton par tente et par an, au même titre qu'aux marabouts des Oulad Znagui et des Oulad Zerrouk'i. Ces largesses ne paraissent pas de nature à réjouir les notables de ces deux puissantes familles qui affectent de mépriser les R'ouatha parce que ces pauvres diables sont, en effet, très besogneux, misérablement vêtus, peu coquets, et, de plus, chose grave, inféodés d'une manière radicale au Zkraouisme.

— La postérité du *muezzin*, du *crieur public* de Sidi Ah'med ben Youssef ! Pouh ! En voilà du joli monde ! ne cessent de répéter rageusement les orgueilleux seigneurs de Tinzi et leurs cousins d'Irimaïn.

Mais les Zkara vous diront à l'oreille :

— Nous, nous préférons les *R'ouatha* à tous les autres Oulad Sidi Ah'med ben Youssef pour la bonne raison qu'ils se sont *zkraouisés et assimilés à nous de la manière la plus complète et la plus convaincante :* — Ils sont anti-musulmans, ils détestent l'Islam, et il n'y a pas de danger qu'ils y reviennent, parce qu'ils ne se mêlent pas de politique, parce qu'ils n'ont et ne veulent avoir aucun rapport avec les Mahométans, qu'ils abhorrent, et dont ils sont abhorrés. Ils sont pauvres, c'est vrai ; ils sont agriculteurs et jardiniers, c'est encore vrai. Mais ce sont nos frères, ils sont honnêtes, paisibles et travailleurs. Pourquoi les mettrions-nous, dans notre estime, au-dessous des pieux exploiteurs de Tinzi et autres lieux ?. . . . .

. . . .

Le chef actuel des R'ouatha s'appelle Ah'med n Yah'la [1], — *Sidi Ah'med* (Monseigneur Ah'med), disent les Zkara, avec l'accent du plus profond respect. — Sidi Ah'med est un homme d'une cinquantaine d'années, très aimé de ceux qui le connaissent, jouissant d'une petite fortune qui ne l'empêche pas de cultiver son jardin de ses propres mains, ce qui tendrait à faire croire qu'il a lu *Candide*. Il n'en est rien cependant, car les R'ouatha, fidèles en cela aux préceptes zkariens, vivent dans la plus noire ignorance, cette bienheureuse ignorance des Écritures coraniques à laquelle ils doivent de ne plus être musulmans.

Le sous-chef des R'ouatha, si l'on peut s'exprimer ainsi quand on parle du second personnage de cette honorable famille, répond au nom de Si [2] Tehami ould Ah'med.

Agé de 60 ans environ, affable, travailleur, petit propriétaire, Tehami ne sait rien, ne veut rien savoir. Il s'imagine naïvement que les exemplaires du Coran distillent un poison terrible qui engendre la *folie religieuse*, et cette folie, selon sa jugeote, est incurable, contagieuse, éminemment redoutable. On dirait que lui aussi a lu Voltaire [3].

---

(1) Mort ces jours-ci et remplacé par *Yah'la ould K'ada Bel-R'aouthi* qui est maintenant à la tête des R'ouatha en qualité de cheikh.
(2) Abréviation de *Sidi* (monseigneur).
(3) Citons encore parmi les notables R'ouatha : Abd-el-K'ader ould el-Miloud, Mouh'ammed ould Ah'med ben Yah'la, El-Miloud ould Çafi, Ah'med ould Moumen, K'addour ould Mouh'ammed Bel-R'aouthi.

XIII

POLITIQUE ZKARIENNE

ISLAM CONTRE ZKRAOUISME

1. — Châtiment des Oulad Abd-er-Rah'man et des Ih'addouyin, traîtres à la cause Zkarienne. La légende arabe du caïd Remdhan

Les Oulad Abd-er-Rah'man et les Ih'addouyin (1) formaient autrefois un douar de 30 tentes, environ, et ils campaient avec le douar du caïd Remdhan, à Irimaïn. Ces deux familles, issues de la même souche, étaient de vieilles et fidèles familles zkariennes, lorsqu'en 1884 ou 1885, les Mehaya, les Ahal Angad, les Beni-Znassen et les Sejaâ se coalisèrent pour tomber sur les Zkara et les razzier. Cette expédition revêtait le caractère d'une guerre sainte parce que les Oulad Abd-er-Rah'man et les Ih'addouyin, depuis plusieurs mois déjà, avaient révélé à leurs amis les Sejaâ, avec lesquels ils allaient assez souvent au marché d'Oujda et chez lesquels ils descendaient fréquemment en qualité d'hôtes, que les Zkara n'étaient pas musulmans. En ce temps-là, nos positivistes des Angad voyageaient beaucoup moins qu'aujourd'hui ; rares étaient ceux qui sortaient de la tribu ; rares étaient les Musulmans qui pénétraient chez les Zkara. Les Ih'addouyin et les Oulad Abd-er-Rah'man, qui savaient un peu parler l'arabe, faisaient exception à la règle et allaient volontiers chez leurs bons camarades les Sejaâ. Ils causèrent... beaucoup trop ; les Sejaâ jasèrent de leur côté ; l'Islam frémit. Des pourpalers s'engagèrent en vue de l'extermination des Zkara.

Le caïd Remdhan avait été prévenu à différentes reprises de la félonie de ses concitoyens, mais comme il ne voulait sévir que preuves en mains, il attendait, se gardant bien de provoquer par des sévérités intempestives la tempête qui le menaçait.

(1) *Oulad Ali ben H'addou* en arabe.

Enfin l'orage éclata : Les tribus musulmanes précitées se portèrent en masse contre la tribu des Zkara et un grand combat fut livré au lieu dit *Jorf el-Klab* (la falaise des chiens) (1), sur le territoire des Beni-Yaâla, près de la frontière zkarienne. Pendant l'action, on remarqua que les Oulad Abd-er-Rah'man et les Ih'addouyin, qui n'avaient pas osé se séparer de leurs contribules, tiraient sur eux et les tuaient quand ils en trouvaient l'occasion. Ce fut une boucherie, une bataille acharnée, à laquelle assistèrent, suivant la coutume, les femmes Zkara, dont les deux principales fonctions consistaient à secourir les blessés et à marquer au henné les rares poltrons qui se sauvaient. Remdhan et ses intrépides Rousma, qui chargeaient à la tête des troupes, finirent par tenir en respect les Musulmans qui étaient cependant cinq ou six fois plus nombreux qu'eux. La nuit venue, les Zkara enterrèrent leurs morts au pied d'un énorme térébinthe, en un endroit appelé précisément *Tijjouth* (2). Ils brûlèrent les cadavres des Mahométans sans les mutiler, tandis que les Musulmans mutilèrent les quelques cadavres zkara qu'ils purent trouver et les brûlèrent ensuite. On releva parmi les morts le corps du fils aîné de Remdhan, Mouh'ammed Amezzian, l'enfant chéri de son père, le jeune chef aimé et estimé de tous les membres de la tribu sans exception.

Le lendemain, les Zkara durent battre en retraite devant des forces plus imposantes encore que celles de la veille. Le caïd désarma et fit attacher les principaux guerriers des Oulad Abd-er-Rah'man et des Ih'addouyin, et l'on recula jusqu'à Tgafaït, en emmenant les troupeaux qui avaient pu échapper à l'ennemi. Toute la tribu était en fuite. Les confédérés musulmans renoncèrent à la poursuivre pour piller à leur aise les silos et les maisons des vaincus, détruire les plantations, incendier les habitations et commettre le plus d'horreurs possible. Cela dura une dizaine de jours au bout desquels les pillards s'en retournèrent chez eux chargés de butin.

Les Zkara rentrèrent alors dans leur pays ; mais avant de quitter Tgafaït, le caïd Remdhan ordonna que les 18 prisonniers des Oulad Abd-er-Rah'man et des Ih'addouyin lui fussent amenés. On alla les quérir dans un gourbi, où ils étaient

(1) En znatia : *azrou n idhan*.
(2) En znatia : *tijjouth* : en arabe *bet'ma* (térébinthe).

gardés à vue, et on les conduisit devant le vieux chef. Durant le trajet, l'un d'eux réussit à se sauver et à se réfugier sous la cabane d'Abd-el-K'ader, le père de notre ami Ali.

Le caïd fit la répartition des 17 félons entre les divers représentants des douars et villages de la tribu, et sa voix terrible, sa voix dont les éclats s'entendaient à travers les crépitements de la plus vive fusillade, prononça ces mots qui restèrent gravés dans la mémoire de ceux qui nous les ont rapportés :

— Voici des traîtres qui ont failli causer la destruction des Zkara. Comme je ne veux pas que leurs enfants disent plus tard que c'est moi seul qui les ai condamnés et tués, il faut que chacun de vous participe à leur exécution.

On fit séance tenante le partage de ces malheureux entre les différentes fractions zkariennes. Tandis qu'on conduisait ces hommes au supplice, Remdhan sommait Abd-el-K'ader d'avoir à mettre à mort ou à chasser de chez lui le prisonnier qui lui avait demandé asile ; mais Abd-el-K'ader et ses parents, les autres descendants de Sidi Ah'med ben Youssef, firent tant et si bien que Remdhan se laissa arracher la grâce du fugitif. Quant aux condamnés, ils furent amenés à la forêt voisine et massacrés à coups de couteau. On n'avait presque plus de cartouches ; il fallait les économiser : c'est ce qui explique et excuse jusqu'à un certain point l'atrocité de cette exécution.

Cependant les parents des victimes étaient rentrés au pays avec le restant de la tribu sans oser manifester ouvertement leur douleur. Ils laissèrent s'écouler quelques semaines, puis, lorsqu'ils jugèrent le moment opportun, ils s'enfuirent avec leurs troupeaux chez les Ahal Angad, où ils restèrent pendant une dizaine d'années. Ils essayèrent là-bas de se faire musulmans, mais les carêmes, les prières, les ablutions quotidiennes, l'hypocrisie des Bédouins, les dégoûtèrent de l'Islam et ils demandèrent l'autorisation d'être rapatriés. Remdhan les accueillit avec bienveillance, et lorsqu'il se fut assuré qu'ils étaient restés fidèles aux doctrines zkariennes, il recommanda aux autres Zkara de les bien traiter. Pour effacer dans leur esprit le pénible souvenir de l'exécution de Tgafaït, le caïd les exempta définitivement d'impôts, de telle sorte qu'à présent les Oulad Abd-er-Rah'man et les Ih'addouyin vivent avec Remdhan à Irimaïn dans les meilleurs termes. Ces anciens transfuges sont les premiers à dire, quand on les interroge sur cette histoire tragique, que leurs pères ont été justement punis parce qu'ils avaient réellement trahi la cause sacrée du Zkraouisme. Fait remarquable : il n'y eut aucun mariage mixte entre eux et les Mahométans durant leurs 10 années de séjour chez les Ahal Angad.

Avec leur imagination déréglée et surchauffée, avec leur parti pris religieux habituel, les Musulmans des tribus voisines des Zkara fabriquèrent, à l'occasion de l'exécution des Ih'addouyin, une légende mensongère destinée à déshonorer le chef sévère qui avait châtié les traîtres. Cette légende, on la raconte encore aujourd'hui en pays arabe à peu près en ces termes :

Géant monstrueux, écrasant les selles et les chevaux sous son poids énorme, vigueur herculéenne, voix de tonnerre, tel est le caïd Remdhan, lequel, toujours aussi solide qu'un chêne, peut avoir à présent 80 ou 85 ans (1).

Son borj, — une véritable petite forteresse, — se dresse, menaçant, dans la fraction des Oulad Mh'ammed, la plus intransigeante, la plus impie, la plus sauvage de la tribu.

Maintenant que le vieux burgrave, entouré d'ennemis et assagi par les ans, ne peut plus chevaucher comme il le faisait autrefois à la tête d'une brillante escorte à travers les montagnes et les steppes de la Dhahra, il reste confiné en son castel, dont il ne sort plus guère, car certains de ses principaux administrés ont de terribles comptes à régler avec lui. Que l'on se figure, en effet, un fonctionnaire de l'ordre administratif ayant commis au cours de sa longue carrière *quarante-deux assassinats* (?) pour se maintenir au pouvoir, 42 assassinats dont furent victimes les cheikhs, les guerriers et les hommes politiques les plus en vue de la tribu des Zkara, et l'on commencera à comprendre pourquoi le tigre, au déclin de l'âge, se tient claquemuré en son fidèle et solide borj des Oulad Mh'ammed !

Sa première élévation au caïdat, qu'il faut faire remonter au règne du père de Moulaye El-H'asen (vers 1860), avait été bien accueillie par la tribu entière. Jeune alors, riche, très considéré, possesseur de beaux chevaux et de vastes domaines,

(1) Détails physiques exacts. Sous le rapport de la taille et de la force musculaire, les fils de Remdhan, *Belaïd et Amezzian*, sont dignes du père et font l'admiration des Zkara. Amezzian, le portrait vivant du vieux caïd, n'a pas tout à fait vingt ans ; c'est déjà un colosse, dans toute la force et l'épanouissement d'une jeunesse exubérante de santé.

d'une bravoure folle, Remdhan s'était lié d'amitié avec le chef des Oulad Sidi Ah'med ben Youssef, et celui-ci avait imposé la candidature de son ami au choix des Djemaâ réunies. Puis, pour la forme, on avait notifié cette élection au monarque de Fez et celui-ci avait expédié, en signe d'assentiment, un sceau et un burnous d'investiture à celui qui n'était en réalité que le serviteur des Oulad Sidi Ahmed ben Youssef.

D'un caractère emporté, violent, sanguinaire et rapace, le nouvel administrateur se signala dès le principe par des abus excessifs. Une première conspiration de 12 cheikhs se forma, et, dans les divers conciliabules tenus entre eux, il fut décidé que, par le fer ou par le feu, l'on se débarrasserait du tyran. Ayant eu vent de la chose, Remdhan se tint sur ses gardes. Il ne sortait qu'entouré de parents et amis, le fusil au poing, l'œil au guet. Plusieurs mois se passèrent ainsi ; puis, lorsque las d'attendre une bonne occasion qui ne se présentait jamais, les conspirateurs se furent relâchés de leur première ardeur, le caïd commença à les cajoler et à leur faire comprendre qu'il était de l'intérêt des uns et des autres de conclure la paix et de vivre désormais en bonne intelligence. Les Oulad Sidi Ah'med ben Youssef s'étaient chargés de ces négociations délicates. Très sincèrement ces seigneurs désiraient voir cesser les divisions intestines dont souffrait toute la tribu. Lorsqu'il ne resta plus qu'à sceller la paix entre les cheikhs et le caïd, celui-ci annonça aux Oulad Sidi Ahmed qu'il voulait célébrer la réconciliation par un grand repas, un bon et copieux souper, dans son propre borj. Les marabouts furent chargés de faire les invitations. Onze cheikhs se rendirent à leur appel. Le douzième, plus méfiant que les autres, fit le malade, s'excusa et resta coi chez lui.

A la tombée de la nuit, les invités de Remdhan arrivèrent au borj et furent accueillis par de chaleureuses démonstrations d'amitié. La salle principale des hôtes avait été convertie, ce soir-là, en une délicieuse pièce rembourrée de gros tapis marocains, aux nuances multicolores, sur lesquels s'accroupirent les cheikhs, les marabouts et le perfide Remdhan lui-même. On causa d'abord de choses banales, de la pluie, du beau temps, des récoltes. On attendait, selon la coutume marocaine, avant d'entamer l'objet capital des négociations, que le repas eût été servi. Il le fut vers 9 heures, et après le défilé des moutons rôtis, empalés à la mode arabe. après la déglutition des gaçaâ de kouskous et des t'ouajin, on servit le thé.

Ce fut à cet instant solennel que Remdhan prit la parole. Il s'exprima dans la langue nationale, la znatia, qu'il maniait avec une maëstria incomparable, et que ses invités comprenaient d'ailleurs infiniment mieux que l'idiome du Prophète.

— Mes frères! commença le caïd, pourquoi cette inimitié entre nous ? Réconcilions-nous, soyons unis comme autrefois. Toi, ô cheikh un tel, rassure tes administrés, apaise leur courroux, je me charge de t'enrichir, de te fournir tout ce qu'il te faudra, et tu n'auras plus besoin de travailler. Toi, ô cheikh un tel, également. Toi, idem. Toi, ô mon ami d'enfance, pourquoi, ah ! pourquoi me fuis-tu ? Écoutez-moi. Les temps sont changés. Il faut s'expliquer . . . .

Peu à peu, Remdhan s'échauffait. Du fond de sa gorge, des notes effrayantes, des éclats de tonnerre jaillisaient par saccades. Sa voix, cette voix qui dominait le bruit des batailles, ne plaidait plus les circonstances atténuantes : Ce n'était pas lui qui était coupable ; il avait agi dans le seul but de ranimer le zèle faiblissant des Zkara, il voulait rendre la tribu puissante, invincible, et il prédisait un bel avenir de prospérité et de bien-être, un avenir de très grande sécurité surtout, en ce pays de sauvagerie et de barbarie musulmanes où les adeptes du Zkraouisme était traités en parias. Et sur cette pente de la fraternité attendrie, il se laissait glisser, ému, avec des larmes dans la voix ; des images d'une tendresse, d'une douceur inexprimable, remplaçaient les apostrophes énergiques du début; jamais rêves de délivrance et d'indépendance zkariennes n'avaient trouvé un interprète plus délicat, plus persuasif que ce chef hardi dont les larges conceptions politiques et sociales enlevaient maintenant l'auditoire dans un éblouissement de gloire nationale éternelle. . . . .

. . . .

Il était plus de minuit. Les cheikhs, les yeux mouillés de larmes, avaient vu le puissant orateur se retirer discrètement, comme suffoqué d'émotion, et ils supposèrent qu'il était allé chercher l'argent promis à chacun d'eux.

Cependant Remdhan s'était rendu à l'écurie des mulets, et il s'était posté dans cette retraite sûre et insoupçonnée. Une caisse, en guise de siège, lui ayant été préparée par ses nègres, il s'était assis dessus, puis il avait envoyé l'un de ses mkhazni à la salle des invités en lui disant :

— Va me chercher le cheikh un tel.

Le messager partit, traversa la cour, pénétra dans la salle et appela le cheikh en question. Celui-ci ainsi que ses collègues se dirent alors :

— Le caïd veut ménager notre amour-propre. Il nous prend à part, l'un après l'autre, pour nous remettre les cadeaux qu'il nous destine...

Sans défiance aucune, et sous la conduite du mkhazni, le cheikh traversa la grande cour au fond de laquelle se trouvait l'écurie. A peine était-il entré, que la porte de l'écurie se referma derrière lui. Il fut saisi aussitôt par les esclaves noirs du caïd, baillonné en un clin d'œil, égorgé en moins de temps qu'il n'en faut pour le dire. Le second cheikh, puis le troisième, puis le quatrième, les onze enfin furent immolés de cette façon. Les Oulad Sidi Ah'med ben Youssef, croyant que tous ces hommes étaient partis chez eux avec l'argent promis, regagnèrent eux aussi leur domicile.

Au lever du jour, onze cadavres étaient étendus, hors de l'enceinte du borj, sur un gros tas de fumier, et le caïd fit proclamer dans la tribu, par des crieurs publics, qu'il avait mis à mort X, Y, Z, etc., pour crime de conspiration contre sa personne.

Le douzième cheikh, celui qui avait échappé au guet-apens en ne se rendant pas à l'invitation de Remdhan, ne devait pas lui non plus éviter le triste sort de ses collègues. Il avait eu la prudence et la patience de ne pas sortir de sa tente pendant deux années consécutives. Rendu à moitié fou par cette détention rigoureuse, il voulut un jour se donner de l'air et il fit la sottise de se mêler à des groupes qui se rendaient au *Souq el-ethmin* (le marché du lundi,) le plus important du Jbel Zkara. Informé de sa présence au souk', le caïd le fit arrêter par ses cavaliers. On amena le prisonnier à la tente de Remdhan, on lui attacha les mains et les pieds, et le caïd, s'adressant à l'infortuné en présence d'une foule de gens, lui dit :

— Tu es bien un tel, fils d'un tel ? Tu es bien le cheikh Mh'ammed qui continues à conspirer contre moi ?

Un homme s'approcha du caïd, et, d'une voix suppliante :

— O caïd, dit-il, nous sommes soumis à tes ordres plus que n'importe qui. Pardonne donc à mon frère.

— C'est ton frère celui-ci ? fit Remdhan en montrant l'homme attaché à l'individu qui venait de parler.

— Oui, caïd, c'est mon frère. Aie pitié de lui !

Alors Remdhan, s'étant fait apporter un fusil chargé, mit cette arme entre les mains de celui qui lui demandait la vie de son prisonnier.

— Tu vas fusiller ton frère, lui ordonna-t-il sur un ton qui n'admettait pas de réplique. Il vaut mieux que ce soit toi qu'un autre qui le tue : de cette façon, il n'y aura pas de vendetta possible. Si tu n'obéis pas, tu seras exécuté en même temps que lui.

Tremblant de tous ses membres, plus pâle qu'un linceul, persuadé cependant qu'il aurait la vie sauve s'il se conformait à l'ordre cruel du caïd, l'homme s'approcha de son frère et le foudroya à bout portant. Cette lâcheté ne le sauva pas, car Remdhan ayant fait un signe à l'un de ses nègres, celui-ci, d'un coup de pistolet, fit sauter la cervelle du fratricide.

Impressionnée et terrorisée, la foule s'écoula en silence à travers les baraques et les tentes de la foire, sans oser commenter ou blâmer les actes du caïd.

L'égorgement d'autres personnages, ennemis politiques, compétiteurs au caïdat, etc., plusieurs crimes affreux, enfin une hécatombe totale de 42 notabilités zkariennes, ensanglantèrent les dix premières années de l'administration de Remdhan. Aussi le scélérat n'a-t-il confiance en personne. Depuis plusieurs années déjà, il ne met plus le pied hors de son borj ; il ne communique que par lettre avec les gens du dehors, et quand on a à lui parler, il faut venir en plein jour sous la haute fenêtre de son logement, montrer patte blanche, — c'est-à-dire se présenter sans armes à feu, — crier bien haut son nom et attendre le bon plaisir du burgrave. Au bout de quelques minutes, ou de plusieurs heures, suivant le caprice du châtelain, celui-ci, ou l'un de ses esclaves, jette par la fenêtre un paquet de ficelle qui se déroule jusqu'à terre. Attachez alors votre missive au bout de la ficelle et vous la verrez s'élever ensuite dans les airs, hissée par une main invisible.

Arrivée sur le rebord de la fenêtre, la lettre disparaît soudain ; le caïd la prend, se la fait lire par son secrétaire, puis il crie au correspondant resté au pied du mur :

— C'est bien ; tu peux t'en aller.

Ou bien :

— Il y a une réponse, attends un peu.

Il ne faudrait pourtant pas croire que ce criminel de Remdhan ait pu égorger quarante deux des meilleurs guerriers Zkara sans qu'aucune protestation ne se soit élevée du sein de la noble famille des Oulad Sidi Ah'med ben Youssef. Lors des premiers attentats du caïd, Moulaye El-Meliani ben Ah'med fut tellement indigné de ce que Remdhan eût trahi la parole donnée à ses hôtes et aux marabouts, qu'il quitta la tribu et vint à Oujda, ne voulant plus, disait-il, habiter un pays où l'on se faisait un jeu des serments et des vies humaines. Toutefois, cet exil volontaire ne fut pas long. L'habile Remdhan, par de nombreuses ambassades, sut fléchir la colère du saint homme et le rappeler au milieu du petit troupeau de croyants dont Moulaye El-Meliani était le chef à cette époque. Tout le monde convient d'ailleurs que le redoutable caïd a un système excellent pour apaiser la colère des marabouts. Après chaque crime, il garrotte deux ou trois de ses fils, il les chasse devant lui comme un vil bétail, et il les conduit dans cette situation humiliante jusqu'aux tentes des principaux chefs des Oulad Sidi Ah'med ben Youssef.

— Nobles seigneurs, hurle-t-il de sa voix de taureau ! Tenez, prenez, immolez ce que j'ai de plus cher au monde ; ou bien, faites de nous vos esclaves. Tout ce que vous ferez sera bien fait. Je vous apporte ma tête et celles de mes enfants !

Le coquin n'a pas besoin d'ajouter qu'il apporte aussi des cadeaux considérables destinés à la sainte famille ; et celle-ci, devant tant d'humilité, en présence du repentir du vieux reître, et, mon Dieu, disons-le aussi, à la vue de la cascade de louis d'or que le filou a l'adresse de laisser tomber comme par mégarde de sa ceinture, la sainte famille finit toujours par pardonner et par bénir..... *et nunc et semper* . .

. . . .

. . . .

Ceux qui ignorent la faculté puissante d'invention romanesque qui caractérise la race arabe se diront sans doute, après la lecture de cette épouvantable histoire de brigands :

— Il n'y a pas de fumée sans feu : il est impossible de forger de toutes pièces un conte si bien agencé. Ce terrible Remdhan doit avoir quelques énormes peccadilles sur la conscience.

— Remdhan, répondront les Zkara, fut toujours avare du sang de ses concitoyens. Il n'était impitoyable que pour les traîtres. C'est sur le thème connu de l'exécution des Ih'ad-doujin et des Oulad Abd-er-Rah'man que les Mahométans ont brodé une légende aussi noire que perfide. Cela prouve que les Arabes ont l'imagination d'une fertilité prodigieuse ; cela prouve en outre que Remdhan était redouté des adeptes du Mahométisme dont nous avons le malheur d'être entourés.

XIV

EXODE DES ZKARA EN ALGÉRIE

1. – La Croisade musulmane

Un fait historique, qui nous semble des plus propres à mettre en une évidence éblouissante l'anti-islamisme zkarien, et à faire ressortir en même temps l'extrême complexité des questions marocaines, est celui de l'émigration en masse des Zkara sur la terre algérienne. Nous prenons d'autant plus volontiers cet exode pour exemple, qu'il a été signalé en son temps, mais mal connu et mal interprété, par l'une de nos grandes revues coloniales, laquelle ne se doutait certainement pas que les nouvelles zkariennes qu'elle enregistrait, venues par la *voie musulmane officielle* d'Oujda, étaient fausses, archi-fausses la plupart.

Pour être juste, il faut ajouter qu'en ce temps-là le *Bulletin du Comité de l'Afrique française*, — c'est la grande revue coloniale en question — ignorait l'existence d'une tribu anti-musulmane au Maroc. D'ailleurs, nous étions tous logés à la même enseigne à cette époque, et, de la meilleure foi du monde, dans notre ignorance des dessous de la politique et de la carte religieuse du Magrib, nous tenions pour à peu près vraies les informations relatives aux Zkara que le grand organe précité livrait en pâture à la curiosité européenne, et auxquelles lui-même le premier, très certainement, ajoutait la créance la plus complète.

Donnons d'abord la *version officielle* de l'exode des Zkara d'après le susdit *Bulletin :*

Mai 1897. — Troubles aux environs de la frontière occidentale de l'Algérie

« La situation a continué d'être troublée à Oujda et dans la région frontière du Maroc qui fait face au département d'Oran, à la hauteur de notre petit poste de Lalla-Marnia. Le gouverneur ou pacha marocain d'Oujda, *Si Driss ben Aïch* est encore dans une précaire position. Enfermé dans sa citadelle, il a même été fort isolé, ne pouvant plus se fier à ses administrés. Quelques troupes mal exercées, peu disciplinées, le mettraient promptement à la merci des rebelles, s'il ne comptait, il faut le dire, et bien plus, sur le manque d'entente des insurgés.

« C'est ainsi qu'il est parvenu à rassembler un fort contingent de la tribu berbère des *Zekkara* et, grâce au concours qu'il en a reçu, *Driss ben Aïch* a pu infliger une leçon très rude à ses rebelles. L'autorité impériale en retirera donc un avantage momentané d'autant plus marqué que les renforts demandés à la cour chérifienne, en ce moment à *Merrakech*, ne sauraient arriver avant quelques semaines, comme nous l'écrivions dans notre *Bulletin* précédent.

« Les Zekkara habitent un massif montagneux situé à une petite distance à l'ouest de la ville d'*Oujda*, sur la route de *Fez;* ils sont en général assez peu soumis, et le secours qu'en a reçu *Driss ben Aïch* fait le plus grand honneur à l'habileté diplomatique de ce fonctionnaire marocain dont nous avons maintes fois fait ressortir les qualités de vigueur. Les *Zekkara* sont en grande partie serviteurs religieux des chérif de *Ouazzan ;* il est permis de penser que cette famille, dévouée à la France, ainsi que l'on sait, n'aura pu que favoriser une action si heureuse.

« Malgré cela, l'état général est demeuré fort précaire, au point que les combats se sont succédé durant ce mois le long de notre frontière et que les rebelles marocains ont fait quelques incursions sur notre territoire et pillé quelques tentes de nos tribus, malgré le soin que notre administration a pris pour protéger nos gens... »

Juin 1897. — La situation politique à la frontière occidentale de l'Algérie

« Les troubles ont continué dans la province marocaine d'Oujda et l'on ne saurait se dissimuler que la position faite de ce chef au représentant du gouvernement marocain est difficile. C'est ainsi que la tribu des *Zekkara* qui formait l'appoint le plus sérieux de ses partisans a été battue par les *Mehaïa* ; pourchassés, ils ont fait mine de se réfugier sur le territoire algérien ; mais là, faisant acte de mauvaise foi, ils ont refusé de déposer les armes. Le gros de leurs tentes était encore chez nous, par conséquent à l'abri de leurs adversaires, que leur tête de colonne pillait une malheureuse tribu, les *Beni-Hamlil*, qui jusqu'alors étaient demeurés neutres et que, dans leur dénuement, l'autorité algérienne a dû recueillir. Il en est résulté un mouvement d'hostilités très accentué contre cette tribu et la lutte va s'engager contre les soutiens du pacha d'Oujda. Craignant l'événement, le caïd des *Zekkara* cherche à se rapprocher de nos autorités afin d'éviter le désastre qui attend sa tribu. On peut, en effet, prévoir que, après l'anéantissement des *Zekkara* (1) il ne restera plus à *Driss ben Aïch* que quelques fractions des *Beni-Znassen*.....»

Août 1897. — « Le Gouverneur d'Oujda, *Driss ben Aïch*, est encore enfermé dans sa ville ; il paraît y attendre avec quelque patience la venue de temps meilleurs.... Grâce à la solidité de ses murailles, il résiste aux assauts de ses administrés rebelles, mais l'État n'en demeure pas moins fort troublé et l'insécurité est très grande, au point que les voyageurs comme les commerçants ne se risquent plus que de nuit sur les routes et par groupes de 15 à 20 personnes, en évitant les chemins les plus fréquentés. Cet état d'anarchie, dont l'histoire du Maroc nous offre tant d'exemples, a gagné les populations jusqu'aux environs de Fez. Entre cette ville et Msoun, les *R'iatha*, les *H'ayaïna* et les *Dsoul* tiennent la campagne et se battent entre eux. Entre Msoun et El-Oyoun Sidi Mellouk, ce sont les *Heouara*, les *Ah'laf* et les *Sejâ* qui coupent les routes et détroussent les caravanes....»

Septembre 1897. — « Dans l'extrême Est du Maroc, les signes d'apaisement que nous signalions le mois dernier dans

(1) *L'anéantissement des Zkara* ! — première vérité, noyée de ténèbres, malheureusement. L'auteur de l'article a ici un commencement d'intuition de génie, mais tout fil d'Ariane lui manquant, il se perd dans le dédale des conjectures. *Le pillage des Beni-H'amlil*, l'*accord avec le Makhzen*, voilà en effet de très piètres arguments pour expliquer un dénouement si terrible : l'*anéantissenent des Zkara* ! Et c'était en vérité leur *anéantissement*, leur *extermination totale*, qui étaient l'unique objectif de la Coalition mahométane, non pour faire expier aux Zkara quelques moutons enlevés aux Ben-H'amlil, non pour les châtier de leur prétendue collaboration avec le Makhzen, *mais parce que les Zkara n'étaient pas Musulmans. Et nuñc erudimini....*

la province d'Oujda, en face du département d'Oran, ne paraissent pas s'être confirmés, bien que la tribu de *Zekkara*, réfugiée depuis quelque temps sur le territoire algérien, ait demandé à rentrer au Maroc pour aller s'installer aux environs d'Oujda....»

***

La version du Makhzen d'Oujda, — orthodoxe et musulmane par conséquent, — que le *Bulletin du Comité de l'Afrique française* insérait sans commentaires dans ses colonnes comme provenant d'informateurs français admirablement renseignés sur la politique marocaine, n'était qu'un trompe-l'œil, un de ces tours pendables que les fonctionnaires chérifiens tiennent en réserve pour les servir à l'occasion à la crédulité nazaréenne.

Qu'aurait-on pensé, en effet, en Algérie, en France, et dans l'Europe civilisée, si le *Makhzen,* disant la vérité pour la première fois de sa vie, avait annoncé que les tribus mahométanes de l'Amala d'Oujda se livraient à une Croisade exterminatrice contre une *tribu marocaine non-musulmane?* Cette vérité, ce secret, que la Cour de Fez avait tant d'intérêt à cacher, il fallait au contraire les travestir avec art, faire passer les Zkara pour les soutiens du trône et de l'Islam magribins, duper encore et toujours l'ignorance européenne. Or, ainsi qu'on a pu s'en rendre compte en lisant les extraits ci-dessus du *Bulletin du Comité de l'Afrique française*, le tour fut joué à la perfection.

Il nous reste maintenant à rétablir les faits tels qu'ils se sont passés, tels du moins qu'ils nous été racontés par un grand nombre de Zkara qui furent les acteurs et les témoins de ce sombre drame. Entre les affirmations d'un Makhzen plus menteur, plus artificieux que ne le fut jamais le prudent Ulysse, et les déclarations d'un peuple irréligieux mais qui a le mensonge en horreur, le lecteur n'aura pas l'embarras du choix... à moins, toutefois, qu'il ne se laisse guider dans ses préférences par la passion confessionnelle. . . . .

. . . .

La fuite en Algérie des Zkara eut effectivement lieu dans le courant du mois de Juin 1897. Voici, d'après la version zkarienne, la relation et les causes de cet évènement considérable :

— Bien avant 1897, l'important marché de Oyoun-Sidi-Méllouk était fréquenté régulièrement par les Zkara qui allaient y faire leurs achats et y vendre leurs produits. Vers la fin de 1896, une caravane zkarienne (1), composée d'une vingtaine de piétons et d'autant de mulets chargés de sucre, thé, cotonnades, babouches et autres marchandises, fut attaquée et dévalisée non loin de cette petite ville marocaine par une bande de coupeurs de route appartenant à la fraction des *Oulad Mbarek* (tribu des Sejaâ).

A la nouvelle de cet attentat, les Zkara dirigèrent simultanément deux expéditions armées : l'une contre les *Mr'izrat*, l'autre contre les *Oulad Bou-Naji* et les *Oulad Ben-Sah'a*, fractions qui appartiennent également à la tribu des Sejaâ.

Les Mr'izrat, qui étaient campés dans la plaine d'Angad et qui ne s'attendaient à rien, soutinrent fort mal le choc des Zkara ; ils eurent à déplorer la mort de deux des leurs tués dans la bagarre ; mais ce qui leur fendit le cœur surtout, ce fut d'assister impuissants à l'enlèvement de 350 petits agneaux, qu'ils élevaient avec de tendres soins pour les vendre un jour sur les marchés de l'intérieur rifain ou de la frontière oranaise.

L'autre expédition zkarienne eut la chance de trouver, réunies à la grande source de *Métlili*, plusieurs femmes et jeunes filles des Oulad Bou-Naji, qui avaient l'habitude de venir se rafraîchir et puiser de l'eau limpide en cet endroit. Très poliment, daignant à peine les toucher du bout des doigts à cause de leur qualité de musulmanes, les Zkara dépouillèrent ces dames de tous leurs bijoux, puis il firent main basse sur les ânes et les outres qu'ils purent trouver par-ci par-là. Cela fait, ils s'en retournèrent tranquillement chez eux avec leur butin, sans plus se préoccuper de l'essaim féminin qui s'enfuyait vers les tentes conjugales en poussant des cris de détresse et de désolation.

Les Oulad Sidi Ah'med ben Youssef, ainsi que les marabouts des tribus circonvoisines, s'occupèrent d'éteindre immédiatement ce commencement d'incendie. Les Zkara durent restituer les agneaux et les bijoux et ils reçurent en échange la presque totalité du sucre, thé, etc., qui leur avait été enlevé. Mais deux blessures saignaient encore : celle des

(1) *De la fraction des Oulad Mh'ammed*, la plus voltairienne, la plus anti-musulmane de toute la tribu.

Oulad Bou-Naji, qui ne pardonnaient pas l'affront fait à leurs femmes, et celle des Mr'izrat, qui pleuraient toujours les deux héros tués par les mécréants. Aussi ne se passait-il pas de jour sans que les Sejaâ, unis dans la même haine, ne lâchassent leurs troupeaux et leurs bestiaux dans les blés et les orges des Zkara. De là, coups de fusil de part et d'autre qui jetèrent sur le carreau deux libres penseurs zkariens et un fervent musulman des Sejaâ. Plus puissants, plus nombreux, plus braves que ces derniers, les Zkara prenaient leurs dispositions pour finir d'un seul coup la querelle en tombant sur les Sejaâ et en en faisant un grand massacre, lorsque ceux-ci détournèrent le fléau de leurs têtes par d'habiles négociations qui aboutirent à la constitution d'une formidable Coalition musulmane. Le mot d'ordre des confédérés était celui-ci :

يا الله نجاهد في النصارى الزكارة (1)

— *En avant pour la Guerre Sainte contre ces Chrétiens de Zkara !*

Et l'on vit avec stupeur les *Beni-Bou-Zeggou* et les *Beni-Yaâla*, ces vieux amis des Zkara, prendre parti dans la lutte et se ranger sous la bannière de l'Islam avec les *Mehaya* les *Beni-Znassen*, les *Beni-Oukil*, *Ahal Angad*. Les marabouts des Beni-Oukil eux-mêmes, gens pieux qui ne touchent jamais une arme, s'exerçaient au tir, en pointant les canons de leurs fusils dans la direction du Jbel Zkara, hurlant qu'il fallait en finir avec les Infidèles qui empestaient la région. C'était du délire et de la rage, un je ne sais quoi de fou et de lugubre, quelque chose d'analogue sans doute au vent de démence qui emportait en Palestine nos premiers Croisés.

Jihad ! Jihad !

Ce mot retentissait au fond des vallées, montait à la cime des monts et venait se répercuter pendant la nuit, d'écho en écho, jusque dans les gorges de l'Ouad Msferki, jusqu'à Irimaïn, la capitale des Impies ; et le vieux Remdhan, presque octogénaire, écoutait ces bruits sinistres, qui le troublaient en son manoir, après les longues journées passées à organiser la résistance suprême. Alors il se dressait, nerveux et alerte comme un jeune homme, et, le poing tendu vers l'horizon :

---

(1) *Ya Llah njahdou f-n-Nçara z-Zkara !*

— Vous l'aurez votre *Jihad*, votre *Guerre-Sainte*, ô Croyants ! Oui, vous l'aurez, et vous verrez que Remdhan est encore gaillard et solide !

L'impétueux vieillard, qui ne redoutait ni les batailles ni le bruit des coursiers et de la fusillade, avait compris que c'était une guerre d'extermination qui se préparait, à laquelle aucune influence religieuse ou politique n'eût osé s'opposer, et il acceptait bravement la lutte, encouragé, soutenu qu'il était par la masse et l'élite de son peuple. Sans même consulter les Rousma, il avait rejeté avec indignation les propositions d'*islamisation* que lui avaient adressées les chefs de la Croisade musulmane, et, pour toute réponse, il leur avait fait dire :

— Tel jour, à tel endroit, sur les bords de l'Ouad Isly, vous me trouverez à la tête des Zkara.....

Folie humaine ! Les deux armées vont se trouver en présence : l'une, silencieuse, grave, prête à mourir pour défendre ses foyers et ses conceptions positivistes ; — l'autre, bruyante, indisciplinée, vomissant des injures et des menaces contre les Infidèles, au nom du Dieu de Mahomet. Plus de trente mille orthodoxes, les uns à cheval, le plus grand nombre à pied, couvrent les deux berges de l'Ouad Isly sur une étendue de plusieurs centaines de mètres. Remdhan et les Rousma, avec leur 3,500 hommes de troupes fidèles, se sont adossés au village de Tinzi, les femmes, les enfants et les troupeaux à deux ou trois portées de fusil derrière eux.

Cependant, comprenant que les Zkara étaient décidés à combattre en désespérés et que l'on ne viendrait à bout de ces enragés qu'après avoir sacrifié des milliers de croyants, les marabouts et les caïds mahométans expédièrent à l'ennemi un messager porteur de cet ultimatum :

— Envoyez-nous, comme marque de soumission, deux chevaux d'armes, et que vos chefs, Rousma ou autres, viennent égorger deux bœufs devant nos tentes. Après cela, nous ferons la paix.

Ce fut Remdhan qui se chargea de la réponse. Il la cria, de sa voix tonnante, à la face du pieux parlementaire, et celui-ci, qui connaissait de longue date la fougue et l'énergie du caïd mécréant, paraissait rien moins que rassuré tandis qu'il écoutait le Danton Zénète dont l'organe tonitruant portait le trouble en ses entrailles.

— Puisque les Sejaâ, rugit le vieux lion, ont abîmé les récoltes de ma tribu, je ne concluerai avec vous aucune espèce de paix tant que le sort des armes n'en aura pas décidé autrement !

Quel stratège nous dira jamais à la suite de quelles opérations savantes le théâtre de la guerre fut porté de l'Ouad Isly à la belle et fraîche source de Aïn Métlili ? Le fait est que le premier et seul engagement qui mit aux prises les Croisés musulmans et les Infidèles eut lieu à l'endroit précis où ces dames des Oulad-bou-Naji, quelques semaines auparavant, s'étaient vues dépouiller de leurs bijoux d'une manière si peu chevaleresque. Un soleil magnifique, un soleil de mai éclairait l'atroce carnage. Dès le début de l'action, chargeant avec la furie et le courage de ces beaux taureaux de combat que les Espagnols se plaisent à voir massacrer dans leurs arènes, les Rousma (1), suivis de l'élite des cavaliers Zkara, s'enfoncèrent profondément dans les lignes ennemies pour y porter le désordre et la mort. De son côté, Remdhan faisait le vide autour de lui. L'intrépide vieillard pressait de ses genoux robustes un étalon blanc de cinq ans, et il chargeait, et il courait à droite et à gauche, en avant, en arrière, partout où il voyait plier ses amis.

Malgré des prodiges de valeur, il fallut commencer à battre en retraite sous la poussée de la lourde masse mahométane dont l'objectif paraissait être d'envelopper les Zkara et de les enfermer dans un cercle de fer. D'une manière méthodique, lentement et avec sang-froid, comme à la parade, l'armée infidèle recula, face à l'ennemi, les fusils en joue ; et, chaque fois que le caïd, passant à fond de train sur le front de bandière, faisait un signe de sa longue épée reluisante, des feux de salve partaient, avec la précision et la régularité des tirs européens.

(1) Au chapitre VII, nous n'avons indiqué que les noms des *principaux notables Rousma.*

Empressons-nous d'ajouter ici qu'il y a chez les Zkara *deux cents familles* environ appartenant à cette caste, ce qui fait un total de près de 400 guerriers Rousma. Le caractère sacré et la bravoure extraordinaire de ces directeurs de conscience leur ont valu l'honneur d'être aussi les chefs militaires de leurs ouailles, fonctions dont ils s'acquittent à merveille, paraît-il.

Surpris de tant de discipline et de bravoure, les chefs mahométans redoublaient d'invectives et d'objurgations envers leurs hommes : — On les tenait enfin ces chiens de Chrétiens de Zkara ! Pas un de ces mécréants ne devait échapper à la fureur des fils de Mahomet ! Dix contre un, et on hésitait !

Oui, dix contre un, c'était vrai ; mais ces chiens de chrétiens étaient des lions, et des lions qui se défendaient bien, parce qu'ils savaient que les adeptes de l'Islam ne leur feraient pas de quartier. Néanmoins, pressés par des forces très supérieures en nombre, ils perdaient du terrain à chaque minute, ils reculaient toujours. Vers quatre heures de l'après-midi, la bataille semblait définitivement perdue pour eux, lorsqu'un secours inattendu vint changer la face des choses.

Il y avait, — et ceci montre à quelles racines profondes et insoupçonnées plonge de nos jours encore le Zkraouisme, — il y avait en ce temps-là deux fractions de tribus, les *Meharech* (des Beni-Yaâla,) et les *Ih'addouyin* (des Beni-bou-Zeggou), qui avaient pris carrément fait et cause pour les Zkara dans leur résistance contre les milices de l'Islam. Abandonnant leurs contribules, elles étaient venues, avec armes et bagages, se ranger du côté des persécutés et des faibles ; les Meharech, avec une soixantaine de guerriers, les Ih'addouyin, au nombre de 80 ou 90 fusils. C'étaient ces derniers, postés non loin de là par le caïd Remdhan pour surveiller les approches de l'Ouad Msferki, qui accouraient, avec un gros de Zkara [1], frais et dispos, au moment où l'arrière-garde Zkarienne, en pleine déroute, se disposait à franchir l'Ouad Mouit'er avec les femmes et les troupeaux.

Fatigués, harrassés par une journée entière de lutte meurtrière, les soldats du Prophète soutinrent mollement le premier choc de ces troupes fraîches qui ne demandaient que plaies et bosses, heureuses qu'elles étaient de s'enivrer à leur tour de l'odeur de la poudre et de se désengourdir les bras en sabrant d'estoc et de taille. Il faut dire aussi que les Beni-bou-Zeggou et les Beni-Yaâla, qui avaient été entraînés très à contre-cœur dans cette aventure tragique, ne tenaient précisément pas à fusiller leurs concitoyens, les Ih'addouyin et les Meharech, qui venaient jusque sous leur barbe leur

(1) Trois ou quatre cents hommes environ.

reprocher leur traitrise envers leurs vieux amis et demi-frères les Zkara. Ce fut alors que la débandade des Musulmans commença, chacun tirant de son côté, chacun maugréant contre ses alliés, autant et peut-être plus que contre les Infidèles, lesquels, en somme, ne faisaient que leur devoir en essayant de ne pas se laisser exterminer.

Le résultat de cette sanglante journée fut que les Mahométans eurent 220 hommes tués et un nombre considérable de blessés. Les Zkara déplorèrent la mort de 50 des leurs et ils emportèrent du champ de bataille plus de 200 blessés. En un seul endroit, où la mêlée avait été particulièrement furieuse, 75 chevaux, les uns morts, les autres blessés, étaient entassés pêle-mêle ; et il y avait là un fouillis épouvantable de selles, étriers, sabres, fusils, jambes, bras et têtes humaines, que l'on eut toutes les peines du monde à dégager le lendemain du milieu des chevaux.

Quelques jours après ces événements, les Oulad Zerrouk'i, ces soi-disant marabouts protecteurs des Zkara, qui ne cessaient de convoiter la direction politique de la tribu, intriguèrent auprès des Beni-Snassen et leur dirent :

— Unissons-nous pour tomber sur les Oulad Mh'ammed et leur mécréant de caïd. Les Oulad Moussa et Akkmen sont avec nous.

Cette dernière assertion était vraie jusqu'à un certain point : Les Oulad Moussa et Akkmen, qui forment à peu près les deux tiers de la tribu des Zkara, avaient été travaillés en sous main par les seigneurs de Tinzi, et on avait réussi, à force de menaces et d'argent, à les exciter contre le caïd Remdhan en leur rappelant sans cesse l'exécution de leurs amis les Oulad Abd-er-Rah'man à Tgafaït.

Une nouvelle coalition était imminente. Une seule fraction, celle des Oulad Mh'ammed, allait se trouver en présence de l'ancienne croisade musulmane augmentée des contingents Zkariens révoltés. C'était l'écrasement fatal, inéluctable des derniers défenseurs du Zkraouisme. Pour éviter ce désastre, Remdhan et les Rousma décidèrent d'aller chercher sans retard un refuge en Algérie, sous la protection du drapeau français. En grand secret, on donna l'ordre aux seuls Oulad Mh'ammed d'enterrer le beurre, les céréales, l'argent et les objets les plus précieux dans des cachettes souterraines et de se tenir prêts à partir, au premier signal, avec femmes, enfants et troupeaux pour la terre algérienne.

Une nuit, de très bon matin, l'exode s'effectua, sans que personne n'en sût rien, pas plus les Zkara dissidents que leurs prétendus alliés.

Les Oulad Mh'ammed, au grand complet, ayant à leur tête le caïd Remdhan, franchirent en peu de temps les quelques kilomètres qui les séparaient de la frontière oranaise ; mais avant d'atteindre cette frontière, ils se heurtèrent aux *Beni-H'amlil*, tribu arabe domiciliée à Roubban, composée en majeure partie de marabouts croyants et fervents. Ces pieux indigènes, s'imaginant que les Zkara, vaincus par la Croisade mahométane, étaient en pleine déconfiture, tinrent rapidement conseil.

La majorité fut d'avis qu'il se présentait là une excellente occasion de plaire au Seigneur en s'emparant des troupeaux des ennemis d'Allah et du Prophète. Ils ouvrirent donc le feu contre les Impies. Un Zkraoui tomba mortellement blessé. Les Zkara répondirent à cette attaque par une charge furieuse. Leur courage habituel ayant eu vite raison des dévots qui avaient osé leur chercher noise, ils firent main basse sur les tentes, grains et bestiaux des Beni-H'amlil qu'ils trouvèrent devant eux, et ils pénétrèrent ensuite sur le territoire français, presque en face d'El-Aricha.

A ce moment même, arrivèrent, au triple galop de leurs chevaux, des goums de spahis rouges, précédés d'officiers des affaires indigènes, qui crièrent en arabe aux Zkara :

— Donnez-nous vos fusils.

Comme ces paroles s'adressaient à des hommes du peuple, ceux-ci répondirent, sans savoir à qui ils avaient affaire :

— Nous vous donnerons nos armes quand le caïd nous le dira [1].

Et, de fait, dès que Remdhan leur eut ordonné d'avoir à obéir aux ordres de l'autorité française, ils se laissèrent désarmer immédiatement sans la moindre résistance.

---

(1) C'est cette réponse, mal comprise ou mal interprétée, qui a donné lieu à l'accusation : — « *Mais là, faisant acte de mauvaise foi, ils ont refusé de déposer les armes*, » accusation que le Bulletin du Comité de l'Afrique française publia dans son numéro de Juin 1897 cité plus haut.

On assigna au caïd et à sa tribu les terres de parcours appelées *Gour*, entre Tlemcen et El Aricha. La division d'Oran s'était contentée d'apprendre que les Zkara avaient eu maille à partir avec d'autres tribus marocaines, et elle n'en avait pas demandé davantage. De son côté, Remdhan ne crut pas devoir fournir à notre administration militaire de plus amples explications. Sur la foi des *Documents* [1], rédigés par ordre de M. Cambon, tout le monde croyait que les Zkara étaient de *bons musulmans* « serviteurs religieux du marabout de Kenatsa et aussi et surtout de Moulaï Taïeb ; » il ne pouvait donc venir à l'esprit de personne que ces gens-là fussent autre chose que des Marocains, *mahométans comme les autres.*

— Pourquoi, pourquoi n'avoir pas dit à ce moment-là aux Français que vous n'étiez pas musulmans ?

Cette question, que nous avons posée si souvent, depuis tantôt deux ans, à nos amis Zkara, nous a valu de chacun d'eux, pris en particulier, une réponse identique ; celle-ci :

— Nous ne vous connaissions pas alors. Cependant, vos églises, vos prêtres, et la sollicitude paternelle que vous semblez éprouver pour tout ce qui se rattache au culte musulman, nous faisaient croire que vous aussi vous étiez des fanatiques dans votre genre, moins intransigeants, plus policés, plus miséricordieux sans doute que les partisans de Mahomet, mais enfin des fanatiques auxquels il n'eût pas été prudent de faire des confidences positivistes et anti-islamiques. C'est pourquoi, nous avons gardé notre secret au fond du cœur, et ce secret y serait encore, tu peux en être sûr, si tu n'avais pas su le dénicher. . . . .

. . . .

Nous avons laissé les Zkara dissidents, Oulad Moussa et Akkmen, dans leurs campements habituels, ne se doutant de rien. Lorsqu'ils apprirent le départ furtif de leurs frères les Oulad Mh'ammed, ils en furent stupéfaits, et atterrés en même temps, car ils comprenaient qu'ils n'allaient pas tarder à se repentir d'avoir suivi, pour plaire à des marabouts ambitieux, la plus détestable des politiques : celle des divisions intestines. Leurs pressentiments ne les trompèrent point : Les Mehaya,

(1) *Documents pour servir à l'étude du Nord-Ouest Africain*, tome I, page 176.

ces ennemis séculaires des Zkara, apprenant que les redoutables Oulad Mh'ammed avaient déserté leurs montagnes, accoururent immédiatement pour vider les silos et piller tout ce que les fuyards n'avaient pu emporter avec eux. Non contents de ce facile butin, ils se mirent aussi à mettre en coupe réglée les Zkara dissidents et à les traiter comme des esclaves. Ils leur disaient :

— Chiens de Chrétiens de Zkara que vous êtes, donnez-nous vos filles, que nous en fassions nos femmes. Vous n'êtes pas musulmans. Allons ! prononcez le credo islamique, sinon nous vous massacrons !

Les marabouts des Beni-Oukil vinrent également prendre part à la curée. C'étaient chaque jour des vexations, des vols d'animaux et de céréales, que les bandits faisaient subir aux infortunés Zkara. N'y tenant plus, s'apercevant qu'il valait cent fois mieux être sous la férule de Remdhan que sous les poignards et les canons de fusils des Mahométans, les Oulad Moussa et Akkmen s'enfuirent à la cloche de bois pendant la nuit avec leurs femmes, leurs enfants et leurs troupeaux, et ils entrèrent en Oranie par la frontière algérienne de Marnia. La France, bonne mère, sans demander qui ils étaient, étendit aussitôt sur eux sa main puissante. Ils étaient sauvés.

Cependant, des compétitions violentes commençaient à s'élever entre les Musulmans de l'âmala d'Oujda pour savoir à qui reviendrait le beau pays des Zkara, si heureusement abandonné par ses propriétaires. Les Mehaya, les Beni-Oukil et les Sejaâ voulaient garder la proie, chacun pour soi, sans aucune espèce de partage.

Une guerre entre ces trois tribus pillardes allait éclater, lorsque le caïd des Beni-Atig, l'homme le plus influent des Beni-Znassen, Bou-Lenouar ould El-H'ebil, qui préférait de beaucoup le voisinage des courageux et honnêtes émigrés à celui des brigands arabes précités, intervint d'une façon énergique. Il déclara, sur sa tête et celle du Prophète : — « que personne n'annexerait le pays des Zkara, parce que ses anciens habitants, le caïd Remdhan en tête, allaient y revenir. »

Bou-Lenouar ayant fait demander à Remdhan s'il consentait à rentrer dans ses foyers moyennant le paiement d'une certaine somme d'argent, le caïd exilé accueillit cette proposition avec empressement, et, peu à peu, le territoire algérien perdit la plupart des tentes qui étaient venues nous demander l'hospitalité.

Les Zkara partirent comme ils étaient venus, sans que le secret de leurs opinions religieuses eût été divulgué [1].

---

(1) Quand ils veulent faire connaître la date exacte de leur fuite en Algérie, les Zkara disent :

جينا لبلاد النصارى عام امبا ليجويف

— *Jina l-blad en-Nçara âm em ba li Jouif* (Nous sommes venus au pays des Chrétiens l'année (où l'on criait) à bas les Juifs).

Leur séjour chez nous dura de juin à octobre 1897 et coïncida effectivement avec les troubles antisémitiques qui eurent lieu à cette époque en Algérie.

XV

LE PRÉTENDANT BOU-H'EMARA[1]

1. — Ses débuts

On était au mois de novembre 1902. La presse, cette histoire quotidienne et méticuleuse de la vie publique et privée, répandait alors une nouvelle sensationnelle, sous ce titre alléchant :

Un Prétendant marocain à Taza

Puis les grandes revues de France et de l'étranger reproduisirent à leur tour les informations des journaux espagnols, anglais, allemands et français, qui lançaient à travers le monde civilisé les nouvelles les plus contradictoires sur les faits et gestes du personnage inconnu qui faisait trembler à cette époque la Cour chérifienne.

Dans son numéro de décembre 1902, le *Bulletin du Comité de l'Afrique française* annonça le premier l'apparition du Révolté marocain en termes rassurants et optimistes. Il disait :

« **Un prétendant à Taza.** — Le départ du Sultan, de Fez, a été retardé par une alerte assez sérieuse qui semble ne pas devoir entraîner de conséquences graves, grâce à une prompte et énergique répression. Un chérif, descendant de Moulai Idriss, le fondateur légendaire de Fez, Moulai M'hammed, avait réussi à réunir autour de lui un nombre assez considérable de partisans. Se posant en envoyé de Dieu pour faire proclamer un frère du Sultan, Moulai Omar, étonnant ses adeptes par quelques tours de sorcellerie, par sa piété et sa modestie, il était parvenu à entrer à Taza, ville située à deux journées à l'est de Fez, et à y faire prêter serment de fidélité à ce Moulai Omar. Bou Hemara (l'homme à l'ânesse), c'est le

---

(1) بوحمارة *Bou-H'emara* signifie « L'homme à l'ânesse ». On est prié de ne pas le confondre avec بوعمامة *Bou-Amama*, « L'homme au turban ».

surnom de ce personnage qui circule toujours sur une ânesse, soutenu par une partie de la tribu des Ghiata, qui passe pour la plus turbulente du Maroc, avait chassé de la ville le gouverneur et les agents du Maghzen. La prière du vendredi était célébrée au nom de Moulai Omar, et le nombre des partisans de Bou Hemara augmentait rapidement. On le voyait déjà marchant sur Fez, prenant possession de la ville, et détrônant Moulai Abd-el-Aziz qui s'enfuyait devant lui vers sa capitale du Sud. Une colonne de 2,000 hommes fut aussitôt expédiée contre l'agitateur, sous le commandement de Moulai Kébir, frère du Sultan. Un combat fut livré, et la victoire resta en quelque sorte aux troupes chérifiennes, car l'agitateur fut obligé de prendre la fuite. Des têtes de rebelles ont été coupées et expédiées à Fez pour être suspendues aux portes de la ville. De nouveaux renforts ont été dépêchés pour pacifier le pays, et il semble qu'à l'heure actuelle tout danger de ce côté soit écarté. D'ailleurs le Sultan n'aurait pas quitté Fez s'il eût eu encore quelque préoccupation de ce côté. »

Quelques jours après, La Revue des *Questions diplomatiques et coloniales* signalait, dans son numéro du 1er Janvier 1903, la même révolte en termes moins rassurants :

« La situation politique de l'empire chérifien, disait-elle, mérite, en ce moment, toute notre attention..... Depuis le commencement de novembre 1902, un Chérif, c'est-à-dire un descendant de Mahomet, a levé l'étendard de la révolte religieuse dans une contrée qui a pour ville principale la petite cité de Taza, située sur la route d'Oran et Tlemcen à Fez, à une centaine de kilomètres à l'Est de Fez (c'est à peu près la distance de Compiègne à Paris.) Le prétendant a trouvé là le concours de la tribu tamazir't des Riata.

« Or, cette tribu et ses voisines étaient restées jusqu'à présent tranquilles grâce à l'influence de Moulaye Ismaël, l'oncle du Sultan, le protecteur de la célèbre mosquée de Moulaye Idris, aux privilèges séculaires, violés récemment par ordre du Sultan, à l'occasion de l'assassinat d'un Anglais, dont le meurtrier y avait cherché asile. Malheureusement Moulaye Ismaël est mort il y a six mois, et avant que le projet du Sultan d'épouser une de ses filles et de rattacher ainsi cette puissante tribu à la cause du souverain régnant ait pu être réalisé.

« Soutenu par le mécontentement de ces Berbères, le Prétendant a chassé de la ville de Taza le caïd et les agents que le Maghzen y entretenait, d'ailleurs sans aucune espèce d'autorité, et y a proclamé la déchéance du Sultan.

« Aussitôt le Maghzen envoya une colonne de 2,000 hommes sous les ordres de Moulaye El-Kébir, frère du Sultan, pour s'emparer de Mohammed el-Rogui (c'est le nom de l'agitateur, que d'autres appellent Omar Zerhouni, et que l'on nomme aussi Bou-Hamara parce qu'il est constamment monté sur une ânesse.) Le 4 novembre eut lieu la rencontre. Le combat dura six heures et le frère du Sultan fut battu.

« Le Sultan quitta Fez ; il alla camper aussitôt à Ras-el-Ma, à deux heures de Fez, où il resta huit jours, n'osant pas aller plus loin, et attendant des nouvelles ; mais la révolte paraissant s'étendre, il craignit que le soulèvement d'autres tribus berbères ne vînt couper sa route vers Rabat. Il se dirigea donc sur Méquinez, où il fit son entrée le 18, renvoyant à Fez Abd-el-Kérim ben Sliman, son ministre des affaires étrangères, pour surveiller les événements. Là, il chercha à recruter rapidement de nouvelles troupes pour les envoyer contre les Riata ; puis, cédant aux objurgations de ses conseillers, il renonça à se rendre à Rabat et se remit en route pour Fez, où il rentra sans aucune solennité, au milieu de la froideur de la population.

« Toute la mehalla du Sultan, comprenant près de 10,000 hommes placés sous la direction du frère du ministre de la Guerre, El-Menebbhi, fut lancée vers Taza ; c'est cette expédition, dirigée contre les Beni-Ouaraïn et les Riata, qui vient de subir un nouveau désastre. Les troupes du Sultan s'enfuirent en désordre vers Fez, abandonnant des canons, des fusils, des munitions, des bêtes de somme. La bataille a eu lieu le 24 (novembre) en un point appelé Bab-Hamma. Le lendemain Bou-Hamara a campé sur l'oued Inaoun, à El-Hadjira, et son autorité s'étend actuellement au sud du Rif, dans la région de Taza et jusqu'à Si Allal, à quelques kilomètres de Fez..... »

A la fin de janvier 1903, le *Bulletin du Comité de l'Afrique Française* écrivait :

« Brusquement les événements du Maroc ont pris pendant le mois de décembre une gravité exceptionnelle, et on a pu croire, pendant quelques jours, que la « question du Maroc », — puisque c'est par de telles formules que l'on désigne la situation des pays dont l'Europe doit, en quelque sorte, régler le sort, — allait se poser devant les puissances. La révolte dont nous avons annoncé la naissance, a trouvé dans le mécontentement des tribus voisines de Fez un tel essor que la cause du Sultan Abd-el-Aziz a paru menacée.

« Il serait vain de contester que les causes du succès de la révolte sont dans l'irritation causée parmi les indigènes par les réformes prématurées du jeune Sultan. Depuis longtemps on signalait, — et en France c'était avec inquiétude, — l'ardent désir d'innovations de toute sorte dont faisait preuve Abd-el-Aziz, depuis que la mort de son sévère et judicieux tuteur Ba-Hamed l'avait en quelque sorte émancipé. Attiré par ses qualités personnelles et peut-être aussi par l'éducation maternelle [1] vers les idées et les progrès de l'Europe, il aurait voulu les acclimater au Maroc sans songer qu'ils pouvaient faire éclater le vieux cadre où il les enfermait. Il y était imprudemment poussé par des conseillers britanniques qui semblent avoir joué auprès de lui le rôle d'amis et conseillers intimes et, à la fois, d'agents auxiliaires de la politique britannique. Leurs noms ont été trop souvent prononcés aux cours des derniers événements et leurs responsabilités trop nettement établies par les faits et presque avouées pour que nous ne désignions pas expressément les deux plus agissants : le « caïd » Mac Lean, ancien sous-officier de l'armée anglaise, venu au Maroc pour y faire des affaires, qui y trouva l'occasion d'y jouer un rôle politique et devint commandant de la garde du Sultan ; et le correspondant du *Times*, M. Harris, homme intelligent et actif, très au courant des choses du Maroc, qui s'était fait l'historiographe d'Abd-el-Aziz et envoyait à son journal de longues correspondances rédigées avec art et fort élogieuses pour le Sultan ami des Anglais et favorable, grâce à eux, aux pratiques modernes. Chaque jour,

---

(1) *Rok'iya*, la mère du Sultan Abd-el-Aziz, circassienne d'origine, parlait et écrivait le français, l'arabe et le turc. Pour plus de détails sur cette souveraine musulmane, voyez notre ouvrage, *Fez*, page 358 et suivantes ; voyez aussi ci-après comment la légende fait mourir Rok'iya.

(A. M.)

les Marocains regardaient, avec une surprise nouvelle, le descendant des Chérif s'adonner à la photographie, à la bicyclette, à l'automobile, se revêtir de costumes à l'européenne, ouvrir son palais et son camp aux agents anglais..... Ce n'étaient là, semble-t-il, que de petits griefs, mais, cependant, fort importants aux yeux des musulmans. Leur étonnement fit place à une vive indignation quand cette tendance nouvelle alla jusqu'à l'oubli des traditions les plus sacrées : telle cette exécution, après une flagellation ignominieuse, d'un indigène qui, ayant frappé un chrétien, s'était placé sous la protection du saint patron de Fez, Moulaye Idris, et dont on lira ci-dessous la condamnation et le châtiment, racontés par M. Harris avec d'enthousiastes éloges pour le caractère du Sultan (1).

---

(1) *A propos du meurtre du docteur Cooper.* — L'importance de la révolte du Prétendant nous incite à donner quelques détails sur le meurtre du docteur Cooper et l'exécution de son assassin, qui s'était réfugié dans la mosquée de Moulaye Idris, à Fez. Les faits qui se sont produits le 17 octobre dernier (1902) ont été racontés par une dépêche de M. Harris au *Times*. Aussitôt qu'il apprit que ce missionnaire anglais venait d'être frappé en pleine rue d'un coup de fusil par un fanatique, M. Harris se rendit au palais en compagnie du représentant du vice-consul britannique, M. Hastings.

— « M. Hastings et moi, écrit-il, nous fûmes reçus publiquement par le Sultan, qui donna immédiatement à un maître des cérémonies et à cinquante soldats l'ordre d'arrêter l'assassin dans l'intérieur du sanctuaire de Moulaï-Idris, fait qui ne s'était jamais produit dans l'histoire du Maroc, car le sanctuaire de cette tombe passe pour inviolable.

« En moins d'une demi-heure, l'assassin fut amené devant Sa Majesté. Le Sultan, qui était assis dans une chaise sous un grand portique, en face de tous ses vizirs, de sa cour et de quelques centaines de soldats, ordonna que le prisonnier fût introduit. M. Hastings et moi nous nous tenions à côté de Sa Majesté afin de pouvoir bien entendre ce qui allait se passer. Le meurtrier paraissait âgé d'une quarantaine d'années, de haute taille et d'un aspect peu sympathique. Deux lanières lui tenaient le cou, mais on n'employa contre lui aucune violence ni aucune rudesse. En réponse aux questions du Sultan, il déclara qu'il était indigène de la tribu voisine des Oudaya et qu'il était venu à Fez la veille dans le seul but de tuer les Chrétiens qu'il rencontrerait. Il n'avait jamais vu auparavant le docteur Cooper, mais, comme c'était un Chrétien, il avait tiré sur lui immédiatement comme il aurait tiré sur tout autre Chrétien. Il ajouta qu'il avait une mission de Dieu et qu'il était prêt à mourir pour la remplir. Il n'avait, disait-il, aucun complice et il n'avait agi à l'instigation de personne. Quoique ses réponses à Sa Majesté fussent claires et compréhensibles, il était facile de voir qu'il était atteint d'une sorte de folie religieuse (A).

« A ce moment, le docteur Cooper vivait encore et on espérait que sa

---

(A) Rien n'est plus exact que la *folie islamique* dont parle M. Harris. Nous avons décrit dans notre *Maroc Inconnu*, tome II, page 562 et suivantes, les hécatombes juives faites en présence du Sultan et de sa cour, en janvier 1880, par un chérif fanatique, précurseur et devancier du meurtrier de l'infortuné Cooper. En octobre 1902, la situation politique est bien changée ! Impossible au pieux assassin d'immoler devant son souverain quelques Chrétiens à la sainte rage qui l'anime !

(A. M.)

« Au milieu de ces colères et de ce désarroi, Bou Hamara, le chef de la révolte, mystérieusement annoncé comme le précurseur du Mahdi, arrivait comme le représentant de la tradition et de la foi musulmanes ; les fanatiques, qui s'étaient groupés autour de lui, s'accrurent bien vite du nombre des mécontents de l'ordre nouveau inauguré par Abd-el-Aziz, et celui-ci a failli tomber dans Fez, battu par les révoltés et abandonné un peu précipitamment par les conseillers anglais qui l'avaient emmené là. On lira plus loin le récit de cette crise et comment, par la délivrance de Moulaye Mh'ammed, son frère

---

blessure ne serait pas fatale, car aucune nouvelle sur son état n'était parvenue à la Cour du docteur Verdon, médecin du Sultan, qui le soignait. Le Sultan ordonna donc que l'homme serait fouetté publiquement pour son attentat sur le docteur Cooper, et l'homme reçut plusieurs centaines de coups de lanières de cuir sur les épaules et sur les cuisses, administrés par les soldats en présence de Sa Majesté, de la Cour entière et des troupes. Il supporta sa peine avec beaucoup de courage et, à la fin, il put se relever sans aucune aide et marcher. On ordonna alors qu'il fut publiquement promené dans les rues et, monté sur un âne et gardé par des soldats, on le fit sortir du palais dans ce but.

« A ce moment, arriva la nouvelle de la mort du docteur Cooper. Le Sultan, qui était encore assis dans la grande cour du palais, ordonna de suspendre l'exhibition publique du meurtrier, et, après avoir conféré avec ses vizirs, il ordonna l'exécution immédiate de l'homme, insistant pour que M. Hastings et moi y assistions, ainsi que tous les vizirs. En un quart d'heure, tout fut fini. Le meurtrier fut fusillé dans le jardin de l'arsenal, que la foule avait dû évacuer en toute hâte. Il n'y eut aucun témoin de l'exécution, sauf les troupes de garde, les vizirs le pacha de Fez, M. Hastings et moi. L'homme, quoique souffrant évidemment de sa sévère punition, resta extraordinairement courageux jusqu'au bout. S'agenouillant face au mur, répétant tout haut la formule de la foi musulmane, il fut fusillé par une section de soldats. La mort parut être instantanée et la scène entière ne dura pas plus d'une minute. »

« Pour empêcher l'effervescence, le Sultan fit établir dans la ville des postes de troupes, défendit qu'on y laissât entrer des gens en armes, ordonna que les mosquées fussent fermées la nuit et envoya ses condoléances à la veuve de la victime :

« La prompte action du Sultan, continuait M. Harris, et l'occupation immédiate de la ville par les troupes, ont surpris les habitants de Fez, qui sont par nature fanatiques et antipathiques. Ils vivaient sous l'impression que leurs sanctuaires étaient inviolables et qu'aucun musulman, à plus forte raison aucun chérif, — c'est-à-dire un descendant du Prophète, comme était le meurtrier, — ne pouvait être exécuté pour meurtre d'un Chrétien. Le refus du Sultan de maintenir ces traditions et son indéniable courage en arrêtant le meurtrier au tombeau sacré de Moulaï-Idris et en le faisant exécuter avant d'avoir été saisi d'une demande du gouvernement dont le docteur Cooper était le sujet, ont montré aux habitants de Fez, une fois pour toutes, que Sa Majesté entend faire justice et qu'aucune tradition locale ne saurait être pour lui un obstacle. Ses actes ont provoqué un vif mécontentement dans la population, mais il lui a inspiré une grande terreur, ce qui est beaucoup plus important. Il n'y a plus un *Fassi* qui, désormais, ose parler publiquement contre les Chrétiens ou attaquer son propre gouvernement, et il n'est pas douteux que les actes si satisfaisants du gouvernement marocain tendent à assurer désormais une sécurité plus grande à la vie des Européens dans l'intérieur du Maroc. »

aîné et ancien compétiteur, emprisonné depuis son avénement, et sans doute aussi par les divisions qui se sont produites chez les rebelles, Abd-el-Aziz a vu raffermir son pouvoir chancelant... »

Dans ce même numéro de janvier 1903, le *Bulletin du Comité de l'Afrique française* nous apprenait le peu que l'on savait alors officiellement sur l'énigmatique Prétendant qui se faisait appeler *Bou-H'emara* (l'Homme à l'ânesse). (1)

La Révolte de Bou Hamara

« La situation intérieure du Maroc, disait le Bulletin, est devenue singulièrement grave pendant le mois de décembre et la révolte, dont nous avons signalé la naissance, a pris une extension qui a paru pendant quelques jours menaçante pour le pouvoir du Sultan... Tandis qu'Abd-el-Aziz était occupé à incendier quelques douars et à piller les réserves de grains des Zemmour et des Guerouan, le Maghzen recevait de très mauvaises nouvelles de la région de Taza.

« Moulaye El-Kbir, frère du Sultan, après avoir infligé une défaite aux révoltés le 3 novembre, et mis en fuite le prétendant Bou-Hamara, qui s'était réfugié chez les Riatha, avait interrompu les négociations engagées pour la remise du faux prophète et se mit à percevoir des impôts en argent et en grains dans la tribu des H'ayaïna, laquelle, bien qu'ayant hésité au début, avait loyalement combattu avec les troupes du Sultan. Ses demandes furent si lourdes et, d'autre part, sa discipline était si relachée que, lorsqu'il attaqua les Riatha le 29 novembre, les H'ayaïna tirèrent sur ses troupes. Une panique s'ensuivit et les troupes impériales perdirent de nombreux tués, des armes, des munitions. Au reçu de ces

---

(1) Encore à l'heure qu'il est (mars 1903), la personnalité de *Bou-H'emara* est rien moins qu'identifiée. La dernière version qui circule à ce sujet dans l'Est marocain représente « l'Homme à l'ânesse » comme un taleb *originaire* du Tafilelt, *du nom de Mh'ammed ben el-H'asen* (homonyme du fils aîné de l'ancien sultan). Il serait d'origine idrissite. Il aurait quitté le Tafilelt vers l'âge de 30 ans, aurait fait un long voyage à pied du Tafilelt à Alger, couchant dans les zaouia, les mosquées, tentes et maisons arabes qu'il trouvait sur sa route. C'est après son retour d'Alger qu'il serait allé chez les R'iatha et qu'il aurait levé l'étendard de la révolte en propageant lui-même le premier la *légende* que nous reproduisons ci-après sous le titre de *Légende de Bou-H emara.*

(A. M).

nouvelles, Abd-el-Aziz abandonna précipitamment Méquinez et la pacification des Zemmour et, à marches forcées, il rentrait à Fez le 9 décembre.

« La situation de Bou-Hamara s'était singulièrement fortifiée du fait des échecs graves infligés au frère du Sultan. Et, cependant, sa qualité réelle restait mystérieuse. Il semble qu'il se soit fait passer pour le précurseur du Mahdi. Une tradition marocaine dit que ce précurseur viendra de l'Est et marchera sur Fez où il arrivera contre toute résistance : dans la grande Mosquée il évoquera le Mahdi — Moul-es-Saâ, le Maître de l'Heure, — et celui-ci trouvera cachée dans une des colonnes de marbre l'épée du Mahdi, avec laquelle, Messie de l'Islam, il conquerra le monde. Son arrivée doit être annoncée par un précurseur et c'est ce rôle que voulut, sans doute, remplir Oulad Yousef Zahròuni, (*sic*), descendant de la famille de Moulaye Idris, le patron de Fez, homme d'une situation modeste qui avait voyagé jadis en Algérie et en Tunisie et venait de rentrer au Maroc. Sa connaissance de la prestidigitation et de la suggestion lui donna vite une influence parmi les tribus de la région de Taza et, quand il se proclama précurseur du Mahdi, les Riatha et les autres tribus se rallièrent à la cause de l'Homme à l'ânesse, Bou-Hamara. Le prétendant avait pris ce sobriquet pour rendre plus impénétrable le secret qui l'entourait, et, de la sorte, un grand nombre de Marocains trompés, paraît-il, par une ressemblance, croyaient et répétaient qu'il était en réalité Moulaye Mh'ammed, le frère aîné du Sultan, que la mère d'Abd-el-Aziz avait évincé du trône à la mort de Moulaye El-Hasan, en dissimulant cette mort pendant deux jours et qui, insurgé et vaincu, avait été misérablement enfermé par son jeune frère dans un cachot de Méquinez : Bou-Hamara s'était d'ailleurs entouré à Taza d'une véritable cour et, dès son entrée dans la ville, le 25 octobre, il avait nommé des vizirs, copié l'organisation de la cour chérifienne et même il portait l'ombrelle verte chère aux Sultans ; de plus, il gouvernait, — et bien, paraît-il, — à plus de cent kilomètres autour de Taza.

« Abd-el-Aziz n'hésita pas, dès son arrivée à Fez, à préparer une forte expédition contre son rival auquel le fanatisme musulman et le mécontentement produit par la sympathie du Sultan pour les innovations européennes amenaient chaque jour des adhésions nouvelles. Le 23 décembre, à Bab-Hamma, il se heurtait avec 10,000 hommes aux rebelles de Bou-Hamara et était complètement défait ; les cavaliers du Prétendant enveloppèrent l'armée impériale, la mirent en déroute, et celle-ci s'enfuit en désordre vers Fez, abandonnant les canons, les tentes, les munitions et des bêtes de somme. Bientôt le bruit courait qu'Abd-el-Aziz était assiégé et menacé dans Fez, et la nouvelle était confirmée par un télégramme daté de Tanger, de M. Harris, le correspondant du *Times*, confident du Sultan, qui, après la débandade des troupes chérifiennes, s'était, sans retard, réfugié à Tanger, faisant d'une traite la distance entre Fez et cette ville. La rebellion semblait victorieuse et on la signalait comme tendant à gagner d'autres parties du Maroc. La petite colonie européenne de Fez, disait-on, courait les plus graves dangers... »

---

2. — La Légende de Bou-H'emara

En ce temps-là, l'Amala d'Oujda, les Djebala et le Rif étaient sillonnés en tous sens par les émissaires de l'agitateur marocain. Une légende magnifique auréolait déjà les débuts du règne de l'heureux rival d'Abd-el-Aziz. Des poésies arabes et berbères couraient les douars, les villes et les hameaux, volaient de lèvre en lèvre, puis, après avoir franchi la frontière algérienne, elles venaient, messagères ardentes et insaisissables, jusqu'au sein des garnisons françaises, troubler, émouvoir et ravir les populations indigènes dont le cœur bat toujours bien fort quand il s'agit de la cause sacrée de l'Islam.

Et, de fait, c'était un mouvement prodigieux, inconcevable, que ce mouvement, profond jusqu'aux racines, qui emportait à la suite d'un simple thaumaturge — prestidigitateur la moitié d'un Empire. Quoi ! *Bou-H'emara*, « l'Homme à l'ânesse » allait donc renouveler, à près de 1000 ans de distance, la formidable et sanglante épopée d'*Abou-Yazid*, un *Zenète* celui-là aussi, un terrible sire, galvanisateur de peuples, qui avait également pour monture un baudet gris, ce qui lui avait naturellement valu, comme à l'autre, son surnom historique d'*Abou H'imar* (l'Homme à l'âne !) [1]

---

(1) Cf. Mercier. *Histoire de l'Afrique septentrionale* : — « Révolte d'Abou-Yézid, l'homme à l'âne », tome I, page 338 et suivantes.

Eternelle répétition des choses d'ici-bas : — La *Légende* avait fait la force du nouveau maître de Taza, la Légende allait le porter aux nues, puis, un instant abandonné des bardes et des poètes, n'ayant plus pour soutenir sa gloire naissante le dialecte magique des dieux, le moderne Annibal zénète s'enferme à présent dans son farouche Brutium, au centre de l'Amala d'Oujda, au cœur de la Zénétie irréductible, et là, bravant les foudres de l'Est et de l'Ouest, il s'entête à tenir jusqu'au bout, sans même regarder le ciel, et sans se demander, en ce beau printemps de 1905, si son étoile ne commence pas à pâlir...

Mais reportons-nous aux premiers jours de la folle équipée de l'homme audacieux et inconnu qui se faisait passer à Taza pour le frère aîné du Sultan, le Prince-Borgne, Moulaye Mh'ammed, cet infortuné cyclope magribin dont nous avons narré ailleurs les malheurs et l'histoire. A cette époque, une effervescence indicible secouait les belliqueuses populations du Nord-Est marocain. On était persuadé que le dauphin chérifien, évadé de sa prison de Merrakech, était venu relever à Taza l'étendard de l'Islam, que le vrai sultan Abd-el-Aziz avait été escamoté, emporté à Londres par deux sirènes d'Albion, que l'anglais Mac Lean, ancien sous-officier britannique, ex-favori d'Abd-el-Aziz, connu là-bas sous le nom d'*El-Krouni* (le colonel), régnait à Fez, où il était parvenu à se faire passer pour le Sultan grâce à sa ressemblance avec le fils de Rok'iya, et l'incroyable Légende suivante, que nous avons publiée dans l'*Echo d'Oran* des 28 Février, 1, 2 et 3 Mars 1903, électrisait des milliers de fanatiques et se répandant partout comme une immense traînée de poudre...

Nous avions intitulé cette légende : — *Choses du Maroc*, — et nous disions :

Quiconque cherche la vérité sincèrement dans les dépêches des journaux aura bien de la peine à découvrir l'identité du Prétendant marocain, jusqu'ici l'heureux rival de Moulaye Abd-el-Aziz, demain peut-être le vrai roi du Maroc. D'épaisses ténèbres sont répandues sur la personne ainsi que sur les faits et gestes de l'énigmatique révolté au nom duquel des combats sont livrés journellement à peu de distance de la capitale Chérifienne. Les agences de Madrid et de Londres ont lancé à travers le monde des dépêches nombreuses, se contredisant souvent à deux jours d'intervalle, annonçant des nouvelles sensationnelles, démenties, du reste, le lendemain.

C'est ainsi que l'on apprit successivement la mise en liberté du frère aîné du Sultan, l'ex-dauphin Moulaye Mh'ammed, que la Sultane-mère, *Rok'iya*, avait si adroitement évincé du trône à la mort du dernier empereur, Moulaye El-H'asen ; puis étaient arrivées coup sur coup la défaite de l'Homme à l'ânesse, *Bou H'emara*, sa captivité, la promenade ridicule qu'il avait dû faire dans les rues de Fez sous les flagellations des lanières de cuir des bourreaux chérifiens, et, « à l'heure où nous écrivons, ajoutaient les étonnants faiseurs de télégrammes londoniens et madrilènes, le Prétendant a très probablement cessé de vivre. »

Il a si peu cessé de vivre qu'il est fort bien portant, à l'heure actuelle, et qu'il ne songe absolument pas à renoncer à la lutte, encore moins à mourir. De toutes les fables espagnoles et anglaises débitées sur son compte, il n'en est pas une qui s'approche quelque peu de la vérité ; on peut même ajouter qu'elles paraissent être faites à plaisir pour dérouter l'opinion publique sur la véritable situation d'un Empire qui penche de plus en plus *du côté où il doit tomber*. Il est permis d'admettre cependant que l'ignorance réelle des évènements est la seule cause qui ait donné naissance à tant de bruits absurdes et mensongers. Optera qui voudra en faveur de cette seconde hypothèse.

Le principal facteur dont on doive, en premier lieu, tenir compte, quand on examine la question marocaine, étant la France, on a raison ici de se demander qu'elle est exactement la ligne de conduite qu'elle entend observer chez ses voisins de l'Ouest Africain. Il ne semble guère difficile de se prononcer sur ce point, et, sans être le moins du monde dans le secret des dieux, il est permis de penser que le Gouvernement de la République suit d'un œil attentif la marche des évènements et qu'il ne se laissera pas prendre au dépourvu le jour où le Maroc aura besoin de notre aide, de notre action diplomatique, voire même de notre *protection*.

Ceci ne faisant plus de doute pour personne, bien des gens, que préoccupent les questions coloniales, se sont étonnés de la réserve, nous pouvons dire du silence absolu qui s'est fait en France dans les cercles officiels sur le sort d'un pays qui nous touche de si près et qui doit évidemment, tôt ou tard, graviter dans notre sphère d'influence, et l'on s'est dit :

— L'Espagne s'agite, elle prépare ses vaisseaux ; ses ministres et ses journaux parlent sans ambages des grands projets de la Péninsule sur le Magrib el-Ak'sa. D'autre part, avec moins d'arrogance et plus d'adresse, la Grande-Bretagne ne laisse pas ignorer combien elle attache d'importance à la possession du littoral de Tanger à Ceuta. Que fait donc la France ?

La France, répondrons-nous, paraît conserver l'attitude la plus digne, la plus prudente et la plus correcte dans l'œuvre d'apaisement et de conciliation qu'elle cherche à faire prévaloir aussi bien au Maroc que sur les autres points du globe. Elle sait les sympathies qui l'attendent sur la rive occidentale de la Mélouiya, et elle n'ignore pas qu'entre tant de nations qui convoitent la belle proie marocaine, elle sera la Préférée, celle que l'on recevra là-bas comme la libératrice du long joug chérifien.

Un peu de calme est descendu, avec les neiges, dans les vallées des R'iatha. Le Prétendant en a profité, dit-on, pour se rendre à petites journées au mausolée du grand Idris, dont la cendre repose parmi les ruines de l'ancienne Volubilis. Il va accomplir, dans ce temple sibyllin, l'épreuve décisive qui doit placer sur son front la couronne impériale. Pendant qu'il s'achemine vers ce tombeau fameux, et en attendant le dénouement de la tragédie marocaine qui ne saurait plus tarder trop longtemps, essayons de savoir ce que l'on pense de lui dans les villes et les campagnes du Magrib, ce que l'on croit qu'il est, d'où il vient, où il va, qui il combat et quels sont ses projets.

Longue et minutieuse a été notre enquête. Des versions à l'infini, aussi différentes les unes des autres que le jour et la nuit, avaient été mises en circulation dès le début des hostilités. Les Marocains eux-mêmes n'étaient pas d'accord, non seulement sur l'homme audacieux qui avait bravé le Sultan, mais ils donnaient encore à cet homme des noms divers qui furent si joliment estropiés dans les gazettes européennes. C'était la période obscure du chaos, celle où les plus clairvoyants en Europe n'entrevoyaient que désordres, gâchis et catastrophes, pendant que les Maures, au contraire, prédisaient qu'après cette révolution salutaire surgirait, avec un gouvernement nouveau, l'âge d'or vainement attendu par les générations successives de l'Islam marocain.

Aujourd'hui, la version la plus accréditée et la plus ancrée dans les cœurs et les cervelles marocaines est la suivante :

Vers la fin de l'été dernier (1902) Si Ah'med Ez-Zayani, le puissant caïd des Zayan, tribu berbère située sur le haut Oumm-er-Rabiâ, avait offert au jeune Sultan, Moulaye-Abd-el-Aziz, la plus belle de ses filles, une perle digne d'être appréciée seulement par le royal rejeton du Prophète. La charmante enfant fut conduite à Fez dans l'un des palais du Sultan. Quelques jours se passèrent, et un beau matin, Si Ah'med, qui était retourné tranquillement chez lui, reçut de sa fille, qui par hasard savait lire et écrire, un bout de billet très laconique conçu à peu près en ces termes :

— O mon père, à qui m'as tu donnée ?

— Au Sultan, répondit le caïd dans un autre bout de billet qui fut expédié à franc étrier à l'un de ses amis de Fez qui devait le remettre à la princesse.

Nouvelle missive de cette dernière, très claire cette fois, où elle disait :

— O mon père, tu m'as donnée à un chrétien, à un *Anglais*, à un *incirconcis !*

Sans réfléchir davantage aux conséquences de l'acte qu'il allait accomplir, le caïd prit la lettre de sa fille et alla à Merrakech auprès de Moulaye Mh'ammed, le Prince-Borgne évincé du trône. (1) En berbère mal dégrossi, peu familier avec les usages raffinés de la Cour Chérifienne, il dit à brûle-pourpoint :

— Moulaye Mh'ammed, dis-moi où est ton frère le Sultan ?

— Il est à Fez.

— Non, il n'y est pas.

— Si, il y est, il gouverne.

— Non, il n'y est pas.

---

(1) Au sujet de ce dauphin chérifien, voyez *Maroc Inconnu*, tome II, page 185, et *Fez*, page 359 et suivantes.

La discussion se prolongeant, on convint de mander l'un des ministres de Sa Majesté qui se trouvait en ce temps-là à Merrakech où il réglait quelques affaires publiques et privées.

***

Le ministre vint à la tombée de la nuit afin que sa visite ne fût pas trop remarquée par les espions que le Sultan attache ordinairement au service des grands de son royaume. La démarche qu'il faisait auprès du prince prisonnier, personnage dangereux qui n'avait jamais renoncé ouvertement à ses droits à la couronne, pouvait en effet être fâcheusement interprétée à la Cour, si elle venait à y être connue. Pour plus de précautions, le secrétaire d'Etat chérifien avait revêtu l'habit sordide d'un mendiant, et ce fut sous ce déguisement peu compromettant qu'il put arriver sans encombre à la demeure du royal prisonnier.

— Que Dieu bénisse les jours de Monseigneur ! Monseigneur a appelé son esclave ; son esclave est venu, dit le ministre qui avait au préalable mangé de baisers les mains de Moulaye Mh'ammed.

— Il ne s'agit pas de cela ! s'écria le rude caïd des Zayan en interrompant le cours des fades compliments du nouveau venu. Il s'agit de savoir où est le Sultan.

— Où veux-tu qu'il soit, si ce n'est à Fez, où dernièrement encore il me recevait chaque jour ? répliqua le ministre.

— Et ma fille, où est-elle ?

— Ta fille, tu l'as donnée au Sultan ; c'est avec lui qu'elle doit être.

— Tiens, prends, lis et médite cette lettre, fit le caïd en tendant à l'homme d'Etat la missive de sa fille.

— *A Rebbi ! A Rebbi* ! O mon Dieu ! O mon Dieu ! balbutia Son Excellence, au comble de l'émotion.

Le Prince-Borgne s'était levé, pâle, frémissant. L'exquise révélation de la liberté prochaine, du trône libre, avait réveillé ses instincts violents d'homme de guerre. Dans la pièce étroite et longue, éclairée de deux lourds flambeaux de bronze, il allait et venait à grands pas saccadés, rugissant des mots sans suite :

— Abd-el-Aziz !... l'Anglais incirconcis !... Un courrier !...

Un cheval !... Le *Djihad* (la Guerre Sainte) . . . .
. . . .

Maintenant, ils se retrouvaient tous les trois, le Prince, le Ministre et le Caïd, dans la masure d'un vieillard, le Nestor de Merrakech, l'oracle infaillible qui résolvait les énigmes les plus embrouillées dans ce pays d'énigmes qu'est le Maroc ; et le frère du Sultan, libre enfin par la toute-puissance des événements nouveaux et par la complicité des adorateurs du Soleil-Levant, commandait en maître au Ministre.

— Interroge cet homme, lui dit-il. Tu sais ce qu'il faut lui dire.

Et il ajouta plus bas :

— Moi, je dois rester dans l'ombre. Mon Heure n'est pas encore venue . . . .
. . . .

Le vieillard venait d'entendre les explications du vizir, et il restait perplexe, pensif, embarrassé pour la première fois par l'étrangeté d'un problème qu'il ne pouvait évidemment pas résoudre à cette distance de Fez. Son silence prolongé irritait le Borgne impatient qui finit par s'écrier :

— Que faisons-nous ici, puisque ce vieillard ne parle pas ?

— Moulaye Mh'ammed, dit l'homme vénérable qui avait reconnu le prince, il n'y a que la mère d'Abd-el-Aziz qui puisse te dire le mot de cette énigme. . . . .

Ni dans l'intérieur de Merrakech, ni en dehors de ses murs, aucun bruit d'évasion n'avait transpiré. On avait bien vu la caravane du Ministre et sa suite passer, sous un soleil de plomb, à travers monts et vallées ; on lui avait apporté, comme de coutume, la difa traditionnelle due aux personnages de marque, mais nul, parmi ces paysans simples des douars et des villages, n'avait su deviner que l'homme, couché et enveloppé dans des haïks, qui ronflait dans la tente du vizir, était le frère aîné de l'Empereur, celui que la destinée, dont nous sommes tous les jouets, réservait au rôle brillant et dangereux qu'il devait bientôt jouer . . . .
. . . .

A Fez, on cacha le Borgne dans une maison sûre, pendant que le Ministre s'ingéniait à entrer en pourparlers avec Rok'iya, la sultane-mère.

Les gynécées marocains ne sont pas aussi impénétrables

que nos européens veulent bien le dire. Il est des moyens, connus des gens du pays, par lesquels on peut faire parvenir à telle ou telle recluse des harems le message qui lui est destiné.

Habituée à ces correspondances hétéroclites, Rok'iya vit donc arriver sans étonnement la vieille sorcière que lui expédiait le Ministre. Faire ce qui lui était demandé, c'est-à-dire entrer chez son fils, s'assurer de son identité et dire ensuite ce qu'elle avait vu, était la chose du monde la plus aisée, la plus facile, la moins susceptible de complications futures.

— Reste là, dit-elle à l'antique messagère, en la faisant entrer dans une chambre vide du sérail. Je reviens dans un instant.

La Sultane était arrivée devant l'oratoire privé du Sultan. C'était une salle basse et obscure, avec des fenêtres étroites, grillagées, presque à fleur du sol, et sur ces lucarnes de prison l'ombre humide des frênes et des micocouliers avait fait pousser une végétation touffue de lierre et de plantes grimpantes.

Au fond de la pièce, sur des tapis polychromes entassés à la mode arabe, accroupi, les capuchons baissés sur le front, un homme était là, attendant la visite de la Reine-mère.

Elle entra sans façon, avec la persuasion que son fils chéri, Abd-el-Aziz, viendrait comme de coutume, jusqu'au seuil de la porte, pour lui baiser le sommet de l'épaule.

Cet enfant qu'elle avait tant aimé, ce fils qui devait à sa rare énergie de mère, d'amante et d'épouse, la dernière couronne réellement musulmane du Nord de l'Afrique, ce fils ne bougeait pas et ne lui faisait pas le geste gracieux avec lequel il la recevait autrefois, quand elle venait s'entretenir avec lui des affaires compliquées de la politique marocaine.

Tremblante, elle s'approcha de l'homme.

— O Monseigneur, ô mon fils, serais-tu malade ? fit-elle.

Ses mains s'avançaient, suppliantes, comme pour chercher et saisir celles qui se cachaient sous les mousselines blanches de celui qu'elle croyait encore son enfant. Lui, cependant, d'une voix qui n'avait rien de celle d'Abd-el-Aziz, finit par articuler quelques mots :

— Non, ma mère, je ne suis pas malade : grâce à Dieu, je vais très bien.

— Ce n'est pas lui !... Ce n'est pas lui !... se disait Rok'iya; dont les yeux commençaient à s'habituer à l'obscurité de la pièce.

A présent qu'un petit rayon de soleil, après avoir percé le feuillage des arbres, se posait radieux sur les pâquerettes blanches d'un des tapis de la porte d'entrée, il était facile à la vieille souveraine de distinguer les traits de l'homme, toujours obstinément encapuchonné ; et tandis que ses yeux, sa raison et son cœur lui disaient que cet homme n'était pas le fruit de ses entrailles, le légitime Sultan du Maroc, l'enfant obèse et maladif qu'elle avait imposé au choix des savants, des nobles et des hauts fonctionnaires de l'Empire, un bruit de pas d'hommes armés qui s'approchaient lui fit tourner la tête.

C'étaient deux nègres, des hommes colosses, aux dents d'ivoire, aux yeux injectés de sang ; l'un d'eux, posant sa main sur l'épaule de Rok'iya, lui dit :

— Viens.

Au moment où la Sultane arrivait à la porte de la salle, elle se retourna. L'homme, dont les capuchons n'étaient plus baissés, avait à présent la tête découverte. Il était debout, plus grand, plus svelte qu'Abd-el-Aziz.

— Grand Dieu ! dit la pauvre mère, ce n'est pas mon fils !

*
* *

Morte !... Mon Dieu, pourquoi ? Pour peu de chose : elle avait trop parlé, et le poison des harems, arme invisible et sûre des Cours orientales, avait été versé dans le thé parfumé d'ambre que Rok'iya aimait tant à boire à petites gorgées pendant les longues soirées où elle se rémémorait, dans la solitude de sa chambre de veuve, son passé de belle Circassienne, son humble condition d'esclave, vendue dans un marché clandestin de Constantinople, puis expédiée vers les régions barbares qu'un Sultan, du nom de Moulaye-el-H'asen, parcourait sans cesse à cheval, le cimeterre au poing.... puis sa fortune inespérée de favorite et de Sultane... et maintenant ies affres de la mort . . . .

. . . .

Tandis que les pleureuses à gages, les joues déchirées et saignantes, faisaient retentir le palais de leurs cris, la vieille messagère, porteuse du secret de la reine, déclinait ses noms et qualités à la négresse de la maison hospitalière dans laquelle se tenait caché le plus impatient des Princes borgnes.

Qu'elle en savait des nouvelles, la matrone rusée, des nouvelles inconcevables, étourdissantes, et pourtant très en rapport avec la mentalité spéciale des gens incultes et superstitieux de l'Empire magribin !

C'était d'abord la venue, auprès d'Abd-el-Aziz quand il était encore au Maroc, de deux jeunes filles anglaises choisies parmi les beautés les plus capiteuses de la capitale britannique; et ces jeunes filles, après avoir enivré et rassasié de plaisirs le Sultan, lui auraient persuadé qu'elles n'étaient rien auprès des ravissements paradisiaques qui l'attendaient à Londres...

— Londres ! La grande ville ! Le paradis terrestre ! Mais j'y vais ! Courons-y ! Foin de ces brutes de Marocaines et de Marocains !

Ainsi aurait parlé Abd-el-Aziz dans son délire, dans sa soif des sensations inconnues que lui promettaient les troublantes sirènes d'Albion ; et il était parti en catimini, en compagnie des belles misses, travesties en musulmanes.

— Le Sultan est maintenant à Londres, ajouta la matrone. Il vit dans la joie et le plaisir, il écoute des concerts, il assiste aux ébats chorégraphiques des meilleures danseuses du Royaume-Uni de Grande-Bretagne et d'Irlande. Quant à celui qui le remplace ici, c'est un Anglais dont la ressemblance avec Abd-el-Aziz est frappante. (1)

***

Dans son humilité, ou son adresse profonde, le Prince-Borgne, le frère aîné du Sultan, l'enfant légitime du dernier souverain, que la favorite Rok'iya, maintenant défunte, avait

(1) Cette légende de l'Anglais, colonel de son métier et occupant de cette incroyable façon le trône d'Abd-el-Aziz, a été pour beaucoup dans les succès du Prétendant. Les partisans du Sultan sont appelés encore aujourd'hui *eçh'ab-el-Krouni.*

El-Krouni (le colonel) en question serait, paraît-il, un certain Mac Lean, très connu à la Cour Chérifienne.

traîtreusement écarté du trône pour y placer son fils, a refusé de monter à cheval. Il veut pour monture une ânesse, et il explique à ses fidèles R'iatha, ainsi qu'aux représentants des autres tribus berbères de l'Atlas, qu'il ne combat pas son frère le Sultan, qu'il n'est nullement Prétendant, qu'il fait la guerre sainte aux Chrétiens..., aux Anglais..., qui ont usurpé le pouvoir.

— Mon frère a été enlevé, volé par les Anglais, et ceux-ci sont maintenant les maîtres du Gouvernement Marocain !

Telles étaient les paroles que Moulaye Mh'ammed ne cessait de répéter, paroles qui se répandaient du Nord au Sud de l'Empire avec une rapidité incroyable. Et lui, en tête de ses troupes, monté sur une ânesse, vêtu de laine grossière, culbutait les unes après les autres les colonnes que son frère — ou l'autre — opposaient à sa marche envahissante.

Descendus en masses compactes de leurs hautes montagnes, à pied la plupart, le Remington sur l'épaule, les Braber sont venus prêter main forte aux contingents des R'iatha, H'ayaïna et Dsoul, qui s'étaient rangés les premiers sous la bannière de celui qui se plaisait à se faire appeler *Bou-H'emara*, (l'Homme à l'ânesse). D'autres aussi étaient venus des terres basses du Sahel, amenant au Prince-Borgne leur redoutable cavalerie, et, par un miracle comme il ne s'en passe de semblable que dans les pays de délirium religieux, un de ces escadrons volants avait surpris un convoi de cinq cents chamelles qui paraissaient s'acheminer pacifiquement vers la ville de Fez.

— Elles sont bien grosses, bien volumineuses les *caisses de savon et de bougies* que portent ces animaux ! Voyons donc ce qu'elles contiennent, avait dit le chef des pillards aux caravaniers terrorisés par les fusils braqués sur eux.

O surprise ! Chaque chamelle portait deux énormes caisses, et dans chacune de ces caisses se tenaient cois deux individus, ce qui faisait un total de deux mille solides gaillards, tous habillés à la mode arabe, mais ne sachant pas dire un mot de cette langue. Et puis, ils étaient blonds... blonds comme jamais marocain ne le fut...

— Qu'on enlève les habits à ces Infidèles ! clama de nouveau la voix du chef.

C'étaient deux mille Anglais !... Deux mille Anglais, que

l'on avait débarqués à Larache dans des caisses, soi-disant de savon et de bougies ; et ces guerriers invisibles voyageaient de cette originale façon, à travers les landes sablonneuses du littoral, quand leur mauvaise étoile les fit tomber entre les mains des partisans de Moulaye Mh'ammed...

— Où allaient-ils ? demanda Bou-H'emara lorsque ces gentleman lui furent présentés en tenue d'Adam avant son péché.

— A Fez, Monseigneur, où ils devaient, paraît-il, servir de garde particulière au Mécréant qui a pris la place de ton frère, répondit le berbère qui s'était emparé des Anglais.

Cette invraisemblable nouvelle du Sultan à Londres, prisonnier volontaire parmi les femmes et les fleurs, pendant qu'à sa place règne à Fez un Infidèle aussi méprisé qu'abhorré, a plus fait pour la réussite des plans du Prince-Borgne qu'une armée de vingt mille hommes. Parvenue jusqu'au fond des douars de la plaine, jusqu'aux hameaux perchés dans les rochers des montagnes, elle a galvanisé les hordes turbulentes des Berbères qui croient ingénument que « l'Homme à l'ânesse » combat les Chrétiens en général et les Anglais en particulier.

Ses cavaliers officiels, reconnaissables à leurs calottes rouges, en forme de pain de sucre, sont lancés vers les quatres points cardinaux, et ils apportent toujours, sur leurs coursiers blancs d'écume, les lettres du Prétendant, que les caïds portent à leurs lèvres, en signe d'obéissance et de respect.

C'est le jour du marché. La foule en armes entoure le crieur public, dont la voix hurle encore :

— Il n'y a de dieu qu'Allah ! Venez, ô croyants, écouter la lecture des lettres de notre Maître le Sultan !

Elles sont calquées les unes sur les autres, ces circulaires impériales, et elles ne brodent guère sur le thème déjà connu : C'est, à satiété, la répétition de l'histoire du Sultan, escamoté par l'Angleterre, vautré dans la fange chrétienne, inconscient de ses droits et de ses devoirs, mais néanmoins n'ayant pas cessé d'être le légitime souverain du Maroc. La conclusion ne varie pas non plus.

— Qu'on me montre mon frère le Sultan, dit invariablement Moulaye Mh'ammed. S'il est à Fez, à Merrakech, ou dans tout autre endroit, qu'il se fasse voir aux Musulmans, et alors nous serons les premiers à lui rendre hommage. L'Anglais, qui gouverne à sa place, se terre dans son palais de Fez, où nul ne peut l'apercevoir, excepté son entourage de *renégats* vendus depuis longtemps à la Grande-Bretagne. Ne me proclamez pas Sultan... Je ne veux pas l'être... Mon seul désir est de chasser les maudits Anglais qui nous ont volé notre Seigneur et Maître le Sultan . . . .

Pour ceux qui ne voient jamais qu'un seul côté des choses, le mystère, le miracle existent. Or les populations marocaines, plongées dans la nuit du mysticisme religieux, ajoutent la foi la plus complète aux faits surnaturels et inexplicables, à ce que la religion ordonne de croire sur parole, sans examen ni commentaire.

Ces populations attendent maintenant l'épreuve miraculeuse que le prétendant est sur le point de tenter dans le mausolée de Moulaye Idris, à Zerhoun. Redoutable et peu commode est cette épreuve ; et si le prodige a lieu, alors le vrai Sultan — ou l'autre — n'auront qu'à plier bagage et à fuir, s'ils ne veulent s'exposer au courroux de l'immense majorité des sujets de l'Empire.

Berbères, Arabes, Nègres et Juifs, les savants comme les ignorants, ont les yeux tournés vers le tombeau du fondateur de la dynastie Idrissite. Ils semblent regarder et voir, et ils voient, en vérité, Moulaye Mh'ammed gravir les pentes verdoyantes de la montagne sainte.

— Voyez-le ! Il ne s'arrête pas devant le monument funéraire élevé à la mémoire du fidèle Rached, l'esclave affranchi, le tout puissant ministre de Moulaye Idris. Non, le Prince-Borgne a l'idée de pénétrer dans le sanctuaire vénéré que l'on n'ouvre qu'aux empereurs ou aux plus grands savants du royaume. Il y entre avec son grand vizir et son chapelain, et ils se prosternent tous trois devant le sarcophage, aux peintures vertes, qui est censé recouvrir ce qui reste de la cendre d'un souverain mort il y a onze cent dix ans aujourd'hui.

Derrière eux, les portes massives du mausolée ont été fermées à clef et verrouillées par le gardien, en présence des notables et de la foule. Les clefs sont dans la poche du gardien, les verrous s'enfoncent profondément dans la muraille, hors de la portée de la main des reclus. Il faut que par l'effet de la puissance divine, ardemment sollicitée par le grand saint défunt, les portes souvrent d'elles-mêmes et laissent passer celui qu'Allah et Moulaye Idris désigneront ainsi aux suffrages des Musulmans.

Si les portes restent closes, si le gardien est obligé, après plusieurs heures d'attente, de venir donner la liberté aux enfermés, le miracle n'ayant pas opéré, il est certain que ni Allah ni Idris ne veulent voir sur le trône du Maroc un personnage si peu favorisé du ciel.

Voilà donc le prodige attendu, désiré, *presque certain*, car il est des accommodements avec les Puissances Célestes, que l'on sait se rendre favorables quand on n'est pas un sot, et Moulaye Mh'ammed est loin de l'être. Il a des chances, oui, vraiment, beaucoup de chances de se faire ouvrir les portes du fameux tombeau par les mains augustes de feu Moulaye Idris lui-même . . . .

— Et alors ?

Telle est la question qui est sur vos lèvres à tous, chers lecteurs, question à laquelle on ne peut répondre qu'avec d'infinies hypothèses. Sonder l'avenir, c'est être un peu prophète, et vous savez que le dernier apôtre du Seigneur, celui que l'Islam revendique pour son fondateur, a déclaré qu'il n'y aurait plus de Prophète, voire même de Prophètesse après lui. .

. . . .

Nous avons simplement voulu, dans cette esquisse rapide des pensées actuelles d'un pauvre peuple ignorant, montrer les ressorts cachés, les mystifications, quelquefois profondes, souvent enfantines, auxquelles se laissent prendre les foules passionnées et fanatiques qui tournent le dos avec obstination à ce que nos philosophes appellent si justement « le Paradis terrestre, » réalisable ici-bas par la *Paix* et le *Travail*.

XVI

BOU-H'EMARA ET LES ZKARA

1. — Leur premier contact

Un zkraoui du nom de Mouh'ammed ould Ali, des Oulad Moussa, originaire du douar *soi-disant islamisé* des Oulad Rabah' (Zkara), a assisté aux débuts de la propagande du Prétendant marocain. Ce Mouh'ammed était allé passer quelques jours chez les *Ahal Isounen*, *Beni-Mah'sen* et *Ahal Ez-Zaouiya*, trois villages *affiliés au Zkraouisme*, voisins les uns des autres, et situés près de Taza, dans la grande tribu des *R'iatha*. Notre zkraoui se trouvait là vers le milieu du printemps de 1902, lorsqu'il apprit qu'il venait d'arriver dans la contrée un taleb monté sur une grande bourrique d'Espagne, ce qui valut assez rapidement à cet étranger le surnom de *Bou-H'emara* (l'homme à l'ânesse). Son nom véritable, nul ne le connaissait, et personne au surplus ne se souciait de le connaître. Ce à quoi l'on s'intéressait, c'était aux tours de *khank'at'ira*, que le nouveau venu exécutait avec une science et une dextérité inconcevables. Transformer des feuilles d'arbres en louis d'or, avoir un décalitre d'orge *inépuisable*, dans lequel 50, 60, 80, 100 cavaliers, trouvaient largement de quoi nourrir leurs chevaux, le décalitre restant toujours plein, n'étaient qu'un jeu pour l'habile prestidigitateur. Des milliers de R'iatha et autres indigènes des tribus voisines accouraient pour être témoins de ces prodiges. Lui, profond politique autant que prestigieux orateur, disait à ces gens simples qu'il était Moulaye *Mh'ammed ould El-H'asen*, fils aîné du Sultan défunt, et il laissait voir à qui voulait son œil borgne, voilé d'une large taie. Malgré tout, les populations hésitaient à le proclamer empereur en remplacement du trop britannique Abd-el-Aziz. Le thaumaturge leva les derniers scrupules des campagnards par de nouveaux miracles : — Il changeait de teint et de couleur à volonté. De pâle exsangue qu'était son visage, il devenait soudain cramoisi, puis il parcourait toute la gamme des nuances connues, au grand effroi et à la grande surprise des spectateurs.

— Ne m'apportez ni *mouna* (provisions de bouche), ni

argent. Je n'ai besoin de rien. Ma *baraka* suffit à tout, disait-il à ses innombrables visiteurs.

Et c'était vrai, car les escadrons des tribus avaient, pour leurs centaines de chevaux, l'orge nécessaire, extraite du fameux décalitre, et les piétons, goujats et mendiants recevaient des pièces de cent sous que le prestidigitateur tirait d'une sacoche (*zaâboula*), également intarissable. On lui attribuait des dons surnaturels : — Il reconnaissait les voleurs rien qu'en les dévisageant, et il possédait, ô comble de faveur céleste, le *tébrid er-rçaç*, qui le rendait invulnérable aux balles de plomb (1).

Médusés, fascinés par ces jongleries si adroitement exécutées, 24 cavaliers R'iatha furent les premiers à se déclarer prêts à suivre partout le taleb étranger et à mourir au besoin pour lui. Le vingt-cinquième cavalier qui s'adjoignit à eux fut notre Zkraoui, qui se disait :

— En attendant des jours meilleurs, je vais toujours toucher les *quatre dourou quotidiens (!)* que cet homme donne à chacun des membres de sa nouvelle escorte.

Sur ces entrefaites, un goum de 7 à 800 Aït-Youssi, conduit par le caïd de cette tribu, vint chez les R'iatha, sur les ordres de Moulaye Abd-el-Aziz, pour couper la tête de l'imposteur et la rapporter au Sultan. A la vue de ces gens mal intentionnés, le pseudo-prince borgne commanda à ses 25 gardes du corps de ne pas bouger ; puis, seul, le sabre à la main, il se précipita dans les rangs ennemis, se fraya un passage jusqu'au caïd, engagea avec lui un terrible combat singulier qui se termina par la victoire complète du Révolté. Ce fut la tête du chef des Aït-Youssi, et non celle du Prétendant, que le monarque de Fez reçut dans une musette deux jours après ces évènements.

---

(1) Ce sont en général les tolba du Sous qui fabriquent les talismans appelés *tébrid er-rçaç*, dont la vertu magique consiste à *refroidir les balles de plomb* des fusils, c'est-à-dire à les rendre inoffensives quand elles viennent à toucher le corps du possesseur du *tébrid*. Selon les Musulmans compétends en ces sortes de sciences occultes, le *tébrid* ne rend pas son propriétaire invulnérable aux balles d'*or ou d'argent pur*, ni même aux projectiles faits avec d'autres métaux que le plomb. Toutes les tentatives pour obtenir un *tébrid général* ont échoué jusqu'ici, paraît-il, et les meilleurs tolba soussiens ont dù renoncer à trouver cette panacée universelle. Notre vieil adversaire Bou-Amama fait courir le bruit qu'il a, lui aussi, un *tébrid er-rçaç*. Tant mieux pour lui.

Voir, au sujet de ce talisman, d'intéressants détails dans les *Archives marocaines* (publication de la Mission scientifique du Maroc), n° II, vol. II, novembre 1904, page 200. Nous aurons sans doute bientôt l'occasion de dire tout le bien que nous pensons de cette excellente publication. En attendant, nous la recommandons aux laborieux qui veulent étudier à fond le Maroc.

Quant aux 800 cavaliers, ils s'étaient fusillés les uns les autres en tirant sur le diable d'homme qui s'était jeté si crânement au milieu d'eux. Aussi ne tardèrent-ils pas à s'enfuir en laissant 200 des leurs sur le champ de bataille.

Plus de 3,000 R'iatha avaient contemplé, du haut des collines environnantes et sans y prendre part, cette lutte insensée. Lorsqu'ils virent Bou-H'emara ressortir de la fournaise, sans aucune blessure, avec la tête du caïd à la main, ils crièrent :

— *Allah ionçor es-solt'an Moulaye Mh'ammed !*

— Vive le sultan Moulaye Mh'ammed !

Toute la tribu vint répéter cette formule aux pieds de la nouvelle Majesté. Le redoutable Borgne, qui ne riait jamais, eut, dit-on, un rictus de joie, bien vite réprimé du reste, quand il vit tant de fronts s'aplatir contre terre devant lui. Ces têtes creuses de Bédouins-Berbères étaient siennes... Il pouvait en disposer à sa guise...

Tout à coup, l'œil valide du thaumaturge lança un éclair. Il venait d'apercevoir un groupe d'indigènes qui ne se pressaient nullement de venir lui offrir leurs hommages.

— Seraient-ce des *Krouniyin* (1), demanda-t-il en les désignant, le bras tendu vers eux ?

— Monseigneur le Sultan ne sait donc pas que nous avons chez les R'iatha des chiens de Chrétiens, des Infidèles, les *Ahal ez-Zaouiya,* les *Ahal Isounen* et les *Beni-Mah'sen,* qui appartiennent à la secte des *Zkara,* autres chiens de Chrétiens qui se trouvent à trois jours d'ici dans l'Est, du côté d'Oujda ? fit l'un des 25 gardes du corps, qui se tenait, sabre au clair, derrière Sa Majesté cyclopéenne.

On donna alors au *Sultan* quelques explications, desquelles il sembla résulter que si les adeptes du Zkraouisme, domiciliés parmi les R'iatha, n'étaient pas musulmans bon teint, du moins étaient-ils braves comme des lions, que leur collaboration guerrière n'était nullement à dédaigner, et il fut décidé séance tenante qu'on en emmenerait un certain nombre en expédition.

Le lendemain, six mille hommes étaient sous les armes, prêts à partir. Bou-H'emara passa devant le front des troupes, grave, soucieux. Puis, tirant son sabre et montrant un fouillis de maisons blanches dans le lointain :

(1) *Krouninyin* pluriel de *Krouni.* « *Partisans du Colonel* »

— A Taza ! rugit-il.

. . . .

Du côté de Fez, les tribus ne bougèrent pas après la capitulation de Taza. Elles firent dire à l'insurgé :

— Va d'abord au Mausolée de Moulaye Idris à Zerhoun ; et si Dieu opère le miracle (1), nous embrasserons ta cause.

Il n'y avait rien à faire évidemment à l'Ouest de Taza. Le Prétendant le comprit, et il se rua avec ses escadrons vers la terre classique de l'anarchie et de l'insurrection.

---

2. — Bou-H'emara dans l'Amala d'Oujda et le Rif

Un instant, le projet de publier à cette place, ou en appendice, peu importe, un résumé historique de ces deux provinces nous avait tenté. Notre but était de donner au lecteur une idée d'ensemble de ce double pandémonium politique : le *Rif*, la *Zénétie marocaine* ou *Amala d'Oujda*, — celle-ci surtout, qui nous touche de si près. S'il est un sujet tragique, passionnant, national au premier chef, c'est bien celui-là, car il concerne la *Frontière Oranaise*, cette parcelle précieuse du patrimoine français par où passeront, pour aller à Fez, non seulement nos locomotives et nos marchandises, causes secondaires et accessoires dans l'évolution psychologique des peuples, mais l'esprit, la langue, les sciences, les arts et la mentalité de la Nation qui a donné au monde la belle Déclaration des Droits de l'Homme. Malheureusement, les matériaux manquent pour cette étude. On a, en vérité, un ou deux livres officiels et autant de grandes revues, également officielles, où se déroulent des exposés chronologiques de « faits bruts », qui ne sont que des « répertoires » d'évènements particuliers d'où la philosophie et la psychologie sociales sont, sinon bannies radicalement, du moins écartées presque toujours faute d'observations, d'informations, d'instruction générale et de connaissances techniques suffisantes. C'est trop peu, on le conçoit, et la besogne devient alors écrasante, presque impossible. Plonger, aller voir ce qui se passe au fond du gouffre humain, en rapporter la « synthèse sociolo-

---

(1) Le miracle qui devait lui ouvrir la porte du tombeau du fondateur de la dysnatie Idrissite et que nous avons mentionné ci-dessus dans la « Légende de Bou-H'emara ».

gique », cette perle de l'Histoire, telle est, dans les conditions actuelles, l'effrayante entreprise que devra accomplir par lui-même l'historien futur du Rif et de la Zénétie marocaine. Même en un pays qui a les apparences de l'immobilité et de la mort cérébrale comme le Maroc, les phénomènes sociaux ont des courants et des vagues de fond trop insoupçonnés pour que l'écrivain sociologue puisse se hasarder à parler en passable connaissance de cause de l'Océan sombre et fermé qui s'étend de la Mélouiya à Rabat'.

Mais il suffit souvent d'indiquer au philosophe la hauteur des principales lames qui s'élèvent au-dessus du niveau de la mer les jours de tempête, pour qu'il devine à qu'elle profondeur à peu près s'agite la masse inférieure des eaux. C'est ce que nous avons essayé de faire dans les pages précédentes et dans celles qui suivent, trop heureux que nous serons si nous parvenons à aider nos chers confrères en philosophie sociale à entrevoir et à distinguer un peu le grouillement de passions et d'intérêts contraires qui se heurtent à travers les ténèbres de la géographie humaine du Magrib-el-Ak'ça (1).

L'*Amala* (2) *d'Oujda* fut de tout temps, — et elle est aujourd'hui plus que jamais peut-être, — un foyer permanent de meurtres, de vols, de viols, d'insurrections, d'anarchie, de luttes de çoff et d'intrigues souterraines, à ce point intenses et compliquées, que les plus clairvoyants des coloniaux et des hommes d'Etat sont indécis et divisés sur le remède énergique et immédiat qu'il conviendrait d'appliquer sans retard à nos turbulents voisins de Marnia, si nous voulons que la *pénétration marocaine* ne soit plus un vain mot.

Le 31 mars 1905, le jour même de la visite sensationnelle de Guillaume II à Tanger, notre Ministre des Affaires étrangères,

---

(1) L'exposé « chronologique » et le simple « répertoire des faits bruts » ont néanmoins l'un et l'autre leur valeur, que nous sommes loin de dédaigner par ce temps de disette historique sociologique dont souffre l'Empire des Chérif. Une œuvre de ce genre devrait tenter un *débutant* et l'engager à crayonner au moins les principaux faits qui se sont passés dans l'*Amala d'Oujda* « depuis 1830 jusqu'à nos jours ». Cet exposé sommaire ne servirait-il qu'à nous faire admirer l'angélique patience de la France, qui tend successivement la joue droite et la joue gauche aux insultes continuelles de ses insupportables voisins de la *Frontière Oranaise*, que cela suffirait, l'œuvre devant porter ses fruits tôt ou tard.

(2) عمالة *Amala* est un mot arabe qui signifie « province, circonscription ».

M. Delcassé, a pu dire à la tribune du Sénat, avec l'accent de la plus complète vérité :

— *L'état profondément troublé de la frontière algéro-marocaine ne suffirait-il pas pour nous donner le droit d'intervenir au Maroc, si nous avions besoin d'un prétexte ?*

Une importante *Revue* (1), très bien renseignée d'habitude sur les choses algériennes et marocaines, préconisait dernièrement un programme d'action combinée qui semblerait devoir satisfaire les plus exigeants en matière de *pénétration magribine.* Elle disait :

— « Tandis que M. Saint-René Taillandier poursuit à Fez sa mission d'ambassadeur et la grande œuvre dont il est chargé, notre action subit un arrêt forcé tant à la côte qu'à la frontière algérienne. — La situation respective du Makhzen et du Prétendant dans l'*Amala d'Oujda* n'a pas beaucoup changé. C'est toujours de part et d'autre anarchie et impuissance, et les combats qui se livrent journellement n'ont qu'une importance très relative. *La face des affaires ne se modifiera sérieusement que lorsque le gouvernement français se sera décidé à faire purger cette région par une action politique franco-marocaine concertée d'avance entre le Makhzen, le Quai d'Orsay et le Gouvernement général de lAlgérie.* ». . . . .

. . . .

En accourant avec ses reîtres vers cette frontière franco-marocaine, où jamais un seul jour, depuis 1830, la poudre n'a cessé de parler, l'Homme à l'ânesse savait par avance dans quel délicieux enfer politique et social il allait se mouvoir en toute liberté d'allures. Dès l'automne de 1902, il avait envoyé des messages à *Bou-Amama.*

Celui-ci, aux abois du côté de Figuig, accueillit avec plaisir les propositions du soleil levant, et les deux *sah'er* (sorciers) se donnèrent rendez-vous dans la plaine des Angad.

L'adhésion de Bou-Amama une fois connue, beaucoup de tribus orientales se prononcèrent en faveur du Prétendant. Ce furent, par ordre chronologique : — *El-Ah'laf, Lemtalça,* une moitié des *Sejaâ,* une moitié des *Mehaya,* une moitié des *Beni-Znassen.* Le *Rif,* pays sauvage qui, au moindre siroco politique, monte et écume comme une soupe au lait, avait pris

(1) *Questions diplomatiques et coloniales.* Numéro du 16 février 1905, page 247 et suivantes.

immédiatement les armes au nom de Moulaye Mh'ammed. Sa première prouesse fut, le 13 avril 1903, de faire sauter la forteresse chérifienne de Jnad'a, près de Mélilla.

Jusqu'alors, les Zkara, les Beni-Yaâla et les Beni-bou-Zeggou étaient restés sourds aux sommations du *Rougui* (1). Le caïd des Beni-bou-Zeggou, H'oummada ould Mouh'ammed ben Moukhtar, beau-père de feu le Sultan Moulaye El-H'asen et grand'père d'une des femmes actuelles du jeune Abd-el-Aziz, ne pouvait décemment pas contribuer à détrôner une famille à laquelle tant de liens le rattachaient. Et puis, Bou-H'emara était encore loin, occupé, disait-on, à diriger en personne le siège de la Kasba de *Msoun*, où, en dépit de ses talismans, il avait été grièvement blessé à l'épaule. Une *balle d'or*, tirée de l'un des créneaux de cette petite place, avait désarçonné et jeté mourant sur le sol l'homme intrépide et cruel qui menaçait déjà de cueillir sur son passage toutes les têtes de *Krouniyin* et de *Chrétiens* qu'il trouverait sur les épaules des habitants de l'immense région qui s'étend de la Mélouiya à Tunis ? Et la *balle d'or*, logée dans les chairs de l'Homme à la bourrique, était arrivée au moment propice pour mettre une sourdine à l'enthousiasme exubérant des fanatiques qui prédisaient, des deux côtés de la frontière algérienne, que Moulaye Mh'ammed ne ferait qu'une bouchée des *Français* et autres *Infidèles* qui souillent de leur présence la terre islamique des trois Magrib.

. . . .

Au moment de l'irruption du Prétendant sur la scène algéro-marocaine (Mai 1903), deux Confédérations marocaines existaient en Zénétie :

---

(1) « Tout homme qui, sans prétentions dynastiques sérieuses, aspire, au Maroc, à renverser le Sultan et à créer un nouveau gouvernement, est désormais affublé du titre de *Rougui*. A vrai dire, le Magrib a connu un nombre considérable de semblables prétendants, et l'on peut dire que toutes les dynasties marocaines, chérifiennes ou autres, doivent leur origine à des agitateurs heureux. Mais, en 1862, sous le règne de Sidi Moh'ammed, un individu de la fraction des *Rouga*, qui appartient à la tribu de Sefian, dans le R'arb, Jilali er-Rougui, souleva quelques partisans, tua le caïd de sa tribu et marcha sur Fez. Le Sultan n'eut pas grand effort à faire pour se débarrasser de ce compétiteur inefficace. La colonne envoyée contre lui recueillit son cadavre à la zaouia de Zerboun où il s'était réfugié et où les gens du pays l'avaient aussitôt massacré. L'insurrection avait durée 48 jours. Depuis lors, le surnom de *Rougui* est attaché à tout agitateur de même espèce, et le Makhzen s'applique à l'écraser de ce sobriquet malencontreux. » Extrait du *Maroc d'aujourd'hui*, par E. Aubin, Paris 1904, in-18 de 500 pages, avec carte, l'un des meilleurs ouvrages qui aient été écrits jusqu'à présent sur le Makhzen, l'Administration marocaine, le Sultan Abd-el-Aziz, Bou-H'emara, etc.

A propos du *Rougui*, cf. Kitab el-Istik'ça, tome IV, pages 225 et 226.

1° Le *Léff Ez-Znata* (confédération zénète) ;
2° Le *Léff El-Arab* (confédération arabe).

Le *Léff Ez-Znata* comprenait les tribus zénètes suivantes : *Lemt'alça, Beni-Oulechchek, Kébdana, Beni-bou-Yah'yi, Gâliya, Beni-Znassen, Zkara* [1], *Beni-bou-Zeggou, Beni-Yaâla.*

Le *Léff El-Arab* comprenait, en partant de l'Ouest : — Les *Heouara* de Tafrat'a, *Rchida* et *Ahal Admer, Alouana* علوانة, *Débdou, Séllaout, El-Gchacht'a, Heouara-t-el-Ah'laf, Es-Sejaâ, Ahal Angad, El-Mehaya, Beni-Oukil, Beni-H'amlil, Beni-Mét'har.*

Le *Léff Ez-Znata* se divisait à son tour en deux subdivisions :
1° En commençant par l'Ouest : — *Lemt'alça, Beni-bou-Yah'yi, Beni-Oulechchek, Kébdana,* la moitié occidentale de *Galiya.* Cette première subdivision zénète a pour ennemis séculaires les tribus arabes suivantes : — *Heoura-t-el-Ah'laf, Heouara* de Tafrat'a, *Ahal-Admer, Rchida, Débdou, El-Gchacht'a, Séllaout, Alouana* ;
2° La deuxième subdivision du *Léff Ez-Znata* se composait des : — *Beni-Znassen, Zkara, Beni-bou-Zeggou, Beni-Yaâla.* Cette subdivision a pour ennemis héréditaires les tribus arabes suivantes : — la moitié orientale des *Heouara-t-el-Ah'laf,* (appelée *El-Krarma*), *Es-Sejaâ, El-Mehaya, Beni-Oukil, Ahal-Angad, Beni-Mét'har.* . . . .
. . . .

Aux anathèmes chérifiens élaborés par les savants patentés de la Cour de Fez [2], le Borgne répondait par des diatribes analogues. On se battait à coups de citations coraniques, on se vilipendait réciproquement, et, naturellement, en gens pieux et croyants qu'ils étaient, les deux partis adverses en étaient arrivés à un degré de rage indicible l'un contre l'autre.

---

(1) En leur qualité de *non-musulmans,* les Zkara n'appartiennent en réalité à aucun *léff* ; mais la similitude du langage et certaines affinités mentales les portent de préférence du côté de la Confédération Zénète, quand ils sont obligés de prendre parti pour l'un ou l'autre clan.

(2) L'un de nos amis, M. Viala, interprète judiciaire à Mainia, a publié dans le fascicule XCVI du *Bulletin de la Société de Géographie d'Oran* (Juillet-Septembre 1903) la traduction d'une *Lettre des Oulama de Fez,* dont le texte arabe avait été répandu à profusion au Maroc et en Algérie. Voir aussi d'autres *manifestes,* lancés par la Cour de Fez contre *l'agitateur Jilali Ez-Zerhouni,* dans le *Bulletin du Comité de l'Afrique française,* numéro de Juillet 1903.

Bou-H'emara s'était fait précéder en Zénétie et dans le Rif par des épîtres incendiaires qui ne tardèrent pas à disloquer les liens fragiles qui unissaient entre elles les tribus orientales et qui les rattachaient aussi quelque peu au pouvoir central. Le *Leff Ez-Znata* et le *Leff Ei-Arab* se désagrégèrent comme par enchantement en entendant la lecture et les commentaires enflammés de cette circulaire arabe, dont des centaines et des centaines d'exemplaires avaient été envoyés aux caïds, cheikhs et marabouts du Nord-Est marocain (1) :

Lettre circulaire du Prétendant

TRADUCTION

Louange à Dieu seul. Que Dieu bénisse notre Seigneur Mohammed et sa famille.

Aux serviteurs des *nobles familles* (2), à tous les membres de la tribu de Galiya. Que Dieu vous seconde et vous garde ! Salut ! Jouissez de la miséricorde et des bénédictions divines.

Vous connaissez le scandale que donne l'homme corrompu, le fauteur de troubles qui, obéissant aux suggestions du démon, a imploré le secours des *Infidèles*, qui a pris à tâche de souiller les nobles pages de l'histoire marocaine, qui a causé la désorganisation de l'état politique des tribus en y semant de néfastes idées de cupidité, entraînant ainsi la transgression de la Sounna, la dissolution de la communion des fidèles, l'aban-

---

(1) Nous avons pu nous procurer une copie de la circulaire de Bou-H'emara : c'est celle justement qui était adressée à la tribu rifaine de *Galiya*. Inutile donc d'en souligner l'importance. Ce que nous tenons à dire cependant, c'est que la traduction française ci-jointe a été faite, à l'un de nos cours, par un lettré dont nous avons le plaisir d'être à la fois le professeur et l'ami, par M. Marcel Bodin, avocat à Oran. Passionné pour les études si ardues et si pleines d'intérêt qui concernent la langue arabe et la sociologie musulmane, M. Bodin, nouveau venu au milieu de ce vaste domaine scientifique, n'est sans doute qu'un *Etudiant* aujourd'hui, mais il sera un Maître demain, et son nom viendra s'ajouter alors aux noms déjà connus de nos anciens amis et auditeurs de la Chaire d'arabe d'Oran...

عليهم من شيخهم القديم سلام المحبة الدايمة

(2) Mot à mot : *des seuils nobles* ; expressions à triple entente pouvant signifier également : *familles de souche prophétique*, — familles appartenant à la dynastie *chérifienne* actuelle, — familles appartenant à l'ancienne dynastie des *Idrissites*. On sait que le Rougui s'est fait passer successivement, tantôt pour *chérif âlaoui*, tantôt pour *chérif idrissi*, selon les caprices et les besoins de sa politique.

don de la foi et de l'obéissance ; car le Prophète (que Dieu le bénisse et lui accorde le salut), a dit : « — Quiconque s'est éloigné de la communion des fidèles, ne serait-ce que de la longueur d'un empan, a déjà dégagé sa nuque du lacet de l'Islam. »

L'auteur de ces actes détestables c'est, vous le savez, Abd-el-Aziz, qui a vendu les Musulmans pour se faire Infidèle, qui a fait servir à ses desseins impies les bienfaits du Seigneur, qui, dans son égarement, s'est banni de ce monde et de l'autre. C'est bien un homme de cette sorte que vise la parole de notre Dieu dans son Livre : « — Celui qui prête une oreille complaisante aux suggestions des rebelles et des pervers, ne le mettrez-vous pas au nombre de ceux qui reconnaissent par l'incrédulité les faveurs divines et qui entraînent leur peuple dans la demeure de perdition ? » Pour vous éloigner de ces méchants, il suffit de cette parole du Très Haut. — « Ne vous appuyez pas sur les méchants, sinon le feu vous atteindra. » Accepter la loi de cet homme, le suivre dans son impiété, ce sont là des actes que je jugerai en citant la parole divine : — « Celui d'entre vous qui lie amitié avec eux, celui-là est en vérité l'un d'eux. » Et cette autre parole du Maître de la Révélation : — « Quiconque a abandonné la foi pour l'incrédulité a quitté la Voie droite. — » Et puisque tout cela est la vérité éclatante pour tous les Musulmans, ils doivent mettre à mort cet homme, suivant la parole divine qui le vise : — « Quiconque aura changé de foi, tuez-le. »

Par ses mensonges et ses tortueuses menées, il a séduit les hommes à la raison débile et les a précipités dans l'abîme de la transgression de la loi et de la révolte ; il les a poussés par la cupidité à se relâcher de leurs devoirs et à sortir de la Voie droite. Et si Dieu, dans sa bonté, (louanges lui en soient rendues !) ne Nous avait suscité, assurément la perdition et le châtiment n'auraient épargné personne : le révolté et le fidèle se seraient trouvés embrassés avec cet homme dans la même réprobation. Aussi, nous étant jeté en personne dans les régions où cette rébellion a pris naissance, nous avons fait front à ses bandes scélérates laissées sans secours célestes : nous avons déployé contre elles nos troupes favorisées de Dieu et fortes d'un appui éternel. Tous, jusqu'au dernier, sont tombés en notre pouvoir : leurs chefs dans la voie du mal avaient perdu la tête. Nous les avons mises en déroute ces bandes scélérates et fait main basse sur leurs trésors, au point qu'elles serviront d'exemple à qui réfléchit. De quiconque aura causé la perdition du peuple de l'Islam, il ne restera, par la puissance de Dieu, nulle trace parmi les Musulmans.

Nous venons donc réunir les tribus au secours de la religion pour que le cœur droit ne soit pas confondu avec l'ouvrier d'iniquité, car nous savons que dans ces tribus les hommes ennemis du mal et doués de raison désapprouvent les innovations de cet Abd-el-Aziz. Notre pénétrant coup d'œil politique nous a fait juger nécessaire la réunion de toutes les tribus pour atteindre cet homme corrompu et pour constater qui, parmi elles, s'empressera à cette œuvre méritoire. En conséquence, nous vous ordonnons de venir, pleins de zèle et d'énergie, avec vos contingents habituels. Venez donc, au plus tôt, avec eux, pour marcher dans la voie tracée par le Livre avec vos meilleurs guerriers, en hâte, sans nul retard. Nous vous envoyons le dispensateur des bénédictions célestes, l'illustre, le noble, le bienheureux seigneur El-Mehdi ben el-H'adjj Moh'ammed el Bek'k'al qui réunira tous vos contingents au complet et les conduira vers Notre Seigneurie bénie de Dieu, vous mettant ainsi à même de montrer vos sentiments généreux envers les Musulmans en leur venant en aide, et de faire la Guerre Sainte, selon la loi mahométane. Ecoutez-le et conformez-vous en cela à la loi religieuse. Ayez sans cesse en vue, comme les Musulmans d'autrefois, les intérêts de la Religion. Que Dieu vous favorise et vous aide ! Salut.

الحمد لله وحده   وصلى الله على سيدنا محمد واله

خدام الاحباب الشريفة كافة قبيلة قلعية وفقكم الله ورعاكم
وسلام عليكم ورحمة الله وبركاته وبعد فقد علمتم ما تظاهر به
الفاسد الفتان الذى استعان بالكفر على ما سول له الشيطان
وصار يسعى في تسويد صحايف الرعية ويتسبب في حل
نظام القبايل باوهام الطمع الغير المفيدة واثار بذلك مخالفة
السنة والجماعة والخروج من الايمان والطاعة لقوله صلى
الله عليه وسلم من فارق الجماعة قيد شبر فقد خلع ربقة
الاسلام من عنقه ولا يخفاكم صاحب هذه الافعال الردية

عبد العزيز الذي باع المسلمين بالكفرة الذى بدل نعمت الله
كفرا فخسر وطرد من دنيا و اخرة في مثله قال مولانا في
كتابه الذى قمع فيه المعاندين و الفجار الم ترى الى الذين
بدلوا نعمة الله كفرا و احلوا قومهم دار البوار و يكفى في
البعد عنهم قوله تعالى ولا تركنوا الى الذين ظلموا فتمسكم
النار فالشريعة فيه و اتباعه بالكفر احكمتهم بشهادة قوله ومن
يتولهم فانه منهم و قال ايضا في حقه صاحب التنزيل ومن
يتبدل الكفر بالايمن فقد ضل سواء السبيل فحيث اتضح هذا
للمسلمين وجب عليهم ان يقتلوه لقوله عليه من بدل دينه
فاقتلوه بسبب تدليساته و تلبيساته استهوى ذوى العقول
الضعاف و صار يورطهم في مواقع العقوق و الخلاف و يغريهم
بالطمع على الانحلال و الانحراف و لولا لطف الله بوجودنا و
الحمد لله لعم الهلاك و العقوبة للجميع و استوى في
المواخذة به العاصي و المطيع فبعد ما رددنا وجهتنا السعيدة
للجهة التى ولد فيها تلك المعصية قابلنا بمخذول جيشه
الردى نصرنا عليهم جيشنا السعدى المويد بتاييد سرمدى
فصاروا بايدينا جميعا اسرى و صار روساء عوهم في امورهم
حيارى فبددناهم و احتوينا على ذخايرهم حتى صاروا عبرة لمن
اعتبر وكل من تسبب في هلاك الرعية لا يبقى له بحول
الله بين الرعية اثر و ها نحن نجمع القبايل في نصرة الدين
ليتميز الطيب من الخبيث لعلمنا بان ذوى النهى و العقول
منهم لم يرضوا عنه هذا الحديث فاقتضى نظرنا السديد جميع
القبايل لتحصيل الفساد المذكور ليتحقق لنا من يبادر من القبايل
بعمل مشكور و عليه فنامركم ان تقدموا في جد واجتهاد بجمع
الحركة على المعتاد و اقدموا بها في اثار الكتاب من عجل
مع اجوادكم بلا تراخ و لا امطال و ها نحن وجهنا لكم البركة
الانجد الشريف الاسعد السيد المهدى بن الحاج محمد الفضال

ليجمع الاحراك منكم على التوالى و يتوجه بها لحضرتنا
السعيدة لتغتنموا الفضل مع المسلمين في هذه المزية و
تجاهدون على الشريعة المحمدية فاسمعوا له و اطيعوا في
هذا الملة و كونوا عند الظن بكم باصلاح دينكم كما كانت
الامم الماضية اصلحكم الله و امانكم ـ السلام. . . . . . .

. . . .

. . . .

. . . .

Des torrents de sang, des cadavres qui empestaient les campagnes, des têtes humaines, coupées et salées, suspendues aux portes d'Oujda et de Fez, et renouvelées chaque jour, tant on en coupait de nouvelles, voilà quel fut le résultat le plus clair de la campagne théologique et guerrière des deux rivaux musulmans couronnés.

Tandis qu'Ab-el-Aziz faisait de la bicyclette dans la vieille cité de Moulaye Idris, l'Homme à l'ânesse n'avait pas tardé à devenir dans l'Est un seigneur terrible et puissant. Il avait une cour, dont l'étiquette était calquée sur celle de ses prétendus aïeux chérifiens, il avait sa douane à lui à Mélilla, et, dès juillet 1903, absolument grisé par ses faciles succès, il osa lancer, du haut de son trône rifain, un manifeste extraordinaire.

C'est de *Sélouan*, petite kasbah située à quelques portées de fusil de Mélilla, c'est de cette bicoque, devenue la capitale de son empire éphémère, que Bou-H'emara, en héros de théâtre qui se prend au sérieux, envoya une *lettre aux Représentants des puissances* pour leur reprocher « leur attitude silencieuse en présence de l'attaque par les Français de *ses sujets*, les habitants de Figuig ! » Ce manifeste, au style prétentieux et ampoulé, portait un grand sceau sur lequel était gravé le nom de *Mh'ammed ben el-H'asen* !

XVII

BOU-AMAMA

DEMANDE L'HOSPITALITÉ AUX ZKARA

En mai 1904, Bou-Amama (1), qui était remonté vers le Nord et s'était installé provisoirement à Tgafaït avec ses 800 tentes et ses immenses troupeaux, s'était déclaré partisan absolu de l'homme qui personnifiait aux yeux des fanatiques la réaction nécessaire de l'Islam magribin. Précédé de son incontestable autorité religieuse et des goums que son fils Tayyeb avait amenés au Prince-Borgne, notre vieil adversaire fuyait le voisinage de Beni-Ounnif, où flottait le drapeau français. Le bom-

(1) « *Bou-Amama* (l'Homme au turban), chef de l'insurrection qui a éclaté en 1881 dans le S. O. de la province d'Oran. Installé dès 1875 dans sa zaouia de Moghrar Tah'tani, un des ksours du S. O. oranais, Bou-Amama avait été bientôt signalé à l'autorité française comme un personnage dangereux et ordre avait été donné en 1878 de le faire arrêter. Malheureusement la chose fut impossible : les indigènes, séduits par la piété excessive du jeune marabout, par ses manières bizarres qui paraissaient être celles d'un illuminé et aussi par la dextérité avec laquelle il exécutait certains tours de passe-passe, prirent parti pour lui et le dérobèrent à toutes les recherches. Cette sorte de persécution, dans un pays mécontent du peu de soins qu'on prenait de le mettre à l'abri des maraudeurs marocains, accrut encore le prestige de Bou-Amama qui se décida à lever l'étendard de la révolte au commencement de l'année 1881. Le moment était d'ailleurs favorablement choisi : le massacre récent de la mission Flatters et les agressions des Kroumirs contre les tribus algériennes faisaient croire aux indigènes que la France était devenue incapable de venger les injures faites à son drapeau, et l'envoi en Tunisie d'une partie des troupes de la province d'Oran qui, à ce moment se trouvait ainsi mal défendue, pouvait laisser entrevoir aux révoltés quelques chances de succès. Le signal de l'insurrection fut donné au mois d'avril 1881 par l'assassinat du lieutenant Weinbrenner, officier des affaires arabes. Bou-Amama, déployant alors une activité surprenante, parcourut de tous côtés le Sud de la province d'Oran et ne craignit pas de venir à la tête de ses cavaliers attaquer à Chellala les troupes envoyées contre lui et commandées par le colonel Innocenti. L'issue du combat que livra là l'agitateur lui fut favorable, car il infligea des pertes assez sensibles à la colonne française et lui enleva son convoi. Assez insignifiant au point de vue matériel, le combat de Chellala eut une très grande importance au point de vue de l'effet moral. Les indigènes des régions sahariennes, croyant qu'avec le nombre ils auraient raison des Français, accoururent se ranger sous les étendards de Bou-Amama qui osa alors s'avancer vers

bardement de Figuig par les Chrétiens avait retenti douloureusement dans tous les cœurs croyants. Après ce fatal événement, Bou-Amama s'était mis en route pour joindre ses forces à celles de son impérial compère, et il était remonté vers les régions septentrionales en se tenant assez près de la frontière oranaise.

Il s'arrêta quelque temps à Tgafaït ; mais là, les bandes pillardes des Beni-Met'har, Oulad Amor et Beni-Yaâla, qui venaient chaque nuit s'approvisionner de chair fraîche en mettant en coupe réglée les troupeaux du marabout, obligèrent bientôt ce dernier à entrer en pourparlers avec le caïd Remdhan.

— Si tu m'accordes l'hospitalité en terre zkarienne, chez les honnêtes Zkara, qui eux, je le sais, ne me prendront ni un crin de mes chevaux, ni un fil de laine de mes moutons, ni un poil de mes chameaux, je protègerai ta tribu envers et contre tous, aussi bien auprès du Sultan Moulaye Mh'ammed que contre l'hostilité des *tribus mahométanes qui t'environnent* . . . .

. . . .

. . . .

En recevant ce message de Bou-Amama, Remdhan, la tête perdue de vertige, ne trouva pas de réponse immédiate. Il demanda deux jours pour réfléchir.

---

le Nord, jusqu'à l'extrémité des Hauts-Plateaux, et vint massacrer les ouvriers espagnols employés dans les chantiers d'alfa de Khalfallah près de Saïda. Grâce à l'extrême mobilité de ses troupes, l'agitateur échappa aisément à la poursuite des colonnes françaises tout en continuant à demeurer sur le territoire algérien. Mais à la fin de 1881, le chemin de fer d'Arzew à Saïda ayant été prolongé jusqu'à Méchéria, Bou-Amama, incapable de tenir tête aux forces dirigées contre lui, forces que l'ouverture de la voie ferrée avaient rendues plus mobiles, se réfugia sur le territoire marocain où il est encore aujourd'hui » O. H. (*Grande Encyclopédie*).

Dans la *Vie algérienne et tunisienne* du 30 janvier 1897, nous avons publié, sous la rubrique « *Bou-Amama en exil* », le récit du séjour que fit le voyageur Mohammed ben Tayyeb dans le camp du vainqueur de Chellala en avril 1895. Après 14 ans d'exil en terre marocaine, les sentiments de notre vieil adversaire n'avaient pas changé à notre égard. — « Quant à moi, disait-il alors au fils de Tayyeb, marqué d'avance par le destin, sur le point de terminer ma carrière, j'attends patiemment les événements en faisant tous les jours cette prière au Très Haut : « Seigneur, accordez-moi la faveur de mourrir *moudjahid* (martyr de la foi), après avoir vaillamment combattu pour ma religion, après avoir fait de grandes choses dont s'entretiendront les races futures de l'Islam ! »

Cette fois-ci, il se sentait perdu... cerné de deux côtés...

L'Homme à l'ânesse au Nord, l'Homme au turban au Sud, représentaient, aux yeux du malheureux chef zkarien, une enclume et un marteau, avec, au milieu, les pauvres Zkara, qui allaient être broyés puisque ni la France ni le Makhzen ne bougeaient pour les secourir.

Avec sa crânerie habituelle, le vieillard avait tenu tête jusqu'alors aux sommations du Rougui, auquel il avait fait parvenir une première réponse pleine de sagesse à l'époque de l'approche menaçante de la trombe mahométane qui venait de Taza.

— Quand toutes les tribus t'auront proclamé Sultan, lui avait-il répondu, je serai avec toi. Sinon, je ne te mens pas, ne compte pas sur moi. Toutefois, sultan ou non, je ne te combattrai pas.

De son côté, l'énergique H'oummada, caïd des Beni-bou-Zeggou, avait fait au Borgne une réponse identique à celle de Remdhan, et cette réponse, concertée d'avance entre les deux chefs zénètes, avait imprimé un cachet d'assurance morale très ferme à la neutralité passive des Zkara. Trop éloigné à ce moment-là, trop faible en outre pour attaquer dans leurs montagnes les deux tribus alliées, le Prétendant avait patienté, sachant bien qu'un jour ou l'autre les récalcitrants seraient pris entre deux feux.

Ce jour tant redouté était arrivé. L'envoyé de Bou-Amama, installé dans une des chambres du borj de Remdhan, avait accordé les 48 heures demandées par le caïd, et les 48 heures allaient expirer.

XVIII

MORT DU CAÏD REMDHAN

1. — Islam contre Zkraouisme. — Bou-Amama chez les Zkara

En ce temps-là [1], la situation était effrayante :

— Au nord, le Prétendant, maître de la moitié du Rif oriental, maître de presque toute la Zénétie marocaine, — au sud, Bou-Amama, avec son indestructible prestige religieux, — et enfin, au sein de la tribu zkarienne, des complots musulmans, des intrigues abominables, où l'on tramait la destruction de tout ce que Remdhan avait de plus cher au monde..... Une série noire de chagrins et de malheurs successifs s'était abattue en peu de temps sur les épaules du géant : — N'avait-il pas, après le triomphe du Borgne à Oujda, envoyé à cet aventurier son propre fils Amor, avec six autres cavaliers Zkara, parmi lesquels notre ami le cheikh Ah'med ben K'addour, uniquement pour calmer le sauvage Moissonneur de têtes qui proférait à chaque instant des menaces à l'adresse des *Chrétiens Zkara*, excité qu'il était par les marabouts de Tinzi, les Oulad Zerrouk'i, qui voulaient confisquer à leur profit le caïdat de sa chère tribue menacée ? — N'avait-il pas vidé, depuis tantôt deux ans que durait la guerre maudite, son trésor de guerre dans les sacoches de l'insatiable Prétendant ? — N'avait-il pas, — ô comble d'horreur pour un cœur zkarien ! — n'avait-il pas fait s'entre-tuer entre eux les Zkara en fournissant des contingents armés au Makhzen d'Oujda en même temps qu'il en fournissait à la mah'alla du Rougui, pour pouvoir dire à l'un comme à l'autre : — Mais, je suis avec toi, puisque mes compatriotes combattent dans tes rangs..... ?

Eh ! bien, maintenant, toute sa diplomatie, tous ses sacrifices aboutissaient à cette conclusion navrante : Il fallait accepter le *protectorat* de Bou-Amama ! Il fallait faire signe au

(1) Juillet 1904.

vieux bandit de venir jouir de la douceur du pays zkarien, des eaux vives de ses sources, des gras pâturages de ses vallées, lui jurer que l'on était *bon musulman*, exécuter les mômeries des prières et des jeûnes sous les yeux de la bande de clercs goguenards qu'il traînait après lui !

Ceux qui virent Remdhan sortir de sa solitude après ces deux jours de tempête cérébrale assurent que la barbe du vieillard était plus blanche qu'auparavant, et que sa taille d'hercule, naguère si droite, s'était soudainement courbée sous la main du destin. D'un pas ferme cependant, il traversa la cour et entra dans la chambre des étrangers. Du dehors, on entendit sa voix sonore répéter par deux fois cette phrase à l'envoyé du marabout :

— Va dire à Sidi Bou-Amama qu'il sera le bienvenu chez les Zkara pourvu qu'il respecte nos femmes, nos enfants et nos biens.

Sans se douter un seul instant du drame qui venait de se passer à Irimaïn, les gazettes européennes purent publier quelque temps après cette invraisemblable et exacte nouvelle : — « Bou-Amama occupe une forte position dans la région accidentée et boisée du Djebel Zekkara. Les forces dont il dispose et le prestige dont il jouit lui permettent de braver bien des attaques. Il est, en outre, toujours en relations avec le Prétendant et on apprenait, aux dernières nouvelles, que celui-ci se serait rapproché de lui et aurait enfin quitté Taza pour se porter à la Kasba de Msoun. » (*Bulletin du Comité de l'Afrique française*, août 1904.)

C'était vrai. Poussant devant lui ses grands troupeaux et ses 800 tentes dans un tohu-bohu inexprimable d'indiscipline et de clameurs, l'Homme au turban était venu planter ses toits nomades au beau milieu de la belle forêt de Tafrent, non loin de la capitale des Zkara, et là, se sentant de nouveau au milieu d'une population non musulmane mais honnête, il avait dit à ses partisans :

— Laissez vos bêtes errer en liberté ; personne ne les touchera.

Ironie des temps et des événements ! L'Islam protégeait le Zkraouisme !... à sa façon par exemple : Inattaquable dans le massif zkarien, Bou-Amama vidait consciencieusement les silos de Remdhan. C'étaient chaque jour, dans le camp du marabout, des arrivages de bêtes de boucherie, beurre, légumes, fruits, céréales, que la tribu libre penseuse était tenue de fournir à titre d'hommage féodal à l'homme pieux qui lui garantissait une sécurité relative au milieu de l'universelle effervescence islamique.

Au fond, le massacreur de Khalfallah avait eu une inspiration heureuse en plantant ses tentes chez les Zkara. Il était dans une tribu où les vols, les mensonges, les trahisons sont inconnus, et il était tranquille dans cet asile de la Libre Pensée, dont il était devenu, lui, grand saint musulman, le protecteur officiel. De leur côté, les Zkara n'avaient pu faire guère autrement que d'accepter chez eux le vieil agitateur oranais ; s'ils avaient refusé de le recevoir, ils eussent de la sorte donné corps aux accusations d'hérésie qui pleuvaient de toutes parts sur eux, et Bou-Amama n'eût pas manqué de susciter alors contre eux une nouvelle croisade mahométane.

Ainsi, d'une part, l'Homme au turban vivait grassement et en pleine sécurité au milieu des Zkara, et ceux-ci, d'autre part, avaient la vie sauve... Tout était donc pour le moins mal possible dans le pire des mondes islamiques. C'est ce que se disait parfois Remdhan lorsque les incessants complots des Oulad Zerrouk'i lui laissaient quelques minutes de répit.

---

2. — Les intrigues des marabouts de Tinzi

Dès septembre 1903, le caïd Remdhan avait compris que son étoile pâlissait et que le Zkraouisme était sous le coup du plus grave danger qu'il eût jamais couru. Il savait que la nichée entière des Oulad Sidi Ah'med ben Youssef de Tinzi s'était réjouie des succès du Prétendant, il n'ignorait pas que ces marabouts ne cessaient de faire la navette entre le camp du rebelle et leur village, il voyait leur influence s'élargir et prendre des proportions inquiétantes. Bientôt même, ces soi-disant protecteurs de la tribu libre penseuse proclamèrent bien haut *qu'ils avaient promis au Rougui d'imposer, de gré ou de force*, l'Islam aux Zkara ; puis, comme preuve palpable de la faveur dont ils jouissaient à la cour du Prince-Borgne, l'un d'eux, l'insinuant El-H'abib ould Si Ah'med, avait rapporté triomphalement de Oyoun Sidi Mellouk sa nomination de caïd de Akkmen, des Oulad Moussa et de la moitié des Oulad ben Gana, le reste de la tribu étant considéré par le Prétendant comme soumis *provisoirement* à ce mécréant de Remdhan.

A peine arrivé à Tinzi, El-H'abib exhiba sa lettre d'investiture et il donna à entendre à ses fidèles qu'il livrerait au *prince des Croyants Bou-H'emara* ceux de ses administrés qui ne pratiqueraient pas ouvertement la religion musulmane.

On répondit à ses insistances confessionnelles en lui faisant dire que, s'il ne se bannissait pas lui-même de la tribu, sa condamnation à mort allait être décrétée par l'assemblée des notables ; puis, comme il tardait à s'en aller, des balles sifflant à ses oreilles vinrent lui rappeler que les Zkara ne menacent jamais en vain ceux qui les trahissent. Le nouveau caïd s'échappa une nuit de son logis et s'enfuit à Oujda. Remdhan confisqua sans retard la maison et le jardin du fugitif en garantie d'une somme de 2,000 francs qu'El-H'abib avait jadis reçue de lui, Remdhan, pour la donner au caïd El H'ajj Mbarek des Beni-Ouryimmèch (Beni-Znassen), en vue d'obtenir son alliance. Cet argent, on le savait à présent, n'était jamais parvenu à son destinataire. La saisie immobilière exécutée par Remdhan parut donc à tout le monde juste et équitable, mais elle eut le grave inconvénient d'envenimer une situation extrêmement tendue déjà.

El-H'abib, qui avait eu le bonheur d'échapper à Oujda aux agents du Makhzen, ne s'était senti en lieu sûr que le jour où il avait franchi la frontière algérienne. Un de ses amis du cercle de Marnia, le caïd des Beni-bou-Saïd, le recueillit chez lui, dit-on, et l'associa à ses travaux agricoles. Cependant, la nostalgie du pays et du caïdat perdu tourmentait si fort l'exilé qu'il dit adieu un beau jour à son hôte, puis, muni d'un passeport en règle délivré par l'autorité militaire l'autorisant à aller au Maroc « pour affaires personnelles », El-H'abib alla trouver le Rougui à la Kasba de Msoun et lui dit :

— Tu m'as nommé caïd des Zkara. Les Zkara m'ont chassé. Les Zkara sont *chrétiens*, voilà pourquoi ils ne veulent pas de moi.

— Patiente encore quelque temps, lui aurait répondu l'Homme à l'ânesse.

— *Semân ou t'aâ, ya moulana.* (Entendre, c'est obéir, ô

notre maître), fit le rival de Remdhan en s'inclinant jusqu'à terre aux pieds du Moissonneur de têtes . . . .

. . . .

— A notre coreligionnaire, à notre associé dans le *Jihad* (guerre sainte), au vainqueur des Infidèles, au seigneur illustre et docte, Sidi Bou-Amama. Que le salut soit sur toi et sur ceux qui suivent la Voie droite (l'Islam). — Les Zkara ont chassé notre serviteur le caïd El-H'abib des Oulad Sidi Ah'med ben Youssef de Tinzi. Le moment est venu de provoquer une levée en masse des Beni-Znassen, El-Mehaya, Es-Sejaâ, Ahal Angad, etc., pour tomber sur les Zkara et leur imposer notre caïd. Il faudra, après la défaite de ces païens, établir partout chez eux des écoles coraniques, de manière à les obliger à embrasser l'Islamisme. S'ils refusent, on les exterminera tous jusqu'au dernier. Salut.

Bou-Amama venait d'achever la lecture de la lettre précédente, en tête de laquelle s'étalait l'empreinte de l'énorme cachet du *sultan* « Mh'ammed ben El-H'asen ».

— Comment se porte *Moula-na* (notre maître), demanda le vieux marabout à l'indigène qui lui avait remis le courrier du Prince-Borgne ?

— Grâce à Dieu, *moula-na* ne souffre plus de sa blessure [1]. Il peut se tenir en selle pendant toute une journée sans être fatigué, répondit l'interpellé qui n'était autre que le caïd El-H'abib en personne.

Sur un signe du vieillard, ses deux secrétaires et Tayyeb son fils se levèrent et sortirent de la tente. Le marabout de Tinzi resta seul en tête-à-tête avec Bou-Amama ; il y resta jusqu'à la nuit. Le lendemain matin, il revint à Tafrent avec plusieurs personnages influents de sa famille, et notre vieil adversaire passa encore toute cette journée-là à s'entretenir avec eux dans le plus grand secret.

---

3. — La crise finale. — Mort du caïd Remdhan

Bou-Amama jouait un triple jeu : — Se maintenir en pays zkara, où il se sentait invincible, — flatter ostensiblement les aspirations des marabouts de Tinzi, tout en les desservant en sous main auprès du *sultan*, — diviser les Zkara en deux partis,

---

(1) La blessure à l'épaule, produite par la *balle d'or*.

pour mieux les dominer, — tels étaient les trois principaux objectifs de la politique tortueuse qu'il menait avec beaucoup de bonheur depuis qu'il se trouvait en terre zkarienne.

A Irimaïn, Remdhan était renseigné jour par jour, heure par heure, sur ce qui se passait au camp de l'Homme au turban. L'arrivée soudaine d'El-H'abib, qu'il croyait exilé à jamais parce que Bou-Amama lui avait pour ainsi dire juré que cet intrigant ne remettrait plus les pieds dans la tribu, avait été un véritable coup de massue sur la nuque du géant. Son premier mouvement de colère fut terrible. Il voulait monter à cheval séance tenante, courir à Tafrent, se ruer dans la tente de Bou-Amama et foudroyer à ses pieds le marabout de Tinzi. Sa femme, ses enfants, ses serviteurs, se cramponnèrent à lui en le suppliant de ne pas se livrer à un pareil acte de folie qui compromettrait si gravement la tribu entière. Des Rousma vinrent pour calmer le colosse.

— Attends au moins, lui dirent-ils, que Bou-Amama t'ait dit ce qu'il compte faire. Après cela, tu feras ce que tu voudras, et nous serons tous avec toi.

Les deux jours de conversation d'El-H'abib et de ses parents avec l'allié du Prétendant avaient été deux jours de mortelle angoisse pour Remdhan. Le troisième jour, n'y tenant plus, il fit seller son cheval en annonçant aux siens, d'un air très calme, qu'il allait faire un tour du côté de Tafrent. Son fils Belaïd et deux nègres l'accompagnèrent. Montés sur de bons chevaux et armés jusqu'aux dents, les quatre hommes arrivèrent bientôt aux tentes extérieures du camp des musulmans. Des cavaliers sahariens, ayant reconnu le chef des Zkara, lui demandèrent poliment ce qu'il voulait.

— Voir votre maître (*sid-koum*), avait répondu Remdhan.

Deux des sahariens partirent au galop à travers le camp. Quelques instants après, Bou-Amama envoyait un message au caïd pour lui dire qu'il serait le bienvenu s'il voulait venir jusqu'à sa tente . . . .

. . . .

Le soir, en rentrant à Irimaïn, après une journée entière passée à discuter la rançon exigée par le cupide marabout, Remdhan s'enferma dans sa chambre avec ses fils et deux ou trois des plus influents parmi les Rousma. Il leur fit le récit de son entrevue avec Bou-Amama, parla de la lettre du

Rougui, annonça que l'ancien rebelle oranais demandait plusieurs centaines de moutons, des sacs pleins de blé et d'orge, et enfin une somme d'argent considérable pour éloigner des Zkara la croisade mahométane que le Borgne dirigerait en personne cette fois-ci contre leur malheureuse tribu.

— Quant à mon caïdat, s'écria-t-il, il daigne me laisser le commandement des Oulad Mh'ammed, pas davantage ! A partir d'aujourd'hui, les Oulad Moussa et Akkmen sont placés sous la direction d'El-H'abib. Mais, j'irai demain voir encore Bou-Amama, et nous verrons bien si les marabouts de Tinzi sont plus forts que moi !

Le lendemain commença le calvaire de l'infortuné vieillard. Cette route d'Irimaïn à Tafrent, il la fit plus de vingt fois, la mort dans l'âme. Il venait, tous les jours, prier, supplier l'Homme au turban d'exiler El-H'abib, ou, tout au moins, de ne pas tolérer qu'il devînt le maître des Zkara, dont lui, Remdhan, prévoyait la ruine prochaine, si ce mahométan rapace et vindicatif parvenait à s'emparer du pouvoir à sa place. Rien n'y fit. Bou-Amama voulait l'énorme rançon, Bou-Amama voulait saigner à blanc la tribu, Bou-Amama voulait la scinder en deux tronçons, pour mieux l'écraser ensuite et la livrer sans défense aux missionnaires de Tinzi !...

Un jour, juste au moment où Remdhan se disposait à pénétrer sous la tente du marabout oranais, une suffocation de colère le cloua sur le sol. Il venait de reconnaître, dans une tente voisine pleine d'hommes, l'onctueux El-H'abib, qui avait l'air de ricaner en le regardant.

— *Daba tmout ! Daba tmout !* Tu vas mourir à l'instant ! Tu vas mourir à l'instant ! rugit le colosse, en se précipitant dans sa direction, le pistolet au poing.

Plus léger que la gazelle qui sent l'haleine ardente du lévrier lui chauffer les jarrets, El-H'abib avait bondi hors de sa tente, et il s'était jeté dans celle de Bou-Amama en criant :

— *Sellek-ni, sidi ! Sellek-ni* ! Sauve-moi, monseigneur ! Sauve-moi !

Remdhan, écumant de rage, était maintenant lui aussi dans la tente du vieil adversaire des Français, et il allait sans doute abattre à ses pieds les deux agitateurs funestes, à qui il attribuait tous les malheurs de son peuple, lorsque des bras ner-

veux et nombreux enlacèrent soudain l'hercule et le mirent dans l'impossibilité d'exécuter ses menaces. . . . .
. . . .

Le soir même, dans son borj, la tête en feu, le délire dans les yeux, le chef zkarien, entouré de ses enfants et de ses amis, croyait voir devant lui le Rougui, Bou-Amama, El-H'abib, d'autres musulmans encore, rien que les plus implacables ennemis de sa tribu, et il disait, avec un sourire qui fendait le cœur :

— Vite ! mes enfants ! Préparez du thé, apportez des aliments à ces illustres seigneurs !... Non, non, ils ne viennent pas pour nous faire du mal !... N'est-ce pas, messeigneurs, que vous ne venez pas nous faire du mal ?... Les Zkara n'ont rien à craindre... Apportez du thé, enfants ! Apportez du thé à ces illustres seigneurs ! . . . .

Il s'éteignit doucement, avec un dernier sourire, avec la conviction, dans sa folie sublime, que les Zkara étaient sauvés, et il répéta jusqu'à la mort :

— Vite ! enfants ! apportez du thé... apportez du thé à ces illustres seigneurs !...

XIX

SITUATION ACTUELLE DES ZKARA

1. — Lettre du Prétendant à El-H'abib

Pendant que Remdhan respirait encore, et à l'insu du vieux guerrier zkarien, Bou-Amama avait écrit ceci au Prétendant en réponse à sa lettre :

— Les Zkara sont calomniés. Tu ne trouveras nulle part de gens plus honnêtes, plus loyaux, plus inoffensifs qu'eux. Ils ne font jamais de mal à personne, mais ils se défendent avec courage quand on les attaque. Ils ne veulent pas entendre parler d'un autre caïd que le leur, le caïd Remdhan, qui fait parfaitement leur affaire.

Destinée à calmer l'ardeur du Rougui et à lui faire comprendre aussi qu'il eût à laisser Bou-Amama guider sa politique comme il l'entendrait chez les Zkara, cette lettre était à peine écrite et envoyée que le bruit de la mort de Remdhan se répendait partout, en un sourd gémissement de deuil et de consternation parmi les positivistes anti-musulmans, en un long cri de triomphe qui se répercuta de douar en douar et vint combler de joie le monde islamique de Tinzi et de la Zénétie marocaine.

Le fils aîné de Remdhan, Belaïd, sans avoir l'énergie surhumaine de son père, évoquait néanmoins aux yeux des populations zkariennes, par sa stature athlétique et surtout par les traits du visage, l'image adorée du cher disparu. Et puis, il avait été pendant des années le *Khlifa* (lieutenant) du défunt, son héritier présomptif, celui de ses enfants que le colosse avait le mieux dressé à la politique ardue des clans zénétiens.

Le lendemain des funérailles de son père (1), Belaïd et les

(1) Septembre 1904.

Rousma eurent une très longue entrevue avec Bou-Amama. Il fallut souscrire aux anciennes conditions du marabout, verser l'or et les grains promis et se contenter du commandement des Oulad Mh'ammed, El-H'abib restant le maître des deux autres tiers de la tribu, au-dessus de laquelle le héros de la croisade oranaise daignait étendre une main protectrice.

Trois mois se passèrent sans incidents notables. El-H'abib, chacun le savait, était plus souvent dans le camp du Rougui qu'à Tinzi. Il intriguait, il intriguait toujours, sans se lasser, avec l'espoir de ravir à Belaïd son pauvre petit caïdat, et aussi avec l'espoir, hautement avoué, d'islamiser l'irréligieuse tribu.

Tout à coup, vers la fin de décembre 1904, on apprit une nouvelle extraordinaire : — El-H'abib, le caïd El-H'abib, avait trouvé la mort dans un des combats livrés par le Prétendant aux Beni-Znassen, et l'on ajoutait, bien bas, qu'un Zkraoui de Akkmen, profitant de la bagarre, avait vengé Remdhan et les Zkara en envoyant une balle dans la poitrine du marabout de Tinzi . . . .

. . . .

Le 27 Mars 1905, quatre Zkara, venus de leur lointaine et chère patrie, étaient sous notre toit ! L'un d'eux, tirant une lettre du fond de la poche de son âbaya, et l'élevant très haut au-dessus de sa tête :

— Tu as découvert l'anti-islamisme zkarien ; tu écris l'histoire véridique de notre tribu ; tu fais le premier livre qui ait jamais parlé de nous ; ce livre sera le *Coran des Zkara*, comme tu le dis toi-même. Eh ! bien, je t'apporte aujourd'hui, avec les salutations du pauvre Remdhan qui parlait si souvent de toi, avec les salutations de Belaïd et de tous nos amis les Rousma, cette preuve convaincante de la trahison d'El-H'abib.

En disant ces mots, Belk'assen nous remettait la lettre arabe suivante, dont nous donnons ici la reproduction autographique :

صلى الله على سيدنا محمد وآله وصحبه

Lettre du Prétendant à El-H'abib

TRADUCTION

Louange à Dieu seul. — Que Dieu bénisse Notre Seigneur Mouh'ammed, sa Famille et ses Compagnons.

A notre serviteur très satisfaisant, au caïd El-H'abib « El-

Méliani » (1). *Que le salut soit sur toi ainsi que la miséricorde de Dieu. — Ta lettre est arrivée, (lettre) dans laquelle tu fais savoir que le caïd Belaïd, le Zkraoui, continue toujours le cours de ses intrigues et de ses tentatives de corruption en distribuant de l'argent dans la tribu des « Zkara »* (2) *à ses frères de « l'Est »* (3) *et à ceux de l'Ouest pour les attirer à lui, etc. Bonne note a été prise de ce que tu as dit. Bravo pour tes excellents renseignements ! Salut. De la part de Notre Souveraineté Chérifienne, invincible par la puissance de Dieu. 14 Chaâban de l'année 1322. (Correspondant au 24 octobre 1904).*

— Et maintenant, demandons-nous à Belk'assen, qui est-ce qui remplace El-H'abib ?

— Un autre marabout comme lui, son propre frère, Si Mouh'ammed ould Ah'med ben Yoùssef, répondit Belk'assen. Le Rougui l'a nommé caïd des Oulad Moussa et de Akkmen, avec les mêmes pouvoirs que son prédécesseur. Mais ce nouveau chef musulman est encore plus détesté des Zkara que ne l'était son frère. La *série rouge* n'est peut-être pas finie......

---

2. — L'Amala d'Oujda en Mars 1905

S'il est une vérité qui ait jamais retenti sous la voûte d'un Parlement, c'est bien celle que notre Ministre des Affaires étrangères faisait entendre à la tribune du Sénat français le 31 Mars 1905, le jour même de la visite émotionnante de Guillaume II à Tanger.

— *L'état profondément troublé de la frontière algéro-marocaine*, disait M. Delcassé, *ne suffirait-il pas pour nous donner le droit d'intervenir au Maroc, si nous avions besoin d'un prétexte ?*

---

(1) *El-Méliani*. Nom ethnique signifiant : *originaire de Miliana*. On sait que les Oulad Sidi Ah'med ben Youssef de Tinzi font remonter leur origine au patron « musulman » de la ville de Miliana.

(2) Le *lam* de l'article de ce mot manque dans le texte.

(3) L'auteur de la lettre a omis le *lam* de l'article de ce mot ainsi que les trois points qui auraient dû se trouver sur le *kef* du même terme pour qu'il pût être prononcé *cheraga* et non *achraka*. Est-ce inadvertance ? Est-ce préméditation, afin que l'on soit tenté de lire « *polythéistes* » ?...

Cette vérité, énoncée sous la forme édulcorée d'une phrase interrogative, il faudrait la répéter sans cesse, à la Chambre, au Sénat, dans les milieux politiques et coloniaux, il faudrait l'imprimer en tête d'un gros ouvrage historique où l'on étalerait les agressions, les assassinats, les vols, les guerres, les luttes interminables dont nos colons et nos tribus de la frontière de Marnia, — pour ne parler que de celle-là, — ont été les victimes résignées depuis que nous avons une frontière commune avec le Maroc homicide et anarchique, — puis, à la fin de l'ouvrage, on n'aurait, en guise de conclusion, qu'à écrire cette seule question :

— *Où est, de par le monde, la nation civilisée qui aurait supporté tant d'horreurs, sans se plaindre, pendant trois quarts de siècle ?*

Bou-Amama n'est plus à Tafrent, au cœur des Zkara, où il semblait avoir pris racine. Tantôt à Aïn-Métlili, tantôt à Tinzi, il vagabonde à présent avec ses troupeaux, qui tondent au ras du sol d'immenses étendues de pâturages. On dirait que le saint homme exécute des bordées savantes devant et autour d'Oujda, pendant que son compère, le Rougui, ruine et dévaste les tribus qui lui sont opposées.

Le sinistre Borgne est le maître de tout l'Est marocain et il répand au loin la terreur. On n'a qu'à voir son camp, — un dépotoir, un abominable charnier humain, — pour être fixé sur la bonté d'âme de ce Néron enturbanné. Parfois, la nuit, des flammes brillent tout à coup près des tentes où reposent Bou-H'emara et son harem. Bah ! ce n'est rien, ou presque rien : Ce sont des hommes nus, que l'on a inondés de pétrole, et qui flambent, et qui crient encore au milieu des flammes pour attendrir le tigre :

— *Allah ionçor es-solt'an Moulaye Mh'ammed !* — (Vive l'Empereur Moulaye Mh'ammed !)

L'autre jour, le doux *sultan* a fait coudre dans des tellis (1) sept de ses adversaires politiques rifains, puis il leur annonça qu'il allait les faire jeter à la mer par leurs plus proches

(1) Long sac en tissu de laine et poil qui sert à transporter les grains à dos de chameau.

parents. Supplications, prières, larmes, rien n'émut le Borgne. Justement, le grand lac de *Bou Erg* (1) était là tout près, et de grosses embarcations, manœuvrées par les séides du *prince des Croyants*, se balançaient non loin du rivage, dans la baie de *Timekkert*. A un signal donné, ces embarcations s'approchèrent de terre pour venir prendre les malheureux qui se tordaient et hurlaient de terreur sous le tissu résistant des tellis. Les parents des condamnés furent embarqués également, avec des instructions précises, dont ils ne devaient pas s'écarter, sous peine de mort ; puis les chaloupes gagnèrent rapidement un endroit du lac où l'eau était très profonde. Là, chaque fois qu'un tellis était lancé par-dessus bord, des coups de fusil éclataient : C'étaient les proches parents des victimes, qui fusillaient, par ordre et à bout portant, leurs cousins, frères, oncles ou neveux dont les cadavres reposent maintenant au fond des eaux bleues du Bou-Erg . . . .

. . . .

. . . .

L'horrible férocité religieuse qui, pendant tant de siècles, a infligé tant de maux à l'humanité au nom de Jéhovah, de Jésus et de Mahomet, semble être à présent le monopole des pays où l'Islam domine en maître souverain. Abd-el-Aziz, le Rougui, Bou-Amama, le Sultan Rouge de Constantinople, ne sont que les interprètes de l'opinion publique musulmane, et cette opinion publique, — à part d'heureuses et rarissimes exceptions, — est à peu près adéquate à celle qui s'affirma en Europe, presque sans aucune protestation, depuis le XIIIe jusqu'au XVIIe siècle. Empaler, brûler vif, décapiter, noyer, fusiller sans trêve ni merçi, sont les procédés ordinaires par lesquels les chefs politiques et les docteurs de la Loi islamique s'efforcent de se tenir au niveau de la barbarie sauvage et sans pitié de leurs frères en Mahomet. L'*Inquisition mahométane*, si hostile aux non-musulmans et souvent aux sectateurs du Prophète eux-mêmes, règne partout, dans la famille, dans la ville, dans le douar, dans la tribu, dans l'Etat. Malheur à l'ami, au frère, à l'oncle, au père, à la sœur, qui prêtent une oreille complaisante aux doctrines perverses de l'irréligion

(1) Voir, au sujet de ce lac, notre *Maroc Inconnu*, tome I, pages 121, 145 à 149, 167. Nous répétons ici ce que nous écrivions en 1895 : « *Ce lac est un second Bizerte.* »

nazaréenne ! Malheur à ceux qui ne crient pas anathème aux Infidèles ! Mais l'*Inquisition Mahométane*, ce phénomène social monstrueux qui dure depuis treize siècles, faiblira elle aussi, et, de même que sa sœur, l'Inquisition catholique, elle disparaîtra avec les progrès des lumières et de la tolérance (1).

. . . .

En essayant de transporter de l'autre côté de la frontière oranaise un peu de sa grande fraternité mondiale ainsi que le reflet des pensées généreuses de ses écrivains et de ses philosophes, la France mérite assurément les encouragements et l'approbation sans réserve de l'univers civilisé. Mais que la tâche est immense, démesurée, malaisée ! . . . .

---

(1) Ces lumières, cette tolérance, ont déjà conquis à la France de nombreux cœurs musulmans qui lui sont fidèles et dévoués. Il y a seulement 40 ans, en 1865, il nous souvient qu'à Tlemcen, par exemple, nous ne rencontrions dans les rues et à travers la délicieuse campagne d'El-Djidar que des porteurs de burnous aux regards chargés de haine. En ce temps-là, aucun arabe ne savait le français ; en ce temps-là, tous les Mahométans étaient des fanatiques enragés.

Quel changement depuis moins d'un demi-siècle ! Citons des noms, citons-en quelques-uns, parce que les personnalités sont des arguments vivants et parlants, contre lesquels viennent s'émousser les traits de la critique malveillante ou mal informée.

Interrogez M. Ali Mahieddin, interprète judiciaire à Oran, interrogez M. Kessous Mohammed, interprète judiciaire à Lourmel, interrogez M. Mohammed ben Abd-er-Rah'man, professeur au Collège de Tlemcen, demandez-leur s'ils aiment la France, demandez-leur si cette grande patrie des Droits de l'Homme et du Citoyen n'est pas pour eux la vraie, la seule patrie de ceux qui, comme eux, veulent vivre en hommes libres et indépendants, loin des férules confessionnelles et dogmatiques sous lesquelles gémissent tant d'infortunés musulmans auxquels, malheureusement, la langue de Voltaire est étrangère, et ces Messieurs vous répondront :

— Nous et nos enfants nous sommes à jamais liés à la France par deux chaînes d'or : — *la chaîne du cœur*, c'est-à-dire la reconnaissance, — *la chaîne de l'esprit*, c'est-à-dire la mentalité française, créée en nous par l'instruction et l'éducation que nous avons reçues dans vos écoles.

XX

TRIBUS [1] AFFILIÉES AU ZKRAOUISME

1. — Le Rousmi Jer'nin [2]

Ce brave homme était en train de récolter des ziara chez les Zkraouistes des R'iatha, lorsque notre messager Belk'assem vint lui dire qu'un Français d'Oran, qui faisait un livre sur les Zkara, avait besoin de ses lumières. Très timoré, se méfiant des indiscrétions comme du feu, Jer'nin semblait prêt à fuir au bout du monde afin de ne pas participer à l'imprudence mortelle qu'on sollicitait de lui, et il ne cessait de répéter :

— Un livre sur les Zkara ! Mais c'est l'extermination de notre race qui se prépare !

— Pas du tout, avait répondu Belk'assem. C'est plutôt l'aurore d'un beau jour, c'est le commencement d'une ère de paix et de tranquillité dont nos frères jouiront sous la protection de la France.

Durant de longues heures, les deux hommes avaient discuté le pour et le contre de l'action bienfaisante ou néfaste du futur ouvrage de Mouliéras, et il avait été finalement convenu qu'on irait prendre l'avis des notables de la tribu sur l'opportunité de la publicité à donner aux informations du voyageur rousmi Jer'nin.

A travers mille dangers, après avoir parcouru de nuit un pays où *l'on tue un homme pour un oignon* [3], Belk'assem et son compagnon avaient heureusement accompli le long trajet qui sépare Taza du massif zkarien, et ils étaient maintenant à Irimaïn, sous le toit hospitalier de caïd Belaïd.

Il résulta des nombreuses conférences secrètes qui furent tenues à cette occasion entre les grands chefs de la tribu irréligieuse — 1° que la députation zkarienne qu'attendait le pro-

---

(1) Ou mieux : *îlots*, *colonies*.

(2) On doit prononcer *Jer'nine* جغنين

(3) يقتلوا الناس على بصلة Ce dicton arabe s'applique aux régions orientales du Maroc, mais il pourrait être étendu, sans inconvénient pour la vérité, à la plus grande partie de l'empire chérifien.

fesseur oranais ne partirait pas encore parce que Bou-Amama et le Rougui exerçaient une surveillance particulière sur les Zkara qui allaient à Marnia ou en revenaient, — 2° que les renseignements les plus circonstanciés et les plus exacts seraient fournis au *cheikh* Mouliéras en vue de lui permettre de terminer son ouvrage sur les Zkara, — 3° que la France était sollicitée de ne pas laisser périr sous les coups de l'Islam une tribu qui n'avait commis d'autre crime que de ne pas partager les opinions religieuses de la majorité du peuple marocain.

Et Jer'nin, rassuré, s'était mis en route pour Oran en compagnie du fidèle Belk'assem et d'un autre Zkraoui, le jeune Ah'med ould ez-Zaïr Abd-el-Kader, dont l'oncle, riche et influent, avait permis à Belk'assem, quelques semaines auparavant, de se tirer des griffes de Bou-Amama, chez lequel le dit Belk'assem était resté prisonnier pendant 26 jours, le carcan au cou, et dans quelles mortelles angoisses ! La petite caravane zkarienne nous apportait aussi une lettre de Belaïd destinée à confirmer les dires de ceux qui venaient à nous ; mais, dès le premier soir de leur départ, (ils voyageaient de nuit), et avant qu'ils n'eussent franchi la limite orientale de la tribu, nos Zkara furent rejoints par l'oncle de Ah'med qui arrivait au grand galop de son cheval pour leur reprendre la lettre du caïd.

— Si cette lettre révélatrice venait à tomber entre les mains d'un mahométan, songez aux conséquences qui pourraient résulter de l'imprudence que nous avons commise en écrivant des choses si graves à un Français ! leur avait dit le messager de Belaïd en se faisant donner la lettre. . . . .

. . . .

Le 28 Mars 1905, le Rousmi *Jer'nin ould Ali n Amor,* de la déchra des *Maïcha,* âgé d'une cinquantaine d'années, neveu du chef actuel de la caste des Rousma, Aïsa bou Chlaleg, — *Ah'med ould ez-Zaïr Abd-el-K'ader,* — *Si Belk'assem ould Cheikh Ali,* — et *Ali ould Abd-el-K'ader Znagui* (1) posaient sans aucune difficulté devant l'objectif de notre ami M. M. B. et nous laissaient le soin de faire paraître leurs photographies dans cet ouvrage, ou de ne pas les reproduire, à notre guise. Nous avons opté pour l'affirmative en pensant que le lecteur ne nous saurait sans doute pas mauvais gré de

(1) Ces deux derniers fréquemment mentionnés dans les pages précédentes.

lui montrer l'image des représentants d'une tribu, qui restera le type le plus extraordinairement aberrant de toutes les tribus du Nord de l'Afrique que l'on trouve de l'équateur à la Méditerranée, de la Mer Rouge à l'Atlantique.

---

2. — Tribus anti-musulmanes affiliées au Zkraouisme

Le Rousmi Jer'nin nous avait été signalé comme connaissant admirablement les colonies et îlots du Zkraouisme épars sur la surface entière du Maroc. D'une nature inquiète et mobile, parfait contraste avec le tempérament calme et casanier des autres Zkara, Jer'nin est sans cesse en mouvement. C'est le Rousmi-Errant, toujours en quête de *Ziara*, toujours en voyage, tantôt au Tafilelt, parfois sur les bords du Sbou, un jour par-ci, un jour par-là, et l'on se rappelle qu'il avait fallu aller cueillir cet infatigable nomade parmi les *Frères* des R'iatha, près de Taza.

Son caractère sacré de Rousmi a permis à Jer'nin de visiter à plusieurs reprises les groupes anti-musulmans sahariens et marocains qui se disent :

خدام عمر بن سليمان

Khouddam Amor Ben Sliman. (Les serviteurs d'Amor ben Sliman.) (1)

C'est d'après les indications de ce voyageur que nous avons pu dresser le mémoire suivant qui complète et rectifie en même temps le tableau qui figure au chapitre VIII sous la rubrique : *Tribus anti-musulmanes, marocaines et algériennes.*

---

(1) Importante rectification au sujet des *Mots de passe.*
Jer'nin, qui est parfaitement au courant des *Mots de passe Zkara*, dont il est souvent obligé de se servir dans ses voyages, nous fait observer que nous avons été induit en erreur quand nous avons dit, page 112,
— « Si l'interpellé répond : *ana âïn*, ou bien, en Znatia, *netch t'it* (je suis œil), vous pouvez être sûr que c'est un adepte du Zkraouisme. »

Voici la rectification proposée par Jer'nin : — Si l'on est Zkraoui, il faut répondre : — *ana h'ajeb*, ou bien, en Znatia : *netch d'abel* (je suis sourcil), — parce que le sourcil cache l'*œil* (ou la *source*) ; tandis que l'*œil* (ou la *source*), tout le monde s'y mire (ou vient y boire).

Groupes Marocains et Sahariens
AFFILIÉS AU ZKRAOUISME

RÉGION DU SAHARA

1° *Les Oulad ben Rah'moun* اولاد بن رحمون Douar nomade appartenant à la fraction des *Oulad Jelloul*, tribu des D'oui-Mniâ, campé au lieu dit Beni-Goumi, au Nord d'Igli, sous la domination de la France. Cheikh actuel : *Ould Rah'moun*, qui commande aussi les autres Oulad Jelloul non-zkraouistes appelés *Reh'amna*.

Forces militaires : — 50 tentes, 100 fantassins, 15 cavaliers.

***

2° *El-At'aouna* العطاونة. K'çar des *R'nanema*, dans l'Ouad Saoura, au lieu dit Thamtert. Caïd actuel : *Ben-Ajouja*. L'ancien caïd, feu El-R'ali, était le frère de El-Hachmi ould el-Moukhtar, qui fut condamné par le Conseil de Guerre d'Oran pour avoir tué le *caïd musulman Alla* علا que l'administration militaire française avait imposé au susdit k'çar anti-musulman. Alla était, paraît-il, le fléau des At'aouna, et il avait juré de *manger ces mangeurs de cochons* (*sic*).

Forces militaires : — 200 fantassins, 40 cavaliers.

***

3° *El-R'eraba* الغرابة. K'çar des *R'nanema*, dans l'Ouad Saoura, au lieu dit Bou-H'adid, sous la domination française. Cheikh actuel : *Jebbar ould Ali*.

Forces militaires : — 300 fantassins, 50 cavaliers.

RÉGION DU TAFILÈLT

1° Les *Oulad ez-Zahra* اولاد الزهرا. K'çar de 200 maisons, à l'Ouest de la coupole de Moulaye Ali Cherif, berceau de la dynastie chérifienne. Caïd actuel : *Mouh'ammed ould Abd-Allah*.

Forces militaires : — 750 fantassins, 80 cavaliers.

***

2° *El-Maâdhid* المعاضيد. K'çar de 500 maisons. Cheikh actuel : *Amor ould El-H'ajj.*

Forces militaires : — 700 fantassins, 300 cavaliers.

RÉGION DE TAZA (R'iatha)

1° *Ahal ez-Zaouiya* اهل الزاوية. Village d'une quarantaine de maisons, sur les confins de la tribu des *R'iatha*, et près de *Taza*. Cheikh actuel : *Ali ould Bel-H'ajj.*

Forces militaires : — 80 fantassins, 10 cavaliers.

2° *Ahal-Isounen* اهل يسونن. Village à un quart d'heure de *Taza*, dans les *R'iatha*. 150 maisons environ. Caïd actuel : *Ali ould Bel-Lessik'.*

Forces militaires : — 300 fantassins, 15 cavaliers.

3° *Beni-Mah'sen* بني محسن. Village voisin de Ahal-Isounen et de Taza, chez les R'iatha. Une soixantaine de maisons. Cheikh actuel : *Abd-Allal ould Ah'med.* Les trois villages Zkraouistes des R'iatha sont assez près les uns des autres. Les deux derniers, Ahal-Isounen et Beni-Mah'sen sont bâtis sur les flancs du *Jbel el-Goussir* القوسير (sans réduplication du *sin.*)

Forces militaires des Beni-Mah'sen : — 100 fantassins, 5 cavaliers.

RÉGION ENTRE L'OUAD OUARER'A ET LE SEBOU (Tribu des Oulad Aïssa)

1° *El-Fragna* الفراقنة Village d'une centaine de feux. Cheikh actuel : *Ould K'assem.*

Forces militaires : — 150 fantassins, 15 cavaliers.

2° *Lékhmamcha* لخمامشة. Village d'une trentaine de maisons. Cheikh actuel : *Ould El-Méliani.*

Forces militaires : — 60 fantassins, 5 cavaliers.

3° *El-K'ounda* الـكـونـدة. Village d'une quarantaine de maisons. Cheikh : *Amor ould Ah'med.*

Forces militaires : 70 fantassins, 2 cavaliers.

***

4° *Léziazna* الـزيـازنـة. Village de 70 feux. Cheikh : *Saïd ould el-bou-Rehani.*

Forces militaires : — 90 fantassins, 15 cavaliers.

***

5° *Draouiyin* دراويـيـن. Hameau de 15 feux. Cheikh : *Amor ould Moumen.*

Forces militaires : — 20 fantassins, 2 cavaliers.

RÉGION DE MÉKNÈS (Méquinez)

1° *El-Khouman* الـكـومـان. Village d'une quarantaine de feux, à une vingtaine de kilomètres au nord de Méknès, sur le territoire des *Zaïr*. Cheikh : *Ould Mansour.*

Forces militaires : — 50 fantassins, 7 cavaliers.

RÉGION DE MERRAKECH

1° *Beni-Mansour* بـنـي مـنـصـور. Village de 50 feux environ, à l'ouest et à deux kilomètres de Merrakech. Cheikh : *Ould Bou-Kheira.*

Forces militaires : — 70 fantassins, 8 cavaliers.

***

2° *El-R'nanema* الـغـنـانـمـة. (On les appelle *R'nanema-t-el-Mt'oll* (1) غـنـانـمـة الـمـطـل pour les distinguer de leurs frères les *R'nanema* de l'Ouad Saoura). Douar de plus de 250 tentes, campé sur le territoire des *Reh'amna*, à 2 jours de marche à l'Est de Merrakech. Cheikh actuel : *Saïd ould Belk'assem.*

Forces militaires : — 400 fantassins, 50 cavaliers.

***

---

(1) *El-Mt'oll*. Nom d'un défilé du *Jbel er-Reh'amna.*

Les groupes Zkravinistes précités pourraient donc mettre en ligne de bataille plus de *quatre mille hommes*, dont 3,440 fantassins et 619 cavaliers, lesquels, ajoutés aux 3,500 Zkara, feraient un *total de plus de sept mille cinq cents guerriers anti-musulmans*, ce qui tendrait à nous faire croire que la totalité de la population anti-musulmane du Maroc s'élève à *cinquante mille âmes* à peu près.

Jer'nin affirme que les *Reh'amna* des environs de Merrakech, contrairement à ce que nous avons écrit au chapitre VIII, n'appartiennent pas au Zkraouisme. Le douar des *R'nanema* qui campe sur leur territoire est le seul groupe anti-mahométan de la tribu. C'est dommage. Par contre, notre rousmi dit que ces mêmes R'nanema lui ont assuré qu'il existe des populations Zkraouistes dans la région de l'*Ouad Noun*.

Mais Jer'nin ne sait pas tout, et nous sommes d'avis qu'une enquête immédiate s'impose sur les *Zkara*, sur le *Colonies Zkariennes* déjà signalées, ainsi que sur celles qui pourraient bien exister à l'insu de Jer'nin.

---

3. — Dernières notes sur les Rousma

Avant 1897, époque de l'exode des Zkara en Algérie, les Rousma se trouvaient presque tous dans le Jbel Zkara avec leurs fidèles compatriotes. Ce ne fut qu'après la grande Croisade mahométane de 1897 que plusieurs de ces chefs spirituels se fixèrent à l'étranger parmi les groupes anti-musulmans du Sahara et du Maroc. Ainsi, actuellement, on trouve deux familles de Rousma à *Ahal ez-Zaouiya* (R'iatha), une quinzaine de familles chez les *Oulad-Aïssa* du Sebou et une seule chez les Oulad *Ben-Rah'moun* de l'Ouad Saoura. Les principaux chefs Rousma à l'étranger sont : — Abd-Allah Bel-Lah'sen et Amor ben-el-Hadef, chez les *Draouiyin* (Oulad Aïssa), — El-H'ajj ould Bel-Hadef à *Ahal ez-Zaouiya* (R'iatha), — Ah'med ould Lah'sen aux *Oulad ben Rah'moun* (Ouad Saoura). On dit qu'il y a aussi des familles Rousma à *Tazar'in* dans les Beni-Znassen.

Ce sont généralement des Rousma peu fortunés, comme Jer'nin, qui se chargent de faire des quêtes et des tournées pastorales chez les fervents adeptes du Zkraouisme qui n'ont pas de Rousma parmi eux, et c'est toujours une joie et un réconfort pour ces pauvres groupes en butte à la haine de l'Islam que de voir arriver dans leur lointain pays un représentant quelconque de la Caste Sacrée, un Guide spirituel qui vient leur apporter des nouvelles de la Tribu-Mère, et qui vient leur rappeller aussi l'attachement inébranlable qu'ils doivent conserver au fond du cœur pour la Libre Pensée Zkarienne.

Un dernier détail pour finir : Les Rousma n'ont rien de l'onction doucereuse et affectée des différents prêtres et ministres des trois religions révélées (1). Ce sont des hommes plutôt rudes, d'une probité, d'une franchise et d'une bravoure qui rappellent un peu les qualités des anciens Paladins si bien chantées par le poète :

. . . .

Ils étaient, dans des temps d'oppression, de deuil,
De honte, où l'infamie étalait son orgueil,
Les spectres de l'honneur, du droit, de la justice ;
Ils foudroyaient le crime, ils souffletaient le vice ;
On voyait le vol fuir, l'imposture hésiter,
Blêmir la trahison, et se déconcerter
Toute puissance injuste, inhumaine, usurpée,
Devant ces magistrats sinistres de l'épée...

V. HUGO. *Les Chevaliers errants* (Légende des Siècles).

---

(1) On sait que les Rousma sont obligés de dire *Sidi* (Monseigneur) en parlant aux marabouts parasites des Oulad Sidi Ah'med ben-Youssef ; en revanche, ils ont su imposer à ces derniers l'obligation de leur décerner, quand ils s'adressent à eux Rousma, l'appellation honorifique de *Khali* (mon oncle), succès énorme, prodigieux, invraisemblable pour qui connait le fanatisme et l'arrogance des chérifs marocains. Ce fut tout à fait par hasard que nousa pprimes ce détail savoureux :

Dans sa conversation avec Jer'nin, le marabout Ali disait assez souvent à notre Rousmi : — *Ya khali Jer'nin.* (O mon oncle Jer'nin).

— Comment ça, ton oncle ? fimes-nous en riant.

— C'est simplement par habitude, et aussi par déférence (*tik'ar*), que nous appelons les Rousma *khali*, avoua Ali, non sans une certaine gêne.

XXI

LES ZKARA EN ORANIE

1. — Ce qu'ils y font et où ils sont

Les persécutions incessantes que les tribus musulmanes de la Dahra font subir aux Zkara ont chassé près de *trois cents tentes* de la tribu libre penseuse hors de leur pays, et ces trois cents familles sont venues chercher naturellement un refuge contre l'intolérance islamique sur le territoire de la République française. Elles se sont disséminées un peu partout dans la province d'Oran, où elles jouissent d'une paix et d'une tranquillité profondes, mais pas absolues cependant, car il ne faut pas s'imaginer que nos caïds, nos cheikhs, nos adjoints indigènes et nos sujets musulmans voient d'un bon œil ces zénètes marocains sur lesquels les commérages mahométans font planer de méchantes accusations *d'impiété* et *d'hérésie*, accusations toujours graves et dangereuses quand on est une infime minorité noyée au milieu d'un grand flot de sectaires.

Les émigrés Zkara qui vivent en Oranie s'adonnent particulièrement à l'agriculture. Ils louent des terres, les cultivent soigneusement, se montrent travailleurs endurants, vaillants, sobres et patients. Leur extraordinaire probité, qui est passée en proverbe jusque parmi les partisans du Prophète arabe [1], fait qu'on leur confie souvent la garde des silos où s'emmagasinent les grains des tribus campagnardes. Jamais personne n'a pu citer un Zkraoui qui ait mal géré le dépôt dont il avait la charge.

Certains Zkara sont moissonneurs, bergers et travaillent à la journée chez nos colons. Ceux-ci ne se doutent pas qu'ils ont à leur service des indigènes qui n'ont du « musulman que le costume », et quand ils les voient manger du porc, par exemple, ils n'ont même pas la curiosité de leur demander pourquoi ils transgressent ainsi l'une des prescriptions for-

(1) *Kelma zkraouia d'eheb.* (La parole d'un Zkraoui vaut de l'or).

melles du Livre sacré de l'Islam. Pour eux, les Marocains, quels qu'ils soient, sont des « musulmans », *fanatiques et inassimilables*, et ils se garderaient bien de perdre leur temps à en apprendre davantage à leur sujet. De leur côté, les Zkara ne sont pas plus curieux que nos compatriotes, et ils continuent à vivre au milieu de nous sans chercher à se renseigner sur notre mentalité ; — fâcheuse indifférence qui a contribué, de part et d'autre, à priver les Français du précieux concours des Zkara libres penseurs, et à priver les Zkara de la bienveillante protection des Français voltairiens.

Au commencement de l'année courante (1905), les tentes Zkara, — sauf une quinzaine dont nous n'avons pu déterminer l'emplacement, — se répartissaient en Oranie de la façon suivante :

NOMS DES COMMUNES	TENTES
Sidi-bel-Abbès. (*Sidi-Brahim*)	15
Lauriers-Roses. (*Oulad-Ali*)	13
Oued-Imbert	23
Aïn-Temouchent. (*Berk'ech*).	31
Tamezzour'a.	4
Aïn-el-Arbâ	7
H'ammam-bou-Hadjar. (*Aïn-Beidha*)	9
Lourmel.	2
Targa.	2
Rio-Salado	3
Pont-de-l'Isser	8
Ras-el-Ma.	40
Lamoricière. (*Oulad-el-Mimoun*)	5
Marh'oum.	25
Sidi-Zaër (1) (entre Marnia et Roubban)	45
Saïda	30
Frenda	5
Telagh	6
Tanira.	6
El-Maâziz	7

(1) *Sidi Zahher*. (Monseigneur le Rugissant).

2. — Les Zkara amis des Français

Le 21 janvier 1836, les tribus marocaines de la frontière algérienne prennent part, dans les rangs de l'armée de l'Emir Abd-el-Kader, au combat de *Sebâ Chioukh*, qui fut livré sur la Tafna contre les troupes françaises.

Les Zkara n'y étaient pas.

De 1836 à 1850, des centaines de tentes appartenant à des tribus oranaises se réfugient, pour fuir le contact impur du Roumi, dans les divers districts du Nord-Est du Maroc, notamment dans la Dhahra, *et pas une seule de ces tentes ne s'avise de demander l'hospitalité aux Oulad Zkri* (1).

En 1859, lors de l'expédition des Français au Maroc contre

---

(1) Notice historique sur les *Oulad Zkri* (ou Zkara).

Les Arabes de la Dhahra marocaine se servent de deux termes pour désigner les Zkara : — 1° *Zkara*, qui est le terme le plus fréquemment employé. — 2° *Oulad Zkri*, bien moins souvent usité dans le peuple que le mot *Zkara*, mais qui a l'avantage de figurer dans un texte arabe historique.

A notre connaissance, le seul ouvrage arabe un peu ancien où l'on mentionne les Zkara est le *Torjman elmo'arib an douel elmachriq ou lmaghrib* de l'historien « Aboulqasem ben Ah'med Ezziani », publié et traduit par O. Houdas, Paris, 1886, in-8°, sous le titre : *Le Maroc de 1631 à 1812*.

Voici le passage du *Torjman* relatif aux Zkara, page 6 de la traduction : — « (Moulay Mohammed Ech-Chrif) dirigea bientôt une autre expédition contre les *Oulad Zkri*, les Oulad Ali ben Talha et les Beni-Motaher, les pilla, leur tua du monde, leur fit des prisonniers et les obligea à accepter son autorité. » Ces faits se passaient aux environs de l'année 1650. Mercier, (*Hist. de l'Afrique septent.*, tome III, page 241), assigne approximativement à cette expédition l'année 1647, — « sans doute vers 1647 », dit-il. — Le *Kitab el-Istik'ça*, tome IV, page 11, mentionne également cette campagne de Moulaye Mh'ammed Ech-Chrif contre les *Oulad Zkri* et dit qu'elle eut lieu *vers* 1060 (1650-1651 de J.-C.)

Mais ce qui mérite de fixer notre attention et d'éveiller notre curiosité, c'est la note que le traducteur du *Torjman* consacre aux trois tribus razziées par le despote maghribin, les *Oulad Zkri*, les « Oulad Ali ben Talha » et les « Beni-Motaher » (ces derniers étant sans doute nos *Beni-Mét'har* actuels).

— « Ces trois tribus, écrit M. Houdas dans la note en question, se

les Beni-Znassen et certaines autres tribus de la Dhahra, *les Zkara s'arrangent de manière à ne pas prendre part à la résistance musulmane.* Ils s'enfuient au loin, près de Débdou. La colonne française traverse leur pays sans y trouver âme qui vive (1).

En 1881, le gouvernement français se voit obligé d'interdire l'accès des marchés algériens aux tribus marocaines de la frontière qui prêtent aide et assistance aux bandes insurgées de Bou-Amama et leur servent d'intermédiaires pour les ravitailler et les approvisionner d'armes et de munitions de guerre.

Les Zkara ne figurent pas parmi les tribus marocaines hostiles à la France et peuvent continuer à fréquenter nos marchés.

***

Ouvrez l'histoire, parcourez les revues et les journaux de ces dernières années et d'autrefois, et vous pourrez constater que jamais les Zkara n'ont tiré un coup de fusil sur nos

---

trouvaient également sur la frontière marocaine. L'article 3 du traité conclu le 10 septembre 1844 entre la France et le Maroc *indique les deux dernières tribus comme devant rester sous l'autorité du Maroc.* »

Les *Oulad Zkri* (ou Zkara) ne sont pas mentionnés dans le traité de 1844, et cependant, ils se trouvaient bien, eux aussi, d'après M. Houdas, *sur la frontière marocaine.*

— *Pourquoi sont-ils restés,* virtuellement au moins, *à l'Ouest de cette frontière ?* — Telle est la question que nous soumettons à l'examen de nos diplomates, de nos hommes politiques et de nos gouvernants....

Une petite rectification pédante pour finir : — On ne doit pas écrire ni prononcer *Moulay Mohammed,* parce que le nom sacré du Prophète « Mouh'ammed » n'est jamais précédé au Maroc du titre de *Moulaye,* mais toujours de celui de *Sidi.* On n'écrit et on ne prononce *Moulaye Mh'ammed* que lorsque le nom du Prophète Mouh'ammed, estropié à la manière berbère, s'articule *Mh'ammed.* Les historiens arabes ne s'y trompent pas : ils écrivent toujours *Sidi Mouh'ammed* pour l'un, et *Moulaye Mh'ammed* pour l'autre.

(1) *Documents.*

troupes ou sur nos colons. Extraordinaire et splendide constatation ! Exemple admirable, exemple unique de tolérance, de bienveillance et de vive sympathie pour les Chrétiens, que ces *Chrétiens* de la frontière marocaine ont donné au Monde musulman, sans que, malheureusement pour nous, aucun de nous ne s'en soit aperçu plus tôt.

Mais, *maintenant que nous savons*, tendons aux *Zkara libres penseurs* une main amie, empêchons qu'ils ne soient *islamisés*, — ce qui serait pour eux, pour nous et pour la civilisation un grand malheur, — empêchons aussi les Convertisseurs protestants, catholiques ou juifs de jeter parmi eux l'amorce dangereuse de leur particularisme terrestre et paradisiaque. Depuis douze cents ans, la Tribu zkarienne pleure et râle sous l'étreinte de fer des griffes de l'Islam. Depuis douze cents ans, la Libre Pensée zkarienne se raidit, lutte et s'épuise en efforts surhumains pour repousser loin d'elle les voiles de la nuit dogmatique qui l'environnent de toutes parts.

La France, prévenue, assistera-t-elle impassible à présent au naufrage qui se prépare sans voler au secours des malheureux qui n'ont d'espoir qu'en Elle ?

Uni d'esprit et de cœur aux disciples de Voltaire et de Victor Hugo, nous demandons pour tous la Liberté de conscience, la Paix, la Fraternité universelle, et, plus tolérants et plus humains que Jésus lui-même, nous disons avec le Poète de la *Pitié Suprême* :

Je sauverais Judas si j'étais Jésus-Christ.

XXII

CONCLUSION

A LA FRANCE.

Le temps presse. La République ne veut pas qu'une goutte de sang soit versée au Maroc, pas plus en faveur d'une folle Islamisation chérifienne, que nous devons nous garder de favoriser, qu'en vue de je ne sais quel Mercantilisme que l'on fait miroiter aux yeux des avides et des candides comme le *Césame ouvre-toi* DES CONTES FANTASTIQUES DE MARDRUS.

Non. — L'idée des philosophes et des écrivains, qui gouvernent en somme et mènent l'Opinion, la voici, claire et limpide :

— Nous voulons créer, *dans toute l'Afrique Mineure,* une réserve inépuisable d'hommes et d'intelligences, un foyer rayonnant de pensées et d'idées généreuses, miroir fidèle de la grande République qui est de l'autre côté de la Méditerranée.

Cette œuvre de régénération du monde de l'Islam africain, c'est à nous, ouvriers de la Pensée-Libre, à l'entreprendre.

Les autres questions, grossies comme à plaisir, pâlissent et s'effacent devant le projet grandiose de tout un Peuple à civiliser, à éclairer, à pacifier, pour le plus grand bien de la France et de l'Humanité.

Et je termine, France, patrie des humbles et des déshérités, en te suppliant de prendre sous ta protection le petit groupe indépendant de mes *Zkara*. — Qui sait ?... Ils t'aideront peut-être, ces gens sages et sans superstitions, à défaire *le Nœud Gordien*, sans sabre, et à débrouiller l'écheveau des Questions marocaines, sans verser une goutte du sang précieux qui coule dans les veines de nos semblables, à quelque race, à quelque secte, à quelque nation qu'ils appartiennent, — et ainsi sera peut-être réalisé un jour, sur ce point saignant du globe, le vœu du prince des poètes :

. . . .
Que sur toute existence et toute créature
. . . .
La vaste paix des cieux de toutes parts descende !
Que les enfers dormants rêvent des paradis (1)

FIN

(1) V. Hugo. — *Les Contemplations.*

TABLE DES MATIÈRES

Chap. IX. — Organisation politique et administrative des Zkara

Chap. X. — Sociologie zkarienne

Chap. XI. — Folklore

www.ingramcontent.com/pod-product-compliance
Ingram Content Group UK Ltd.
Pitfield, Milton Keynes, MK11 3LW, UK
UKHW020314230726
13925UKWH00002B/415

9 782013 676649